大众儒学经典 四书五经通解

孟子 读本

解光宇 刘艳 丁晓慧 ◎ 编著

中国人民大学出版社
·北京·

总　序

回归大众是当代儒学的天命

赵法生

进入 21 世纪以来，一股全国性的大众儒学热潮从各地涌起，成为当代中国最值得关注的文化事件。这波儒学热的兴起自然不是无本之木，它既是儒学被人为压抑摧折一个多世纪后的强力反弹，又反映了转型社会对于道德底线失守的焦灼，更是古老的儒家传统在国家现代转型的历史背景下，重新探寻自己的社会定位以图返本开新的努力。因此，无论着眼于历史还是现实，大众儒学的兴起都具有重要意义。

一、大众儒学的历史渊源

从社会学存在的角度分析，传统中国的儒学存在形态包括朝廷儒学、士大夫儒学和民间儒学三部分。朝廷儒学具有较强的政治色彩，主要是政治儒学；士大夫儒学重在阐释儒家道统；民间儒学面向社会大众，重在化民成俗，是教化大众的儒学。民间儒学的政治色彩较淡，也不太关注理论体系的建构，它关心的是人伦日用和生活践履。如果说作为一个学派的儒家的诞生是儒教国家建构的逻辑起点，儒学普及化和大众化的完成则是儒教中国形成的现实标志。在历史上，朝廷儒学、士大夫儒学和民间儒学既相互影响，又彼此有别，构成了彼此间复杂的张力关系。

在传统中国，儒学的大众化与民间化有一个长期的历史发展过程。《礼记·学记》说："古之教者，家有塾，党有庠，术有序，国有学。"孔颖达认为："周礼：百里之内，二十五家为间，同共一巷。巷首有门，门边有塾。"已经有学者指出，将普及化的塾庠制度推到三代的说法，多半是为了突出儒家教学制度的悠久性，并不完全符合历史事实。三代之时，学在官府，"六经"皆为王官典藏秘籍，王官之学是学在君侯与学在世卿，教育与大众无缘。西周礼乐虽然文质彬彬，极一时之盛，却同样"礼不下庶人"。

儒学走向大众的历史转折点是孔子在民间开创私学。在王官之学衰微的历史背景下，孔子开始民间讲学，首次将原先被禁锢于庙堂之上、作为王官贵族特权的六艺之学传播到民间。孔子的民间讲学无疑是大众儒学的历史起点，它在儒学发展史上具有三方面的重要意义。

首先，孔子的私学拆除了贵族与平民之间的教育壁垒，开创了大众儒学的先声。孔门教育以有教无类著称，来到孔门受教的，有世卿官贵、富商巨贾、贩夫走卒、无业游民等，以至于时人感叹："夫子之门何其杂也！"孔子之前的王官之学属于贵族之学，诗书礼乐高雅非凡，却是"此曲只应天上有，人间哪得几回闻"。它们出现伊始就被封锁在贵族的深宅大院之中，无由进入寻常百姓家，社会也因此而划分为有教养的贵族和没有教养的群氓两部分，前者为"君子"而后者为"小人"。然而，随着一位圣贤的到来，这一文化的壁垒被打破了。儒学本来是属于贵族的，但是，现在它开始走向平民，并在民间社会找到了更为深厚的土壤。从此，"君子"与"小人"从以是否拥有官爵来区分，变成以是否具有德行来区分。在朝衮衮诸公可以是"小人"，贫寒如颜回者也可以称"君子"。儒学深入民间使得过去的"野人"（周代与"国人"相对）也具备了高雅的贵族气质。孔子是中华文明史上最重要的一位拆墙者，他拆掉了那道古老的墙，将礼乐文明的清流引入民间的沃土。

其次，孔子的私学在官学之外培育了一个致力于传道授业的师儒阶层，该阶层成为儒学走向大众的主导力量。孔子去世后，子夏设教于西河，曾子设教于武城，其他门徒也在各地继续推广儒学。汉代以后逐渐形成了覆盖全社会的儒家教化体系，使儒学成为全民性的人生指南与信仰，此举对于中华文明的意义，堪与基督教之形成对于西洋文明的意义相媲美。

最后，孔子不仅将文化的火种传播到民间，而且通过创立儒家学派，革新了王官之学的精神，为它注入了新的灵魂。礼乐文明内涵丰富，孔子特别注重者有二：一是仁，二是礼。如果说周公之时礼乐制度已经大备，那么仁学的开创无疑是孔子对于中国文化的重大贡献。孔子强调仁，意在启发人人本具的仁爱之心，从而将西周礼乐文明落实到心性层面，仁爱的实践又始于孝悌谨信，乃人人可知、可悟、可学、可行的人伦之道，由此行忠恕絜矩之道，推己及人，达于天下。我们看孔子在《论语》中教人，不讲高深道理，所谈都是日常生活中为人处世之道，随机点化，循循善诱，启发觉悟，再辅之以礼乐熏陶，使人在日生日成的修习中改变气质，涵养品德，成为君子。这样一种教育方式，由于从最基本的孝悌之道开始，合乎人心，贴近生活，便成功地将贵族的王官之学平民化、大众化。此为中国文化自周代以来的一大转折，它将高雅的贵族文化普及到民间大众，开创了中国文化的儒家化时代，孟子说"人皆可以为尧舜"，荀子说"涂之人可以为禹"，便是从心性角度对于儒学普遍性与大众性的最好说明。因此，孔子开创儒学，实现了礼乐文明的精神自觉，不仅开创了中华文化的师儒时代，同时也开辟了儒家文化的大众化时代。

儒家学派的创立，完成了由道在王官向道在师儒的转化，将君师合一的文化格局演进为君师为二，但这仅仅是一个伟大文化进程的开端，这一进程的最终目标是道在大众。如果说汉唐是儒学主体地位的形成时期，宋代则是儒学继续向民间扩展，并形成一系列大众教化体系的关键时期。大众儒学体系到宋代臻于完备，科举制度的发展催生了大量民间私塾，使得"古之教者，家有塾，党有庠，术有序，国有学"说法接近现实。据统计，到1935年年底，晚清政府下达取缔私塾的诏书三十多年后，全国依然有私塾101 027所，由此可以想见当年私塾盛极一时的情景。朱熹在司马光《书仪》的基础上完成《朱子家礼》，为家礼的推广普及奠定了基础；北宋蓝田吕氏乡约的创立，开创了以儒家道德为基础组织乡村自治的治理模式，使得儒家组织基层社会的功能更加制度化。明代泰州学派的民间讲会，标志着儒学民间化的继续深入。此后，明清两代都在推广和发展乡约制度，以至于近代梁漱溟的乡村建设试验的主旨，依然是"本古人乡约之意来组织乡村"。

大众儒学的另一重要方面是儒学与民间信仰的结合，逐渐形成了民间社会具有儒家色彩的信仰体系。无论是祖神崇拜还是土地神、关帝、山神、河神等英雄和自然神崇拜，都是制度化的民间信仰，用以解决乡民对于超验世界的追求，可以视为大传统向民间小传统渗透的案例。

基本教义的普及化与大众化是任何一个文明都要完成的工作，但路径并不相同。与基督教和佛教等制度化宗教不同，儒家采取的私塾、乡约等多种教化形式，的确显示了儒家教化的弥散性，但其最终目的同样是儒学义理的大众化，而且这些看上去颇为弥散的教化形式同样是富有成效的，因为它们是源自民间的，也是富有生机与活力的。以乡学、乡约、家礼、家谱、家教和乡土信仰为主干的大众儒学，遍布于传统中国的基层社会，那些在大传统看来不起眼的私塾先生、乡绅和民间宗教的组织者，甚至那些不识字的乡村老大爷和老太太，由于在数千年间深受儒家礼乐文明的熏陶，也在不知不觉中成为生活中的"儒教徒"，躬行并传播着儒家的人生观，以至于在传统文化的传播体系已经式微的今天，我们依然可以在乡间那些年逾古稀的老人身上，看到诚朴、敦厚、礼让的君子风范，真可谓"礼失而求诸野"了。

二、大众儒学的近代挫折

近代以降，知识界在救亡与启蒙的双重压力下，对于儒学的批判日渐严厉，经过一次次激烈反传统运动的打压摧残，到"文化大革命"期间，不仅儒家思想被彻底否定，儒家在社会上的传播体系也被连根拔起。近代思想界全面否定儒学，基于如下一个基本认知：儒家思想与民主科学不能两立，进而把儒家的人伦道德与自由、平等和人权完全对立起来，必欲打倒前者来建立后者。这其中包含着不小的误解。自由、平等是政治权利，它与儒法互补后产生的三纲之说的确矛盾，但与儒家的基本人伦如父子有亲、夫妇有别、长幼有序、朋友有信以及礼、义、廉、耻等道德规范并不必然矛盾。比如，我和我爷爷同为中华人民共和国的公民，从政治权利上讲是平等的，但在家族辈分上又是不平等的。如果说我给我爷爷鞠个躬就侵犯我的人权了，这实在是笑话，是不同社会界域的错乱和混淆，这种错乱和混淆对于中国近代思想产生了深远影响。

其实，儒家的历史观并没有"文化大革命"中所批判的那样保守。它区分历史文化中的变与常：常是历史中不变的根基，犹如静水流深；变是历史中可变的成分，比如具体典章制度。仁、义、礼、智、信"五常"，可以说是儒家的核心价值观，也就是儒家的常道。在儒家看来，五常是历史中永恒不变的，但五常之根本，又在于一个"仁"字，其他四德都是仁的展开，五常八德不外是仁的实现。另外，仁也是儒家文化汇通民主、自由、平等思想的有效媒介，民本是孔子仁学的重要原则之一，民本固然不是民主，但是，绝不能说它背离民主，与民主不能相容，民主的实现在很大程度上可以确保民本目标的实现。古人说仁通四海、义通天下，仁正是中华文明守常达变、融通中外的思想原点。

可是，近代思想界对于儒学的批评，没有区分儒家义理中的变道与常道，也没有区分儒学在不同社会层面之间的差异。那种以偏概全的全面批判，否定了儒家思想中所包含的普适性的道德规范，却忽视了本来应该重点反思清理的对象，其结果对于儒学和中华文化都是灾难性的。就儒学的三种不同社会存在形态而言，汉以后的朝廷儒学与君主专制的联系最为密切，的确与民主法治无法兼容，应该彻底否定，至于士大夫儒学就要复杂得多。汉以后的士大夫儒学，既有与君主专制相妥协的一面，又有试图用儒家道统制约和范导君权的一面，二者呈现出颇为复杂的关系，不仅汉代儒者董仲舒如此，历代真儒者也大多如此。另外，尽管部分儒家士大夫已经被体制化而丧失了君子的人生理想，但是，仍有相当一部分士大夫坚持儒家的道统与人格操守，构成了鲁迅所说的中国的脊梁。近代以来对于士大夫精神的否定和士大夫阶层的整体消亡，使得民族文化的脊梁遭受毁灭性打击。至于民间儒学，则主要是道德礼俗和民间信仰。传统民间社会具有悠久的自治传统，民间儒学也是三个构成部分中沾染法家式的专制气息最少的部分，它是民间社会自组织的精神动力，也是维护民间正常文化生态和社会生态的关键要素。它们就像是广袤大地上的草丛与灌木，尽管生来就缺乏高大上的外观，却是礼、义、廉、耻这些基本人伦底线的真正捍卫者。如果将它们也作为"反动"的东西彻底铲除，随之而来的只能是基层社会难以避免的文化荒漠化。

不幸的是，这正是近代以来中国文化遭遇的现实情境。本来应该进行的对于传统文化的理性反思，被"打倒孔家店"这样一句情绪化的口号所替代，进而演化为十年"文化大革命"中对于传统文化扒祖坟式的全面破坏。在"文化大革命"结束之后转向市场经济时，由于没有了基本伦理道德规范的支撑，没有了君子人格和士大夫阶层对于道义的坚守，没有了民间儒家教化体系的引导和护持，加以社会法制不健全，市场法则便犹如脱缰的野马，肆无忌惮地闯入了一切社会领域，金钱至上也成为在不同领域畅行无阻的至上法则。现代转型尚未完工，道德底线已然崩解，基本人伦价值的瓦解和人生规范的丧失，将生活变成人与人的战争，使社会陷入了无义战的"春秋困境"，社会上的每一个人都在咀嚼着这一苦果。这也使得社会文化领域里的真正建设成为不可能，因为文化的地基出现了严重问题。

三、大众儒学的未来发展

对于近代以来儒学悲剧性命运成因的分析，同时也就为儒学在当代的复兴启示了可能的方向。辛亥革命推翻了两千年的帝制，使得朝廷儒学失去了存在的基础，而士大夫阶层在剧烈的社会变革中集体消亡，也使得士大夫儒学不可避免地发生转变。三者之中，唯一继续存在的主体是社会大众。传统儒家士大夫既要得君行道，又要觉民行道。但是，由于君主制的废除，政教分离已经成为现代社会普遍承认的原则，得君行道的历史空间已经丧失，而觉民行道则成了儒学复兴的主战场。因此，大众儒学已经无可避免地成了新时期儒学复兴的重心，士大夫儒学与大众儒学在新的历史形势下重新组合，是当代儒学复兴运动的必然要求。站在两千五百多年的儒学史上眺望当代，我们可以预见，大众儒学的时代已经到来了。大众儒学在精神上是贵族化的，在形式上又是大众化的，是高雅贵族精神与普通民众生活相贯通的产物；大众儒学既是历史的，又是当代的，是经典的光华在当代社会的重现；大众儒学既是对儒家道统的继承，又是对儒家思想与传播体系的再创造，且以中和的精神和包容的态度汲取全球化时代各大文明的营养。今天的大众儒学是古老儒家返本开新的产物，也是儒学复兴在当代中国的新命运！

近期的儒学复兴波及了家庭、村庄、社区、企业、学校、机关，甚至监狱等大多数社会组织，具有广泛的大众性和突出的民间性，其主要推动力量首先来自民间。以私塾、书院为例，清廷于1903年下诏废除私塾、书院，但始料未及的是，进入21世纪以来，社会上又兴起了私塾、书院热，到2014年，全国各地的私塾、书院已有数千家，绝大多数属于民办，基本上都是2000年以后成立的。儒学在民间的发展一直伴随着争议，孟母堂的理念受到教育部门的质疑，汤池小镇模式最终被叫停，《弟子规》的推广遭受质疑和批评，围绕长安街孔子像产生了激烈争论，都表明了社会对于儒学的价值判断存在着巨大分歧。大众儒学在激烈的争议声中毅然前行，表明儒家基本义理其实是人伦日用的内在要求，在民间具有巨大的生命力。当前民间儒学复兴的声势固然不错，但是，儒家教育在中国内地毕竟中断了百年之久，它在深化与发展的道路上依然有待于克服一系列困难，目前有以下三方面的工作是当务之急。

其一，培育以传道授业为使命的新型儒家士大夫阶层。历史上的士大夫儒学有两个职能，儒学义理的探讨和儒家教化的推广。近代以来，由于教育制度的改革，儒学变成大学里的一门哲学课程，这也是近代中国重建学术体系的结果。目前，职业化的高校学者队伍承担起了前一种职能，后一种职能的担负者则至今阙如，而这一职能对于儒学的灵根再植却是至关重要的。"人能弘道，非道弘人。"因此，儒学的当代复兴呼唤着新型儒家士大夫阶层的重现。他们虽然不再具备传统社会作为士农工商四民之首的地位，却是熟悉儒家义理并以在民间传道授业为职志的职业化传道者，替代传统民间社会私塾先生、乡绅和民间信仰组织者，成为大众儒学复兴的骨干力量。他们的使命是重建儒学的社会教化之"体"，恢复儒学与生活的联系，终结近代以来儒学的游魂化状态。因此，这一职业化传道队伍的塑造，注定会成为儒学复兴的关键环节。目前，在社区、乡村和私塾已经涌现了一些专业化的儒学传道者。他们多以儒学志愿者的身份出现，在区域分布上以广东、福建、北京、山东等省市为多；但是，这一队伍的数量和专业水平都远远不能适应现实需求，经济收入也缺乏固定的来源。如何尽快形成职业化传道者群体仍然是大众儒学的首要问题。

其二，重构大众儒学的组织载体。在经数千年发育起来的民间儒学组织解体之后，民间儒学的发展面临着体系重构的任务，其中儒学体系的制度化是关键。鉴于形成传统儒家教化弥散型体系的社会形态已经消失，儒学组织必须由弥散型转向制度型，它们将依靠职业化的儒家传道者去组建，又是后者传道授业的道场。目前，存在的大众儒学组织大致包括学校类和非学校类两种。学校类儒学组织即私塾和书院，主要为民办组织，依靠学生学费维持生存。非学校类儒学组织主要是近年来在乡村和社区出现的儒学传播组织，其中有代表性的是儒学讲堂。山东的乡村儒学讲堂已经分布于十几个县，分别由学者、民间志愿者和地方政府建立，有的已经形成固定化、常态化的教学体系。福建霞浦的儒家道坛则将儒家教化和民间信仰有机结合起来，资金依靠当地民众捐献，每个道坛都有专职志愿者维持，民间组织化程度较山东乡村儒学讲堂更高。在私塾、书院与儒学讲堂之外，还有一种更加广泛的大众儒学传播形式，即在各地出现的国学公益讲堂，时间从一天到一周不等，多是民间人士以现身说法的方式交流学习心得，也有人专门讲授孝道、《弟子规》或者幸福人生讲座，杂以佛道教或者其他民间信仰。近年来，"王凤仪家庭伦理"也是民间国学公益讲堂的热门课程。

这些国学公益讲堂的主办者、授课者多为民间志愿者，能以生活化和通俗化的形式讲解传统文化，具有较强吸引力，有的听众规模达到数千人。国学公益讲堂的缺点是一次性讲座，无法通过持久的活动巩固教化成果，有的民间志愿者讲师的国学素养有待提高，也有的走向了怪力乱神一途。但是，它在扩大传统文化的社会影响方面不容忽视，也在客观上为制度化儒学组织载体的建构创造了条件。

其三，编辑出版符合时代需要的大众儒学经典。除了传道队伍和组织体系外，大众儒学的另一个要件是教材。历史上的儒学经典数量众多，有些内容已经不适应时代需要，有些内容则过于专业深奥。如何选取合适的经典文本，加以诠释解读，以适应大众对于儒学的迫切需求，已经成为大众儒学发展的当务之急。首先是文本的选择，因为并不是所有的儒学经典都符合大众儒学的要求；其次是经典内容的解读辨析，要找出那些已经完全与时代脱节的部分加以说明，避免泥沙俱下的局面。面对巨大的市场需求，一些仓促出版的儒学通俗读物品质不高，难以满足读者需要。因此，本丛书编委会借鉴清代儒学十三经的体例，决定编辑"大众儒学经典"。清儒编纂的儒学十三经以专业儒生为对象，"大众儒学经典"则是儒学史上第一套由学者编纂解读、面向普罗大众的系列儒学普及教材。为此，我们组织国内一批既有深厚学养，又有丰富一线儒学弘扬实践经验的中青年学者，精选合适的儒学典籍，编注"大众儒学经典"读本。本丛书以现代的视野、大众的角度、践行的立场，深入浅出地向大众讲解儒家修身做人的义理，堪称专业学者为社会大众注解的一套简明、系统、实用的儒学经典丛书，这样一套丛书可谓应运而生，在中国儒学史上尚属首次！

从内容看，着眼于儒学修身做人的学修次第，"大众儒学经典"包括蒙学基础、家训家礼、劝善经典和四书五经通解四个板块。蒙学基础用以童蒙养正，家训家礼培养良好家教家风，劝善经典激发人的为善之心，四书五经通解则是对儒家义理的系统阐述，囊括了从蒙训、礼仪、心性到信仰的不同方面，四个板块构成一个有机整体，大致反映了儒家教化不同阶段与层面的需求，体现了大众儒学的社会性、实用性和阶梯性。其中的劝善经典，本丛书选择了《了凡四训》和《王凤仪言行录》，它们具有儒释道合一的特征，是儒家思想与民间信仰相融会的产物，体现了大众儒学自身的特色，对于社会教化具有良好的效果。针对近代以来女德教育严重滞后的现实，本丛书特意选入了《女四书》，并从古今之辨的角度加以辨析，以满足读者需要。从体例上，每部经典包括原文、注释、译文、解读等部分，以达到忠于原著、贯通古今和深入浅出的编写目的。

需要说明的是，由于受时代的局限，上述传统经典中同样存在不少不适应当代的内容。比如，女德文本和蒙学经典中那些强调三从四德、夫为妻纲等单方面服从的思想内容，并不符合原始儒家的思想，是汉代以后儒学受到法家浸染的产物。对于经典中那些不适合于当代的部分，本丛书采取历史主义的态度，保留原貌，但在解读部分予以辨析，提请读者明鉴。

最后，本丛书是编著者集体合作的结晶，得到了各位儒学前辈大家的关心指导，还得到了中国人民大学出版社潘宇女士、瞿江虹女士和刘静先生的大力支持，在此一并表示谢忱！

目　录

孟子与《孟子》

一、孟子的生平及学术渊源

（一）孟子生平与《孟子》

孟子（前372—前289），名轲，字子舆，鲁国邹（今山东邹城市）人，战国时期儒家重要代表人物，在儒学史上的地位仅次于孔子，故被尊称为"亚圣"。

孟子一生的经历和境遇与孔子十分相似。孟子的祖先是鲁国贵族孟孙氏，但到孟子时已失去贵族身份，家道中落。孟子幼年丧父，生活贫困。《韩诗外传》及刘向《列女传》等载有孟母"断织教子"、"三迁择邻"的故事。东汉赵岐《孟子题辞》曰："孟子生有淑质，夙丧其父，幼被慈母三迁之教。长，师孔子之孙子思，治儒术之道，通五经，尤长于《诗》、《书》。"（转引自焦循《孟子正义》）

孟子也像孔子那样，带领学生周游列国，"以儒道游于诸侯"（赵岐《孟子题辞》），到过齐、宋、鲁、滕、梁等国，向当政者宣传他的"仁政"、"王道"思想。《孟子》中记载他周游列国的情景说："后车数十乘，从者数百人，以传食于诸侯。"（《孟子·滕文公章句下》）虽然受到各国国君的礼遇，甚至获赠重金，但终因"所如者不合"（《史记·孟子荀卿列传》），一直没有得到重用，只在齐国齐宣王时，任过没有实职的卿，最后又因齐宣王不能采纳他的主张而辞职。

从孟子的平生追求来看，他是学承孔子的："可以仕则仕，可以止则止，可以久则久，可以速则速，孔子也。……乃所愿，则学孔子也。"（《孟子·公孙丑章句上》）"予未得为孔子徒也，予私淑诸人也。"（《孟子·离娄章句下》）可见孟子深仰孔子之学。

孟子继承、发展了孔子的思想学说，在与墨家、道家、法家等学派的激烈交锋中，维护儒家学派的理论，为儒学的成熟和发展做出了重要的贡献，同时也确立了自己在儒学中的重要地位，成为仅次于孔子的正宗大儒，对后世影响很大。韩愈推崇孟子，以孟子为儒学"道统"的传人；宋儒更是把孟子与孔子并提，称儒学为孔孟之道；后世封建统治者尊封其为"亚圣"。

孟子晚年退居讲学，与弟子万章等人著《孟子》七篇，即"退而与万章之徒序《诗》、《书》，述仲尼之意，作《孟子》七篇"（《史记·孟子荀卿列传》）。赵岐在《孟子题辞》中把《孟子》与《论语》相比，认为《孟子》是"拟圣而作"。汉文帝于《论语》、《孝经》、《孟子》、《尔雅》各置博士。到五代后蜀时，后蜀主孟昶命人石刻十一经，其中包括了《孟子》。后来宋太宗又翻刻了这十一经。到南宋孝宗时，朱熹将《孟子》列入《四书》之中。《孟子》在元、明以后又成为科举考试的内容，被提到了非常高的地位。

与《论语》一样，《孟子》也是以记言为主的语录体散文，但它比起《论语》又有明显的发展。《论语》的文字简约、含蓄，《孟子》却有许多长篇大论，气势磅礴，议论尖锐、机智，长于雄辩。历代为《孟子》作注比较重要的有：东汉赵岐的《孟子章句》和宋代朱熹的《孟子集注》。清代的焦循总结了前人的研究成果，撰《孟子正义》，是集大成的著作。

（二）孟子的师承与子思

关于孟子的师承，司马迁在《史记·孟子荀卿列传》中说"受业子思之门人"；《孟子外书·性善辩》说"子思之子曰子上，轲尝学焉"；东汉赵岐等则说孟子为子思弟子。无论如何，孟子即便不是子思的弟子也是其再传弟子。加之荀子在《非十二子》中把子思、孟轲连在一起，所以后人称之为"思孟学派"。

子思（前483—前403），名伋，孔子之孙，孔鲤之子。因其父先孔子而死，故子思在青少年时代较多地受教于孔子。曾受业于曾参。他一度居住于卫国，后去宋国，困而作《中庸》。晚年返鲁宣扬儒学，以"昭明圣祖之德"（郑玄《三礼目录》）为己任。在《中庸》一书中，通过对孔子中庸思想的阐发，完善和深化了孔子的伦理思想，后世尊称他为"述圣"。

关于子思的著述，司马迁说"子思作《中庸》"（《史记·孔子世家》）。班固《汉书·艺文志》载"《子思》二十三篇"，但留存下来的仅有《礼记》中的《中庸》、《表记》、《坊记》等几篇。一般说来，《中庸》为子思所作较可靠，它是研究子思思想的重要资料。

"中庸"是儒家的重要道德规范，最早由孔子提出："中庸之为德也，其至矣乎。"（《论语·雍也》）"庸"为何意？《说文解字》说："庸，用也。"汉郑玄《三礼目录》说："名曰《中庸》者，以其记中和之为用也。庸，用也。"孔子在赞扬舜有"中庸"至德之语时，也将"中"、"用"连用："执其两端，用其中于民。"（《中庸》）"中庸"即"用中"，其不仅是儒家的道德规范，而且还具有处理问题的方法论意义。这就是说事物虽有两端，但在分析和处理问题时要取其"中"，无过无不及，不左也不右。无过无不及就是中，就是"中庸"的基本要求。可见"中庸"即是适度的意思。过与不及就是左倾和右倾，就是不适度。

正因为"中庸"是孔子思想的重要部分，所以子思便对"中庸"加以发挥。《中庸》的核心为"致中和"。"致中和"正是对"中庸"思想的发展。"致"有"极尽"、"达到"之意，"致中和"即"极尽中和"、"达到中和"；"中和"即要求事物的各个部分、各个方面都能适度，达到"中"的状态，事物总体才能和谐。"中和"就是中庸的基本要求。故"中也者，天下之大本也；和也者，天下之达道也"（《中庸》）。

子思在《中庸》里除了阐发"致中和"外，还提出了"天命之谓性"、"诚"、"尊德性"、"道问学"等重要范畴，为儒家学说提供了基本哲学命题。子思上承孔子，下启孟子，对"孔孟之道"的形成起着重要的促进作用。

二、《孟子》的主要内容

（一）性善论、四端说与养心说

1. 性善论

"孟子道性善，言必称尧舜。"（《孟子·滕文公章句上》）性善论是孟子整个思想的基础。春秋时期，孔子提出"性相近也，习相远也"（《论语·阳货》），认为人的本性生来是相近的，但环境和社会实践使人的本性出现差异。到了战国时期，人性成为百家争鸣中的一个重要理论问题。孟子主张人性善，孟子在与告子的争论中阐述人性善的思想。告子认为人性无所谓善或不善。孟子认为，人性之善就像水之就下，虽然也可以把水引上山，但向上却不是水的本性。所以孟子认为善是人的本性的表现，不善是违背人的本性的。

善性不仅为圣人所有，一般人同样具有。孟子将理义看作"心之所同然"，就肯定了每个人都有追求善的权利，也都能达到善的境界。同时，也意味着在对善的追求上，人与人是平等的。圣人与一般人的区别只在于"圣人先得我心之所同然耳"（《孟子·告子章句上》）。实际上，"圣人，与我同类者"（《孟子·告子章句上》）、"尧舜与人同耳"（《孟子·离娄章句下》）。从这点出发，孟子得出一个重要的结论，即"人皆可以为尧舜"（《孟子·告子章句下》）。

2. 四端说

性善论是孟子人性学说的核心，但并不是说人人天生就是善人。这种善只是"善端"，是善的萌芽，需要培养、扩充。孟子把恻隐之心、羞恶之心、辞让之心、是非之心称为仁、义、礼、智四端，"仁、义、礼、智根于心"（《孟子·尽心章句上》），"非由外铄我也，我固有之"（《孟子·告子章句上》）。所以，要培养"四端"、"扩而充之"，才能显现善性。

由于仁、义、礼、智四端是"我固有之"，那么，其表现为"良能"、"良知"也是与生俱来的。所谓"良能"、"良知"像"四端"一样是天生就有的，即是人本性所固有的。孟子用小孩爱父母、敬兄长来论证人具有先天的"善性"。

3. 养心说

孟子虽然强调人的本性中有"善端"、"良知"、"良能"，但不是说人生来就有完善的道德。社会上的人确实有不善的。孟子把人的不善归结为"不能尽其才"。他说："若夫为不善，非才之罪也。……或相倍蓰而无算者，不能尽其才者也。"(《孟子·告子章句上》)"才"指人生来就有的资质，也就是性。不善者就是没有很好地培养"善端"。人能否培养和扩充自己的"善端"，主要取决于自身的主观愿望和努力。孟子以舜为例，说明舜一心向善，故为圣人。所以向善者取决于主观的"心"，即要养心，养心才能培养、扩充"善端"。

如何"养心"？孟子认为"养心莫善于寡欲"(《孟子·尽心章句下》)，因为追求过多的物质欲望会使人失去善性，故孟子反对"求利"和"多欲"，以"寡欲"为养心的主要内容。

如果不能"寡欲"而导致丧失善性，那么就应努力把它找回来，恢复善之本性，这就是所谓的"求放心"。

人的善性是与生俱来的，但要靠"心"来把握。孟子视耳、目等感官为"小体"，视心为"大体"，认为耳、目无思考作用，常为外物所蒙蔽，把人引向迷途，心则能思，通过思维的明辨，便能克制物欲以存善性。所以他强调要先把心中固有的"善"树立起来，以防感官因"蔽于物"而夺走"善"。修养好了心性，就可以不受外界影响了。

（二）仁政学说

孟子的仁政学说是以人性善作为理论依据的，是性善论在政治思想方面的具体体现。孔子曾根据他的仁学思想提出"为政以德",主张"道之以德,齐之以礼"。孟子继承并发展了这一思想。孟子说:

> 人皆有不忍人之心。先王有不忍人之心,斯有不忍人之政矣。以不忍人之心,行不忍人之政,治天下可运之掌上。(《孟子·公孙丑章句上》)

> 故推恩足以保四海,不推恩无以保妻子。古之人所以大过人者,无他焉,善推其所为而已矣。(《孟子·梁惠王章句上》)

不忍人之心就是恻隐之心,孟子把先王的"仁政"归结为当政者的"不忍人之政",归结为在行政管理实践中贯穿"不忍人之心",即"推恩"。只有如此,才"足以保四海"、"治天下可运之掌上";否则,不仅不能治国、平天下,甚至"无以保妻子"。可见孟子的仁政学说实际上是他的性善论在政治上的运用。

孟子把治国之道分为王道和霸道两种。王道,就是为政以德,行仁政,"得道多助,失道寡助",以德服人才能使人心服,就像孔门弟子尊敬孔子一样,"中心悦而诚服也"(《孟子·公孙丑章句上》),才能治理好天下。孟子从得民心而王天下的思想出发,贵王贱霸,反对以武力统一天下的"霸道",力主以德服人的"王道"。"王霸之别"体现了儒法两家在国家统一问题上的不同见解,即法家主张用武力征服而称霸诸侯,儒家则强调以争取人心而取得天下。

（三）民本学说

孟子认为，行仁政首先要重民。中国古代重民思想渊源甚早。《尚书·五子之歌》说："民惟邦本，本固邦宁。"《尚书·酒诰》说："人，无于水监，当于民监。"儒家先驱周公更是注重"敬德保民"："天视自我民视，天听自我民听"，"天矜于民，民之所欲，天必从之"（《尚书·泰誓》）。

孟子继承并发展了先贤的民本思想，第一次明确提出了"民贵君轻"的观点，认为天下之得失、国家之兴亡，都与是否实行"仁政"并由此导致的民心向背有关。得民心者得天下。"民为贵"就是强调民心所向是政治统治的基础。

既然"得乎丘民而为天子"（《孟子·尽心章句下》），那么，失去丘民者自然应该被废掉。孟子赞成伊尹流放不得民心的君主太甲的行为，颂扬"汤放桀，武王伐纣"（《孟子·梁惠王章句下》）的义举，主张凡失之于民者，即使是"继世以有天下"（《孟子·万章章句下》）之君也应坚决废掉。

怎样才能得民心、保民而王呢？孟子认为首先要"制民之产"。"制民之产"就是耕者有其田，有能够维持生存的日用私有财产。人民只有有了土地，才能安心生产，从而维持一般家庭的最低生活水平，才不致到处流离作乱。

孟子还将"制民之产"具体化：

> 五亩之宅，树之以桑，五十者可以衣帛矣。鸡豚狗彘之畜，无失其时，七十者可以食肉矣。百亩之田，勿夺其

时，数口之家可以无饥矣。谨庠序之教，申之以孝悌之义，颁白者不负戴于道路矣。七十者衣帛食肉，黎民不饥不寒，然而不王者，未之有也。（《孟子·梁惠王章句上》）

可见"制民之产"包括解决人民的土地、衣食、教育等问题，这同时也是"仁政"的基本目标。

人民有了田地，生产的积极性就能被调动。倘若统治者横征暴敛，则适得其反。所以孟子提出"省刑罚，薄税敛"的思想，来保护人民的生产积极性，这也是"仁政"的基本要求。

此外，孟子还有许多思想值得重视，如教育思想。孟子认为：学习一定要专心致志，循序渐进，不应该"揠苗助长"；"教亦多术"，对不同的学生要有不同的教学方法，因材施教；鼓励学生独立思考、独立提出见解，不轻信、不盲从书本。

（四）义利观

孟子把义作为人的行为选择的最高标准。义利相比，轻利取义、舍生取义。孟子的义利观对中华民族价值观具有深远影响。

（五）"大丈夫"的人格思想

孟子所推崇的人格是"富贵不能淫，贫贱不能移，威武不能屈"（《孟子·滕文公章句下》），主张要做有"浩然之气"的"大丈夫"。孟子的这些主张激励了中国无数仁人志士，是中华民族精神的奇葩。

三、《孟子》的文章风格

　　孟子是雄辩家，他用巧妙的方法将谈话引入预设的话题，用不断反诘揭露论敌的破绽，用形象恰当的比喻说明事理，用逻辑推理阐明自己的观点。其文风明快练达，酣畅犀利，气势磅礴，对中国文学与文化产生了重大影响。

　　孟子的思想，在当时无人能接受，被司马迁评为"迂远而阔于事情"（《史记·孟子荀卿列传》）。但它无论对后世儒者还是对封建统治者，都产生了深远的影响。一般来说，在政治稳定的时代，如西汉的"文景之治"、唐初的"贞观之治"以及清初的"康乾盛世"，统治者无不采用孟子的仁政学说和儒家其他学说作为治国的主导思想。

《孟子》选读

卷一 梁惠王章句上

本卷原文共七章，本书全选六章，节选一章。

第一章

> **原文**

　　孟子见梁惠王①。王曰："叟②不远千里而来，亦将有以利吾国乎？"

　　孟子对曰："王何必曰利？亦③有仁义而已矣。王曰：'何以利吾国？'大夫曰：'何以利吾家？'士、庶人④曰：'何以利吾身？'上下交征⑤利而国危矣。万乘⑥之国，弑⑦其君者，必千乘之家；千乘之国，弑其君者，必百乘之家。万取千焉，千取百焉，不为不多矣。苟⑧为后义而先利，不夺不餍⑨。未有仁而遗⑩其亲者也，未有义而后其君者也。王亦曰仁义而已矣，何必曰利？"

> **注释**

①梁惠王：即魏惠王魏

莹。魏原来的都城在安邑（今山西夏县北），公元前362

年魏惠王迁都大梁（今河南开封），因而魏也称梁，魏惠王又叫梁惠王。②叟：老人。③亦：只、仅。④士、庶人：知识分子和老百姓。⑤交征：互相争夺。征，取。⑥乘（shèng）：量词，四匹马拉的一辆兵车叫一乘。⑦弑（shì）：臣杀君、子杀父叫弑。⑧苟：如果。⑨餍（yàn）：满足。⑩遗：遗弃，抛弃。

译文

孟子拜见梁惠王。梁惠王说："老先生，你不远千里而来，能给我国带来有利的高见吗？"

孟子回答说："大王何必说利呢？比利更重要的还有仁义。如果一个国家的国君以及各级官员、知识阶层、老百姓，都把牟利放在首位，势必造成全国上下向钱看并由此相互争夺，那么，这个国家就危险了。我们经常看到，在一个拥有万辆兵车的国家里，杀害国君的人一定是拥有千辆兵车的大夫；在一个拥有千辆兵车的诸侯国里，杀害其王的人，一定是拥有百辆兵车的大夫。这些大夫在拥有万辆兵车的国家中就拥有千辆兵车，在拥有千辆兵车的国家中就拥有百辆兵车，他们占有的够多了。可是，如果他们把利放在眼前，而把义置诸脑后，那么不夺得国君的地位他们是永远不会满足的。而讲仁的人从来不会抛弃父母，讲义的人从来不会不顾君王。所以，大王只说仁义就行了，何必说利呢？"

解读

孟子对梁惠王说的这段话，主要是阐述仁义的重要性和言利的危害性。梁惠王将利作为治国的指导思想，孟子认为，这种指导思想是十分危险的。如果举国都向钱看，都以利为中心，那么欲壑难填，轻则相互争夺，重则犯上作乱，国家就危在旦夕了。如果以仁义为治国的指导思想，那么，讲仁的人从来不会抛弃父母，讲义的人从来不会犯上作乱。可见，孟子虽然重义轻利，但他所说的义实质上是整体的、长久的、国家的利。只有提倡仁义，才能谋求国家和人民的共同利益，社会才能安定。

孟子的上述思想涉及一个重要命题，即义利关系问题。儒家的代表人物一般都把义置于利之上，重义轻利。如《论语》中就说"君子喻于义，小人喻于利"；董仲舒的"正其义不谋其利，明其道不计其功"，更是至理名言。儒家的义利观，是把义和利看作既对立又统一的整体。其统一性在于义而生利，利中含义，以义统利。孔子说"见利思义"和"因民之所利而利之"，就是说明义与利之间的关系，同时也说明让利于民、让利于他人、重仁义是我们中华民族的传统美德，并且这种美德在民间的影响更为深远。如大家熟知的《水浒传》，其主要人物宋江，便是家喻户晓的讲仁重义之人。宋江在江湖上很有名望，以至于很多好汉遇见他时都说："你莫不是山东及时雨宋公明哥哥吗?"纳头便拜。所谓"及时雨"，即宋江仗义疏财，扶困济危。正是由于宋江讲仁义，才成就了后来梁山泊的一番事业。

儒家的义利之辨，对经商更有指导意义，即经商应是以义统利、利己与利他相统一。如以儒商著称的徽商，正是以"以义统利"的思想指导经商活动。清代黟县商人舒遵刚，结合经商实践，对义、利关系进行了深刻的阐述。他说："生财有大道，以义为利，不以利为利。"并比喻说："钱，泉也，有源斯有流。今之以狡诈生财者，自塞其源也；今之吝惜而不肯用财者，与夫奢侈而滥于用财者，皆自竭其流也……圣人言'以义为利'……则因义而用财，岂徒不竭其流而已，抑且有以裕其源，即所谓之大道也。"就是说，"因义用财"才能开辟财源，使之流而不竭，既收到社会效益，又收到经济效益。可见徽商的义利观来源于儒家思想，见利思义、见利思道、以义为利，正是儒家所要求的。

第二章

孟子见梁惠王。王立于沼①上，顾鸿雁麋鹿，曰："贤者亦乐此乎？"

孟子对曰："贤者而后乐此，不贤者虽有此，不乐也。《诗》②云：'经始③灵台，经之营之。庶民攻④之，不日成之。经始勿亟⑤，庶民子⑥来。王在灵囿⑦，麀鹿⑧攸⑨伏。麀鹿濯濯⑩，白鸟鹤鹤⑪。王在灵沼，於⑫牣⑬鱼跃。'文王以民力为台为沼，而民欢乐之，谓其台曰'灵台'，谓其沼曰'灵沼'，乐其有麋鹿鱼鳖。古之人与民偕乐，故能乐也。《汤誓》⑭曰：'时⑮日害⑯丧？予及女⑰偕亡！'民欲与之偕亡，虽有台池鸟兽，岂能独乐哉？"

①沼（zhǎo）：水池。②《诗》：即《诗经》，儒家六经之一。③经始：开始规划设计。④攻：建造。⑤亟：同"急"。⑥子：通"滋"，更加，多。⑦囿（yòu）：畜养禽兽的园林。⑧麀（yōu）鹿：母鹿。⑨攸（yōu）：同"所"。⑩濯（zhuó）濯：肥美而有光泽的样子。⑪鹤鹤：羽毛洁白的样子。⑫於（wū）：赞叹词。⑬牣（rèn）：满。⑭《汤誓》：《尚书》中

一〇九

的一篇，记载商汤讨伐夏桀时的誓词。⑮时：这。⑯害（hé）：何，何时。⑰予及女：我和你。女，同"汝"，你。

------ 译文 ------

孟子拜见梁惠王。梁惠王站在池塘边，正在欣赏鸿雁、麋鹿等飞禽走兽，于是请教孟子说："贤人也以此为乐吗？"

孟子说："贤人才有这样的快乐，不贤的人就算有这些鸿雁、麋鹿等，也不快乐。《诗经》说：'开始规划造灵台，仔细营造巧安排。天下百姓都来干，短期建成速度快。建台本来不着急，很多百姓自动来。君王游览灵园中，母鹿伏在深草丛。母鹿肥大毛色润，白鸟洁净羽毛丰。君王游览到灵沼，满池鱼儿欢跳跃。'周文王虽然用了老百姓的劳力来修建高台深池，可是老百姓非常高兴，把那个台叫作'灵台'，把那个池叫作'灵沼'，以那里面有麋鹿鱼鳖等珍禽异兽为快乐。古代仁慈的君王与民同乐，所以能真正快乐。相反，《汤誓》里说到暴君夏桀：'你这太阳啊，什么时候毁灭呢？我宁可与你一起毁灭！'老百姓恨不得与夏桀同归于尽，即使有高台深池、珍禽异兽，他又怎么能独享快乐呢？"

------ 解读 ------

孟子回答梁惠王的这段话，主题是谈快乐问题。在园林里欣赏鸿雁、麋鹿等飞禽走兽，是否快乐呢？孟子认为，像周文王这样仁慈的君主，解救老百姓于水深火热之中，为老百姓谋幸福，受到老百姓的拥戴，他才感到快乐。而百姓痛恨的暴君，

百姓恨不得与他同归于尽。这样的暴君面对良辰美景，谈何快乐，只有惶惶不可终日。

孟子的这段话，实质上是说国君要仁政爱民、为人民谋幸福，人民才把他看作大救星。只有给人民带来快乐，国君自己才会因此感到快乐，即"乐以天下"。梁惠王仿效周文王，也建起园林，在园林里畜养鸿雁、麋鹿等飞禽走兽，以供自己欣赏休闲，寻找快乐。所以，孟子告诫梁惠王，不要像暴君夏桀那样与人民为敌，而要像周文王那样仁政爱民，为人民谋幸福，受到老百姓的拥戴，这才是真正的快乐。

把握了孟子关于"乐"的内涵后，还要把握孟子的"与民同乐"思想。孟子认为，国君以百姓的快乐为自己的快乐，百姓就会以国君的快乐为自己的快乐。如周文王修建灵台、灵沼，百姓热情主动地来出力参与营建。国君与天下百姓同忧同乐，天下一心，无人可敌。

孟子的"与民同乐"思想，在中国的历史上产生了积极的影响。北宋诗人蔡襄有一首《上元应制》诗："高列千峰宝炬森，端门方喜翠华临。宸游不为三元夜，乐事还同万众心。天上清光留此夕，人间和气阁春阴。要知尽庆华封祝，四十余年惠爱深。"元宵佳节彩灯排列得像一座座山峰，皇帝的御驾正来到皇宫的正门口。皇帝的巡游不是为了元宵之夜赏灯，而是为了与万民同乐。天上的圆月清澈皎洁，专为今夜辉映，人间万民和睦幸福如同暖春。举国上下向皇帝祝福，感谢他四十年来给人民的恩惠。诗中描写了京都元宵佳节灯火如山的盛况，以及君王临幸与民同乐，大官小吏前呼后拥，老百姓蜂拥而至，"天上清光"跟"人间和气"交相融合的良辰美景，歌颂了仁宗朝的太平之象。

第三章

梁惠王曰："寡人①之于国也，尽心焉耳矣。河内凶②，则移其民于河东，移其粟③于河内。河东凶亦然。察邻国之政，无如寡人之用心者。邻国之民不加少，寡人之民不加多，何也？"

孟子对曰："王好战，请以战喻。填④然鼓之，兵刃既接，弃甲曳兵⑤而走，或百步而后止，或五十步而后止。以五十步笑百步，则何如？"

曰："不可。直不百步耳，是亦走也。"

曰："王如知此，则无望民之多于邻国也。

"不违农时，谷不可胜食也。数罟⑥不入洿池⑦，鱼鳖不可胜⑧食也。斧斤⑨以时入山林，材木不可胜用也。谷与鱼鳖不可胜食，材木不可胜用，是使民养生丧死无憾也。养生丧死无憾，王道之始也。

"五亩之宅，树之以桑，五十者可以衣帛矣。鸡豚狗彘⑩之畜，无失其时，七十者可以食肉矣。百亩之田，勿夺其时，数口之家可以无饥矣。谨庠序⑪之教，申⑫之以孝悌之义，颁⑬白者不负戴⑭于道路矣。七十者衣帛食肉，黎民⑮不饥不寒，然而不王者，未之有也。

"狗彘食人食而不知检⑯，涂⑰有饿莩⑱而不知发⑲。人死，则曰：'非我也，岁也。'是何异于刺人而杀之，曰：'非我也，兵⑳也。'王无罪㉑岁，斯天下之民至焉。"

---- 注释 ----

①寡人：国君对自己的谦称。②凶：庄稼收成不好，荒年；水旱等自然灾害。③粟：谷子。④填：象声词。⑤曳（yè）兵：拖着兵器。⑥数罟（cù gǔ）：细密的渔网。⑦洿（wū）池：洿，地势低洼；洿池，池塘。⑧胜（shēng）：尽。⑨斤：砍刀。⑩鸡豚（tún）狗彘（zhì）：豚，小猪；彘，大猪。此处泛指家畜家禽。⑪庠（xiáng）序：古代的乡学。⑫申：重复，一再。⑬颁：同"斑"。⑭负戴：负，背在背上；戴，顶在头上。⑮黎民：老百姓。⑯检：节制、收敛。⑰涂：同"途"，道路。⑱莩（piǎo）：同"殍"，饿死的人。⑲发：开仓赈济。⑳兵：刀、剑、矛之类的武器。㉑罪：怪罪。

---- 译文 ----

梁惠王请教孟子说："我对于国家，真是非常尽心。河内饥荒，就把那里的一部分老百姓迁移到河东去，把河东的粮食调拨到河内；河东遇到饥荒也是这样做。了解一下邻国的行政管理，没有像我这样用心的。但是邻国的百姓不见减少，我的百姓不见增多，这是为什么？"

孟子说："大王喜欢打仗，让我用战争作比喻吧。战鼓咚咚地敲响，两军开始交战，战败的扔掉盔甲拖着武器逃跑。有人逃了一百步然后停下来，有的人逃了五十步然后停下来。逃跑五十步的人去耻笑逃跑一百步的人，那怎么样呢？"

梁惠王说："不可以。只不过没有逃跑到一百步罢了，但那也是逃跑啊。"

孟子说："大王如果懂得这个道理，就不要指望自己的百姓比邻国多了。

"不耽误农业生产的季节，粮食就会吃不完。捕鱼不用密网，池塘里的鱼鳖之类就会吃不完。按一定的季节入山伐木，木材就会用不完。粮食和水产吃不完，木材用不完，老百姓对生老病死就没有什么担忧的了，这也就是仁政的开端。

"五亩大小的地，种上桑树，五十岁的人就可以穿丝织品了。家禽家畜的饲养，不要耽误繁殖和宰杀的时机，七十岁的人就可以有肉吃了。百亩大小的耕地，不要误了农时，数口之家就可以吃饱饭了。认真地兴办学校教育，把孝顺父母、敬爱兄长的道理反复讲给百姓听，老人就不会背负重物在路上行走了。如果做到七十岁的老人能够穿上丝织品、吃上肉食，百姓温饱，那么一定能够称王而统一天下。

"富贵人家的猪狗吃人的食物而不知收敛，道路上有饿死的人而不知开仓赈济。百姓死于贫困，还说：'这不是我的过错，是因为年岁不好。'这种说法无异于拿刀杀人，并狡辩说：'杀死人的不是我，是刀。'倘若大王不归咎于年成不好而实行仁政，那么天下的百姓都会投奔你。"

　　孟子对梁惠王说的这段话，主要是劝说统治者要实行仁政以及阐述仁政的具体内容。梁惠王认为自己对国家已经尽心了，即标榜自己赈灾救民，并声称邻国国君在治国时不如他用心，但是结果却是"邻国之民不加少，寡人之民不加多"。孟子认为，虽然梁惠王感觉自己尽心了，但与邻国一样，没有实行仁政，这就如同逃跑五十步和逃跑一百步性质一样，所以，梁惠王之政与邻国之政并无本质区别，邻国的老百姓也并不会来投奔于他。

　　既然国君应该实行仁政，那么如何实行仁政？孟子认为，第一，以农为本，不违农时，发展生产，注重生态保护，保证可持续发展，即生存资源有保障。第二，要使老百姓温饱有保障。五十者可以衣帛，七十者可以食肉，数口之家可以无饥，黎民不饥不寒。第三，要加强学校教育、道德教育与精神文明建设。即重视地方中小学建设，让适龄青少年都有学上；同时加强道德教育，如忠孝仁义、尊老爱幼等传统道德规范。

　　孟子的这段话，有其重要的价值。其一，生态保护。孟子所说的"数罟不入洿池"、"斧斤以时入山林"，就是我们现在所说的生态保护和可持续发展问题。池塘里可供人食用的水产资源是有限的，如果我们在不应捕鱼的季节捕鱼，或是在捕鱼的季节大鱼小鱼全部捕尽，那么渔业资源就会枯竭。孟子要求人们在捕鱼时用网眼比较大的渔网，捕大留小，以保护渔业资源。对于山林的保护，其道理也是一样。只有这样，才能做到"鱼鳖不可胜食"、"材木不可胜用"，保证资源的可持续发展。

　　孟子关于生态保护的思想，在现代更有其重要意义，特别是当前中国农村生态环境保护问题不容乐观。如将生活垃圾倒入水里；乡镇企业的废水、废气、废渣等污染物的排放造成农村河道水质严重恶化；化肥、农药的不科学使用给生态环境造成极大污染与破坏，给地表水、地下水、农产品品质已经带来了明显的危害，直接影响人类健康；农膜及各种塑料废弃物，由于极难降解，且降解过程中还会渗出有毒物质，对土壤及农作物危害也很大。一些地方人为破坏生态环境的现象仍时有发生，如开山炸石、乱挖乱采仍屡禁不止。矿产资源的不合理开发，不但破坏了自然环境，而且使其生态功能退化，生态失衡，给当地人民的生产、生活和周边生态环境造成了严重危害。

其二，物质文明和精神文明建设。孟子认为，不仅要解决老百姓的温饱问题，还要加强对老百姓的教育教化。在解决了百姓最基本的温饱问题之后，要逐步地提高人民的物质生活水平。发展丝织业，让五十岁的人都能穿上丝绸衣服；发展畜牧业，让七十岁的人都能吃上肉。不仅如此，孟子还认为要发展教育事业，让孝悌之理深入民心，人人孝顺父母、敬爱兄长，从而形成一个讲道德、讲文明、民风淳朴、其乐融融的社会。

第四章

原文

梁惠王曰："寡人愿安①承教。"

孟子对曰："杀人以梃②与刃，有以异乎？"

曰："无以异也。"

"以刃与政，有以异乎？"

曰："无以异也。"

曰："庖③有肥肉，厩④有肥马，民有饥色，野有饿莩⑤。此率兽而食人也。兽相食，且人恶之；为民父母，行政不免于率兽而食人，恶⑥在其为民父母也？仲尼曰：'始作俑⑦者，其无后乎！'为其象⑧人而用之也。如之何其使斯民饥而死也？"

注释

①安：安心、乐意。②梃（tǐng）：棍棒。③庖（páo）：厨房。④厩（jiù）：马圈。⑤莩（piǎo）：同"殍"，饿死的人。⑥恶（wū）：怎样，如何。⑦俑（yǒng）：古代陪葬用的木偶或陶人。⑧象：同"像"。

译文

梁惠王说："我很乐意听您的指教。"

孟子问："用棍棒打死人和用刀子杀死人有什么不同吗？"

〇二七

梁惠王说："没有什么不同。"

孟子又问："用刀子杀死人和用政治害死人有什么不同吗？"

梁惠王回答："没有什么不同。"

于是孟子说："厨房里有肥嫩的肉，马圈里有健壮的马，可是老百姓面黄肌瘦，野外有饿死人的尸体，这等于是官府率领禽兽吃人啊！兽类自相残杀，人尚且厌恶它；作为老百姓的父母官，施行苛政，像率领禽兽吃人一样，那又怎么能够做老百姓的父母官呢？孔子说：'最初采用木偶陪葬的人会断子绝孙的！'这不过是因为木偶太像活人而用来陪葬罢了。用木偶陪葬尚且不可，又怎么可以使老百姓活活地饿死呢？"

解读

爱民重民是儒家基本思想。《尚书》中就有"民惟邦本，本固邦宁"、"敬德保民"的记载。孔子提出"仁者爱人"。孟子从尊重人的价值立场出发，认为人性都是善的，进而提出"民为贵，社稷次之，君为轻"。但是，统治者往往不仅不爱民，反而虐待和残害人民。孟子的这段话主要是揭露施行暴政的统治者"率兽而食人"的本质，体现孟子仁政爱民的政治思想。孟子认为，专制残暴的政治如同用刀子杀人一样，是吃人的政治，这样的政治导致严重的两极分化：权贵之家的厨房里有大鱼大肉，马圈里有肥马；而老百姓面黄肌瘦，衣衫褴褛，野外有饿死人的尸体。这样的官府像野兽一样吃人，怎么还配"为民父母"？孔子对做俑陪葬都相当愤慨，何况统治者饿死其治下的人民呢？

可见，孟子对猛于虎的苛政无限痛恨，对生活在水深火热中的人民无比同情。

孟子抨击暴政和同情百姓疾苦的精神，对后世产生了重要的影响。如唐代诗人杜甫著名的诗句"朱门酒肉臭，路有冻死骨"，就是和孟子的思想一脉相承的。天宝十四年（755），也是安史之乱前夕，杜甫到奉先探望妻儿，沿途看到成群结队的穷苦百姓流浪乞讨、流离失所，饿死、病死的人遍布荒野，而官府的权贵们却过着穷奢极欲的生活。一边是有钱人家花天酒地，一边是穷人挨饿受冻；一边是富人酒肉臭了造成财富的巨大浪费，一边是得不到衣食的穷人被活活冻死饿死。杜甫无比悲愤，写下了《自京赴奉先县咏怀五百字》长诗，揭露了统治者的罪恶，其中"朱门酒肉臭，路有冻死骨"成为千古流传的名句。这种现象在人类的历史长河中比比皆是，深刻地揭露了贫富两极分化的现象和统治者腐败堕落的状况。

第五章

ㅤ**原文**

ㅤ梁惠王曰："晋国①，天下莫强②焉，叟之所知也。及寡人之身，东败于齐，长子死焉③；西丧地于秦七百里④；南辱于楚⑤。寡人耻之，愿比死者一洒之⑥，如之何则可？"

ㅤ孟子对曰："地方百里而可以王⑦。王如施仁政于民，省刑罚，薄税敛，深耕易耨⑧；壮者以暇日修其孝悌忠信，入以事其父兄，出以事其长上。可使制⑨梃以达秦楚之坚甲利兵矣。彼夺其民时，使不得耕耨以养其父母。父母冻饿，兄弟妻子离散，彼陷溺⑩其民，王往而征之，夫谁与王敌？故曰：'仁者无敌。'王请勿疑！"

ㅤ**注释**

ㅤ①晋国：韩、赵、魏三家分晋，所以，梁（魏）惠王自称魏国为晋国。②莫强：没有比它强的。③东败于齐，长子死焉：公元前341年，魏与齐战于马陵，兵败，太子申被俘。④西丧地于秦七百里：马陵之战后，魏国国势渐衰，秦国屡败魏国，迫使魏国献出河西之地和上郡的十五个县，约七百里地。⑤南辱于楚：公元前325年，魏又被楚将昭阳击败于襄陵，魏国失去八邑。

⑥愿比死者一洒之：比，替，为；一，全，都；洒，通"洗"，洗刷。全句说，希望为全体死难者报仇雪恨。⑦地方百里而可以王：指周文王以小国灭殷而夺取天下为王。⑧易耨（nòu）：及时锄草。易，速，快；耨，锄草。⑨制：通"掣"，提着。⑩陷溺：指残害百姓，使人民处于水深火热之中。

译文

梁惠王说："魏国曾一度在天下称雄，这是老先生您知道的。可是到了我这时候，东边被齐国打败，连我的大儿子都死掉了；西边秦国霸占我七百里土地；南边又受楚国的侮辱。我感到非常羞耻，发誓替所有的死难者报仇雪恨。我要怎样做才行呢？"

孟子回答说："当年文王只有方圆百里而后为天下之王。大王如果对老百姓施行仁政，减免刑罚，少收赋税，让老百姓深耕细作，及时除草；让青年人在农闲时修习孝顺、尊敬、忠诚、守信的品德，使他们做到在家侍奉父母兄长，出门尊敬长辈。这样就是以棍棒为武器，也可以打败那些装备精良的秦楚军队。因为秦、楚等国的执政者年年征战，剥夺了他们老百姓的生产时间，使田园荒芜，粮食歉收，无法赡养父母。父母受冻挨饿，兄弟妻子东离西散，老百姓陷入水深火热之中。大王如去征伐秦、楚等国，有谁能够成为您的对手呢？所以说：'施行仁政，天下无敌。'请大王不要有疑虑！"

解读

孟子的这段话，主要是谈实行仁政问题。从梁惠王向孟子介绍的情况中可以看出，魏国国力衰败，四面楚歌，正在走下坡路。孟子认为，只要实行仁政，发愤图强，就可战胜装备精良的秦国、楚国，因为仁者无敌。在这里，孟子简略地提出了仁政的主要内容：第一，深耕易耨，搞好农业生产。从孟子的一贯思想来看，仁政的基础是"制民之产"。战国时期，很多农民失去土地，老百姓生活无基本保障，挣扎在死亡线上。孟子把"制民之产"看作仁政的首要问题，认为这是政治稳定的基石，所以迫切地希望解决农民的土地问题，保护小农经济，让百姓深耕细作，安心务农，以此来维持和改善老百姓的生计，从而奠定政权稳定的基础。

第二，减免刑罚，少收赋税。孟子认为要实行"仁政"，还必须"省刑罚，薄税敛"，就是要减少刑罚，减轻赋税，即减轻人民的负担。孟子继承孔子节用爱人的思想，主张轻徭薄赋，怒斥奢侈挥霍、不顾人民死活的统治者是"率兽食人"。征发徭役要不违农时。不违农时与薄税敛是封建农业经济的基本要求，是仁政的重要内容。针对当时刑罚严苛的情况，孟子还提出省刑罚的主张，尤其是反对株连，提出"罪人不孥"，即治罪止于本人，不累及妻子和儿女等直系亲属。

第三，普及儒家伦理规范，加强道德建设。即让年轻人学习孝悌忠信，在家孝顺父母、敬爱兄长，在外尊敬长辈。如果这样全面地实行仁政，那么即使用棍棒也可以抵抗拥有坚甲利兵的秦国、楚国了。只有实行仁政，让百姓安居乐业，国力才能增强，才能为政于天下，统一国家。

孟子关于仁政的思想及"省刑罚，薄税敛"的思想，对后世也产生过积极的影响。如汉高祖刘邦在当上皇帝后，摆在他面前的是一个亟待恢复的残破的局面。由于连年战争，人民流离失所，田地荒芜，粮食奇缺，人民生活十分困难。所以，恢复和发展农业生产，医治战争创伤，成为刘邦巩固西汉统治的当务之急。为了恢复农业生产，刘邦首先采取"制民之产"的政策，让百姓与土地结合起来。早在楚汉战争过程中，刘邦就把原来秦朝围禁的苑囿园池分给农民耕种；当皇帝后，将土地按照一定的政策分给复员的士兵和农民，使耕者有其田，进行农业生产。刘邦还尽量减轻农民的赋役负担。在楚汉战争期间，他就规定关中从军的人免除全家徭役一年；称帝后，又宣布追随他的士卒免除全家的徭役。对于赋税，他根据政府的总开支，制定了赋税总额，田租只收产量的十五分之一。对于遭受战乱比较严重或发生水旱灾害的地区，还经常免其租税。刘邦实行的"制民之产"和轻徭薄赋制度，减轻了人民的负担，提高了农民的生产积极性，促进了汉初经济的发展。

第六章

原文

孟子见梁襄王①。出,语②人曰:"望之不似人君,就③之而不见所畏焉。卒然④问曰:'天下恶⑤乎定?'吾对曰:'定于一。''孰能一之?'对曰:'不嗜⑥杀人者能一之。''孰能与⑦之?'对曰:'天下莫不与也。王知夫苗乎?七八月之间旱,则苗槁⑧矣。天油然作云,沛⑨然下雨,则苗浡然⑩兴之矣。其如是,孰能御⑪之?今夫天下之人牧⑫,未有不嗜杀人者也。如有不嗜杀人者,则天下之民皆引领而望之矣。诚如是也,民归之,由⑬水之就下,沛然谁能御之?'"

注释

①梁襄王:梁惠王的儿子,名嗣(一说名赫),公元前 318 年至公元前 296 年在位。②语:告诉。③就:接近,靠近。④卒然:突然。卒,同"猝"(cù)。⑤恶(wū):怎样,如何。⑥嗜(shì):喜爱,爱好。⑦与:从,跟。⑧槁(gǎo):枯干。⑨沛(pèi):盛大,旺盛。⑩浡(bó)然:兴起或旺盛的样子。浡,通"勃"。⑪御:抵挡。⑫人牧:治理人民的人,指国君。"牧"由牧牛、牧羊的意义引申过来。⑬由:同"犹",好像,如同。

孟子拜见梁襄王，出来后对弟子们说："梁襄王看上去不像个国君，接近他也看不出威严。他却突然问我：'天下怎样才能安定？'我对他说：'国家统一才会安定。'他又问：'谁能统一天下呢？'我说：'不喜好杀人的国君能统一天下。'他说：'这样的国君百姓会归顺吗？'我又答：'天下的人没有不愿意跟随他的。大王知道种庄稼的情况吗？七八月间天旱的时候，禾苗就要干枯了。但一旦天上乌云密布，大雨滂沱，禾苗就能得以蓬勃生长。这样的长势，谁能够阻挡得住呢？当今天下的国君，都好杀人。如果有一个仁厚的国君出现，那么，天下的百姓都会翘首以盼，期待着他来一统天下。果真能如此，百姓一定会拥戴他，就像大河奔流向前，浩浩荡荡，谁能阻挡得住呢？'"

孟子回答梁襄王的这段话，主要是关于仁政和国家统一的问题。自古以来，老百姓都希望过太平的日子。如果国家分裂、年年征战，最倒霉的是老百姓，轻则饥寒交迫、流离失所，重则贫病交加、家破人亡。因此，老百姓是最反对国家分裂、反对战争的。

但是，从中国的历史来看，时常有分裂，有战争。孟子所处的时代，更是诸侯国林立，每一个诸侯国都想称霸中国。国君们不实行王道，不是以德服人，而是用战争杀戮的手段，对内、对外实施镇压，企图一统天下。国家分裂、年年战争，给人民带来了灾难，使得人民渴望和平和统一。因此，国家的统一是社会发展的趋势。

谁能够统一天下，使国家"定于一"呢？孟子指出，能够统一天下的人，所必须具有的基本素质就是"不嗜杀人"。他认为只有体恤人民的"不嗜杀人者"，才能使天下"定于一"。也就是说只有不残害百姓生命，对百姓仁慈，并且实行仁政的人，百姓才会归顺他，他才有可能统一和拥有天下。

我们知道，中国历史上有个著名的"贞观之治"，这与唐太宗李世民仁政爱民是分不开的。"唐太宗纵囚"的故事，就是他实行仁政的写照。故事大体是这样的：一日，李世民批阅大理寺卿的奏折，说是大约有 400 名死囚将于秋后被斩首，但有不少囚犯日夜痛哭。问其原因，原来是心中还有所牵挂。有的是家中尚有老母未曾安顿，有的是家中一脉单传未留下香火，等等。奏折上说，用尽办法仍不能让他们停止哭闹，问是否可以提前用刑。李世民阅罢，久久沉思，忽然灵机一动，打算下旨将死囚们放归，等他们处理好后事之后再回来受刑。他甚至还亲自到监狱里去宣布这一旨意。囚犯们看到皇帝来了，都以为要提前用刑了，一个个跪在地上面如土色，谁知却听到皇帝恩准他们先行返家，以一月为期，待处理完后事之后再回监狱，安心受刑。囚犯们闻此言，顿时磕头如捣蒜，齐呼万岁。很多大臣们反对，唯恐囚犯乘机逃跑或到期不归。然而到期之日，囚犯们全回来了，一个不少。李世民也高兴得开怀大笑，下令让囚犯们夜游长安赏花灯。后来，李世民又下诏将这些义不食言的囚徒免予死罪，改判流放。李世民正是因为仁政爱民，才深受百姓爱戴，从而创造了中国历史上的"贞观之治"。

尽管孟子主张"不嗜杀人"，即主张非暴力，但并不完全反对暴力。孟子非常推崇仁义之师，认为仁义之师的征伐能解救人民于水火之中，是受人民欢迎的。所以孟子赞扬商汤，认为商汤推翻了暴政，受到了人民的拥护，其使用暴力具有正义性。可以看出，孟子主张"不嗜杀人"，其实是站在同情人民的立场反对非正义的战争。

另外，孟子"定于一"的思想也就是中华民族"大一统"的思想。中华民族"大一统"的思想，是团结、凝聚中华民族的精神支柱，已深深地渗透到了中华民族的血液之中。在当今时代，"大一统"思想对我们实现民族团结、维护祖国统一，仍然有着十分重要的意义。

第七章（节选）

原文

老①吾老，以及人之老；幼②吾幼，以及人之幼，天下可运于掌③。《诗》云④："刑⑤于寡妻⑥，至⑦于兄弟，以御⑧于家邦。"言举斯心加诸彼而已。故推恩足以保四海，不推恩无以保妻子。古之人所以大过人者，无他焉，善推其所为而已矣。

注释

①老：尊敬。②幼：爱护。③运于掌：在手掌上运转，比喻治理天下很容易。④《诗》云：此处诗句引自《诗经·大雅·思齐》，该诗歌颂文王善于修身齐家治国。⑤刑：同"型"，指树立榜样，做示范。⑥寡妻：国君之妻。⑦至：推广。⑧御：治理、统治。

译文

尊敬自己的长辈，并由此推广到尊敬他人的长辈；爱护自己的孩子，并由此推广到爱护他人的孩子。如能做到这一点，那么治理天下就像在自己的手掌心里运转一样容易了。《诗经》上说："先给妻子做榜样，再推广到兄弟，以此治家安邦。"说的就是要把自己的仁慈之心推广到别人身上。所以，推广仁爱足以安定天下，不推广仁爱连自己的妻子儿女都保护不了。古代的圣贤之人所以能远远超过一般人，没有其他的，就是善于推广他们　｜　的仁爱而已。

　　孟子的这段话是劝说齐宣王的。其中"老吾老，以及人之老；幼吾幼，以及人之幼"这句话，我们现在概括为"尊老爱幼"。"尊老爱幼"是儒家道德行为规范之一，是中华民族的传统美德，家喻户晓。儒家有一系列道德规范，如仁义、孝悌、忠恕、诚信等。孟子是从人的本质来谈儒家的伦理道德规范的。孟子认为，人性都是善的，都具有"善端"，即"四端"：恻隐之心、羞恶之心、辞让之心、是非之心。儒家的一系列道德规范，都是从人性善或人的仁慈本能之心出发的。如"尊老爱幼"，小孩都知道喜欢自己的父母，父母都疼爱自己的子女。孟子劝说齐宣王，如果你能以像孝敬自己的父母一样孝敬天下的老人，像疼爱自己的子女一样疼爱天下的孩童，那么，你就可以轻松地治理国家了。在这里，孟子实际上强调的是以仁慈之心来推行仁政。只有实行仁政，才能治大国如烹小鲜，轻松地治理国家。

　　孟子还引用了《诗经》中赞扬周文王的诗句，并指出：文王为什么能以百里之地最后称王于天下呢？主要原因在于文王有"尊老爱幼"的仁慈之心。对待妻子和兄弟有仁慈之心，也用仁慈之心去对待天下一切人，就像对待妻子和兄弟一样，这样才有可能为天下王。所以说，对人民仁慈、施惠于人民，才能得天下、保天下，否则，连妻子都不喜欢你。像文王这样出类拔萃的圣贤，最主要的是善于将仁慈之心推广到百姓身上，惠泽万民。这说明王道并不难，最基本的就是"推恩"，"推恩足以保四海"。我们现在经常讲的"推己及人"就是这个意思。

在我国的历史上，如果统治者"推恩"，实行仁政，就会受到老百姓拥护，反之，则受到老百姓唾弃，甚至改朝换代。北周武帝宇文邕是北周后期一位很有作为的皇帝，也是体恤人民、崇尚节俭的著名皇帝之一。他在位期间，身穿布衣，曾多次颁发诏书提倡节俭，削减宫廷开支。他曾下令将数处豪华行宫拆除，材料分给贫困百姓，自己住在简陋的房子里。周武帝曾说："主宰天下，本意在于宣明教化，养育百姓，岂能只关心自己身份的尊隆华贵、地位的奢侈豪富？""要想政事平静，首先要做到不骚扰百姓；要想政治安定，首先要停止徭役。过去大兴土木没有节制，征发百姓无休无止，加上年年兴兵打仗，农田荒废。去年秋天蝗虫为灾，收成不好，有的百姓逃亡，家中亦无子女。我每天严格约束自己，常怀戒慎之心。从现在起，除了法令规定的赋役之外，不许妄自征发。这样做，也许可以实现国家昌盛、人民富足，符合我的意愿。"周武帝体恤人民、崇尚节俭，成为我国历史上的美谈。

无恒产①而有恒心者，惟士②为能。若③民，则无恒产，因无恒心。苟无恒心，放辟邪侈④，无不为已。及陷于罪，然后从而刑之，是罔⑤民也。焉有仁人在位，罔民而可为也？是故明君制⑥民之产，必使仰足以事父母，俯足以畜妻子；乐岁终身饱，凶年免于死亡。然后驱而之善，故民之从之也轻⑦。

今也制民之产，仰不足以事父母，俯不足以畜妻子；乐岁终身苦，凶年不免于死亡。此惟救死而恐不赡⑧，奚暇⑨治礼义哉？

一四一

①恒产：可以赖以维持生活的固定财产，如土地、房屋、林木、牧畜等。②士：此处指具有良好道德修养的知识分子。③若：至于。④放辟邪侈：放纵放荡，歪门邪道，违法乱纪，奢靡挥霍。放，放荡；辟，同"僻"，与"邪"的意思相近；侈，挥霍。⑤罔：同"网"，此处有欺骗、陷害的意思。⑥制：规定、订立制度。⑦轻：轻松，容易。⑧赡（shàn）：足够，充足。⑨奚暇（xiá）：哪有空闲。奚，哪有；暇，余暇，空闲。

没有固定的产业却能守住道德底线的，只有具有良好道德修养的读书人才能做到。至于一般老百姓，如果没有固定的产业收入，也就守不住道德底线。一旦守不住道德底线，那就会放纵放荡，胡作非为，什么坏事都做得出来。等到他们犯了罪，就去加以处罚，这等于是陷害他们。哪里有仁慈的人在位却去陷害百姓的呢？所以，贤明的国君应该给百姓一定的田产，要让他们上足以赡养父母，下足以抚养妻子儿女；年成好时丰衣足食，年成不好也不致饿死。然后督促他们修德行善，老百姓也就很容易听从了。

现在给老百姓的田产，上不足以赡养父母，下不足以抚养妻子儿女；年成好时尚且艰难困苦，年成不好更是性命难保。连自己的命都保不住，哪里还有工夫来修习礼义呢？

解读

　　孟子的这段话，主要阐释了制民之产以及物质文明与精神文明的关系。孟子认为，贤明的君主，应该给老百姓一定的田产，田产的收成要足以赡养父母，抚养妻子儿女。如果老百姓的衣食等基本生存条件得不到保障，就会放纵放荡，胡作非为，违法乱纪，更谈不上讲礼义、讲文明。我们知道，孟子所处的战国时代是诸侯国互相混战的时代，老百姓背井离乡，乞讨流浪，四处逃难，引发诸多刑事犯罪，社会极为混乱。孟子认识到老百姓首先要有稳定的产业使生存有保障，只有这样社会才能安定，才能进一步进行精神文明建设。因此，他提出制民之产的重要主张。对于这一主张，孟子设想得很具体，如多少亩宅园，多少亩农田，养什么家禽，种什么树，等等。孟子认为在保障老百姓生存权的前提下，再开展道德教育，老百姓就乐于接受了。

　　孟子关于制民之产的思想，体现了物质文明与精神文明之间的关系。物质文明是精神文明的基础，如果没有一定程度的物质文明，就很难建设精神文明。我国古代思想家对物质文明与精神文明之间关系的重视有着悠久的传统，如春秋时期著名思想家管子曾提出"仓廪实则知礼节，衣食足则知荣辱"，就是说物质文明与精神文明的关系。不难看出，"仓廪实"和"衣食足"是"知礼节"和"知荣辱"的基础，比喻精神文明必须以物质文明为基础。但"仓廪实"和"衣食足"未必就一定能够"知礼节"和"知荣辱"，因为精神文明是需要教化和培育的。同时，两个文明之间的关系也是统一的，物质文明建设和精神文明建设存在着相互依存、相互促进的辩证关系，必须坚持两手抓、两手都要硬的方针，促进两个文明协调发展。

卷二　梁惠王章句下

本卷原文共十六章，本书全选六章，节选一章。

第二章

────────── 原文 ──────────

齐宣王问曰："文王之圃①方七十里，有诸?"

孟子对曰："于传②有之。"

曰："若是其大乎?"

曰："民犹以为小也。"

曰："寡人之圃方四十里，民犹以为大，何也?"

曰："文王之圃方七十里，刍荛③者往焉，雉兔者④往焉，与民同之，民以为小，不亦宜⑤乎? 臣始至于境，问国之大禁，然后敢入。臣闻郊关之内，有圃方四十里，杀其麋鹿者如杀人之罪。则是方四十里，为阱⑥于国中，民以为大，不亦宜乎?"

────────── 注释 ──────────

①圃：畜养禽兽的园林。

②传：文献。③刍荛（chú ráo）：刍，割草；荛，砍柴。

④雉兔者：指捕野鸡猎野兔的人。⑤宜：适宜、应当。⑥阱（jǐng）：陷阱，为捕捉野兽而挖的坑。

------ 译文 ------

齐宣王问孟子："周文王的园林方圆有七十里，有这回事吗？"

孟子回答说："在文献上有这样的记载。"

齐宣王又问："像这样的园林算大的吗？"

孟子说："老百姓还认为小呢。"

齐宣王说："我的园林方圆只有四十里，老百姓还认

为大了，这是为什么呢？"

孟子说："文王的园林方圆七十里，割草打柴的人可以去，抓野鸡野兔的人可以去，与老百姓共有，老百姓认为小，不是很合情理的吗？我刚到齐国边界的时候，问明了齐国的重要禁令，然后才敢进入。我听说国都郊外，有一方圆四十里的狩猎园林，杀了那里的麋鹿就像犯了杀人罪一样。那么这方圆四十里的园林，就等于是在京中设置了一个陷阱，老百姓认为太大了，不也是很合情理的吗？"

------ 解读 ------

孟子回答齐宣王的这段话，主要表达两层意思：一是要求统治者爱民重民，反对虐民害民，体现儒家的民本思想和仁政思想；二是天下为公，反对家天下。

齐宣王为了追求自己的快乐，仿效古代先王营造了方圆四十里的、可供打猎取乐的园林池沼，但为什么百姓认为它太大？因为他不像周文王那样与民"同"之，而是独占娱乐场所。因

此他对私入园林者施行严刑峻法，就像是在京城之中设下陷阱而陷害百姓。他这种禁止捕杀麋鹿的动机并不是今天的保护珍稀动物，而是严防百姓触犯国君的利益，为了国君的享乐和私欲的满足，以显示自己唯我独尊的至上权威。可见，齐宣王不仅不爱民重民，反而视百姓如草芥，甚至虐民害民。

周文王有苑囿七十里，但为什么百姓认为它太小？因为苑囿向老百姓开放，割草打柴的人可以进去，抓野鸡野兔的人可以进去。周文王与老百姓共同享用园林，与民同乐，所以深得民心。虽然他有七十里的苑囿，但百姓还认为太小。可见周文王充满着仁慈之心和爱民重民之心。

孟子的这段话还涉及一个重要问题，就是天下是一人的天下还是人民的天下？即天下为公还是天下为私？孟子的这段话无疑是表明天下是老百姓的天下、人民的天下，天下为公。

但是，翻开中外古代历史，天下无不是皇帝、国君的天下，这种家天下表现为封建君主专制。封建君主专制是罪恶的制度，以皇帝、国君为代表的统治者掌握国家政权，占有国家土地，奴役人民。中国很多思想家对家天下的封建君主专制做过揭露和批判。如明清之际著名思想家黄宗羲在《明夷待访录》中，明确地反对封建君主专制，无情地揭露和批判封建君主专制的罪恶。他指出封建君主专制的实质，是君主把天下国家视作一己之私，借此盘剥百姓，敲骨吸髓，以奉一人之淫乐，因此君主乃天下之大害。他批判封建法制："然则其所谓法者，一家之法，而非天下之法也。"故他大声疾呼："岂天地之大，于兆人万姓之中，独私其一人一姓乎！""天下之治乱，不在一姓之兴亡，而在万民之忧乐。"即天下非一人之天下，乃是天下人之天下，天下为公。

第四章（节选）

原文

齐宣王见孟子于雪宫①。王曰："贤者亦有此乐乎？"

孟子对曰："有。人不得，则非②其上矣。不得而非其上者，非也；为民上而不与民同乐者，亦非也。乐民之乐者，民亦乐其乐；忧民之忧者，民亦忧其忧。乐以天下，忧以天下，然而不王者，未之有也。"

注释

①雪宫：齐宣王的行宫。
②非：责备、埋怨。

译文

齐宣王在雪宫接见孟子。宣王说："贤人也有在别墅里休闲这种乐趣吗？"

孟子回答说："有。人们要是得不到这种乐趣，就会埋怨他们的国君。得不到这种乐趣就埋怨国君是不对的，可是作为国君不与人民同乐也是不对的。国君以老百姓的快乐为快乐，老百姓也会以国君的快乐为快乐。国君以老百姓的忧愁为忧愁，老百姓也会以国君的忧愁为忧愁。以天下人的快乐为快乐，以天下人的忧愁为忧愁，如果这样还不能够一统天下，那是没有过的。"

孟子回答齐宣王的这段话，主要表达两层意思：一是君王要与民同乐同忧，即要求君王心系百姓，关心百姓疾苦，与百姓同甘共苦。如果能做到这一点，百姓也会为君王分忧，与君王同乐同忧。二是君王的乐与忧要以百姓的乐与忧、天下的治乱兴衰为根据，即君王以天下大治、百姓的快乐为快乐，以天下大乱、百姓的忧愁为忧愁。

孟子的"乐以天下，忧以天下"，后来演化为忧国忧民，即对国家和人民的忧患意识，这对于中华民族众多的志士仁人产生了很大的影响。其中最为著名的就是宋代范仲淹，他所作的《岳阳楼记》中的名句"先天下之忧而忧，后天下之乐而乐"，意思就是我们要把国家、人民的利益摆在首位，为祖国的前途、命运分担忧愁；当天下大治、国泰民安、人民幸福时，我们才会感到快乐。要吃苦在前，享乐在后，表现出乐于奉献、胸怀天下的远大政治抱负。

范仲淹是这样说的，也是这样做的。范仲淹幼年丧父，少年时家贫，对下层人民疾苦感受较深。当秀才时他就常以天下为己任，宋仁宗时官至参知政事。庆历三年（1043）八月，针对内忧外患的现状，范仲淹上书《答手诏条陈十事》，提出十项改革纲领，主张澄清吏治、改革科举、整修武备、减免徭役、发展农业生产等，内容涉及政治、经济、军事、教育、科举等各个方面。宋仁宗采纳了他的建议。新政实施的短短几个月间，政治局面就焕然一新，史称"庆历新政"。可惜不久，新政因为保守派的反对而不能实施，他自己也被贬为陕西四路宣抚使，后来在赴颍州途中病死，谥"文正"，有《范文正公集》传世。他的"先天下之忧而忧，后天下之乐而乐"成为千古佳句，也是他一生爱国爱民的写照。

第六章

原文

孟子谓齐宣王曰:"王之臣有托其妻子于其友而之楚游者,比①其反②也,则冻馁其妻子,则如之何?"

王曰:"弃之。"

曰:"士师③不能治士,则如之何?"

王曰:"已④之。"

曰:"四境之内不治,则如之何?"

王顾左右而言他。

注释

①比:及至,等到。②反:同"返"。③士师:先秦时代的狱官,其下属有乡士、遂士之官。④已:罢去。

译文

孟子对齐宣王说:"如果大王您有一个臣子到楚国出游,把妻子儿女托付给他的朋友照顾。等他回来的时候,他的妻子儿女却在挨饿受冻。对这样的朋友该怎么办呢?"

齐宣王说:"和他绝交!"

孟子说:"如果您的狱官管理不好他的下属,该怎么办呢?"

齐宣王说:"撤他的职!"

孟子又说:"如果一个国家治理得很糟糕,那又该怎么办呢?"

齐宣王顿时张口结舌,左右张望,马上扯到其他话题上去了。

　　孟子和齐宣王的这段对话非常精彩，尤其是最后一句"王顾左右而言他"，现已成为大家生活中的常用语。这段对话主要的意思是：其一，齐宣王对别人身上的缺点、错误看得很清楚，却回避自己的缺点、错误，甚至文过饰非。其二，国君要严于律己、以身作则，履行自己作为国君的职责，实行仁政，治理好国家，做下属和他人的表率，不能只对下属、他人要求严格，而放松对自己的要求，甚至宽恕自己的失职。

　　西方有一个故事，是说上帝在人身上放了一个袋子，一面装着别人的过失，一面装着自己的过失，而人们总是把别人的过失放在前面，自己的过失放在后面，即对别人身上的缺点、错误看得很清楚，而看不到自己的缺点、错误。因为人们往往只注意观察别人，而忽视反省自己。反省自身非常重要，是道德修行的一种重要方式。《论语》中就有"吾日三省吾身"，即经常总结这一阶段在工作职责、人际交往、家庭责任、思想修养等方面有没有欠缺，如果有欠缺，则如何改进。这就告诉我们，人要经常反省自己，发现弱点，克服弱点，使自己不断长进。按照古人所说，不断地向贤人、圣人迈进；按照现代人所说，把自己培养成为综合素质较高的人。

　　在孟子和齐宣王的这段对话中，最核心的问题是孟子巧妙地劝说齐宣王要认真地履行国君的职责，实行仁政，将国家治理好。

第七章

　　孟子见齐宣王，曰："所谓故国^①者，非谓有乔木^②之谓也，有世臣^③之谓也。王无亲臣矣，昔者所进^④，今日不知其亡^⑤也。"

　　王曰："吾何以识其不才而舍之？"

　　曰："国君进贤，如不得已，将使卑踰尊，疏踰戚，可不慎与？左右皆曰贤，未可也；诸大夫皆曰贤，未可也；国人皆曰贤，然后察之；见贤焉，然后用之。左右皆曰不可，勿听；诸大夫皆曰不可，勿听；国人皆曰不可，然后察之；见不可焉，然后去之。左右皆曰可杀，勿听；诸大夫皆曰可杀，勿听；国人皆曰可杀，然后察之；见可杀焉，然后杀之。故曰国人杀之也。如此，然后可以为民父母。"

注释

　　①故国：指古老的、历史悠久的国家。②乔木：高大古老的树木。③世臣：世代建立功勋的大臣、官宦世家。④进：进用、任用。

⑤亡：离职、消失。

译文

　　孟子拜见齐宣王。孟子说："我们经常所说的历史悠久的国家，并不是指那个国家有高大古老的树木，而是指有世代建立功勋的大臣。可大王您现在却没有有才干的忠臣了，过去所任用的大臣现在也不知到哪里去了。"

齐宣王说："我现在应该怎样识别庸才而不任用他们呢？"

孟子说："国君选择贤才，如果不得当，就会把原本地位低的人提拔到地位高的人之上，把原本关系疏远的人提拔到关系亲近的人之上，所以您不谨慎行吗？左右亲信都说某人好，不可轻信；众位大夫都说某人好，还是不可轻信；全国的人都说某人好，然后去考察他；发现他是真正的贤才，才任用他。左右亲信都说某人不好，不可轻信；众位大夫都说某人不好，还是不可轻信；全国的人都说某人不好，然后去考察他；发现他真的不好，再罢免他。左右亲信都说某人该杀，不可轻信；众位大夫都说某人该杀，还是不可轻信；全国的人都说某人该杀，然后去考察他；发现他确实该杀，再杀掉他。所以说，是全国人杀他的。这样做，才可以称为老百姓的父母官。"

孟子和齐宣王谈的这段话，主要是说如何识别人才问题。管理国家，人才问题非常重要，历代统治者都将"选贤与能"作为一项重要工作来抓。所谓"选贤与能"，就是要求所选拔的国家公职人员德才兼备。

那么，如何识别人才呢？孟子认为，国君选择贤才，应该慎之又慎。识别人才，听取大家的意见是重要的途径。但是，国君的左右亲信、众位大夫的意见只能作参考，不可轻信。如果只听信某些人的褒贬甚至谗言，或者只凭自己的好恶，是很难识别人才的。

在这里插入一个故事，说的是战国时齐威王考察人才，不轻信左右意见，而是注重调研、注重实绩的事。齐威王治下的即墨大夫刚正务实，政绩卓著。他廉直勤政，几年间在即墨开垦广拓，使居民生活富裕，社会秩序安宁。但由于他为人刚正不阿，不去贿赂讨好齐威王左右弄权施威的贪官污吏，所以不断地遭受谗言诋毁。幸好齐威王派人调查，澄清了是非，并嘉奖了即墨大夫，"封之万家"。而齐威王治下的阿大夫弄虚作假、求誉害民，他管理的整个阿邑毫无生气，不仅田地荒芜，仓库空虚，百姓生活困苦，更过分的是，阿大夫竟然大肆压榨民财，以此行贿，试图达到升官发财的目的。但是，每天都有称赞阿大夫的好话传到齐威王这儿来，原来是阿大夫用重金买通了齐威王身边的内臣。齐威王得知实情后，下令烹死阿大夫及替他说好话的左右近臣。于是臣僚们毛骨悚然，不敢再弄虚作假，都尽力做实事，齐国因此大治。

在孟子和齐宣王这段对话中，核心的问题是孟子要求统治者用人应当以民意为准，要取决于全国人民的意见。要根据人民的意愿审慎地选拔贤臣，要根据人民的意愿审慎地罢免庸臣，还要根据人民的意愿审慎地惩处罪臣。只有这样，才能够把国家治理好，才有资格做人民的父母官。

在这里，孟子将民意作为识别人才的唯一标准，体现了孟子的民本主义思想。儒家的重民思想源远流长，《尚书》中就有儒家先驱周公重民思想的记载："民惟邦本，本固邦宁"，"天视自我民视，天听自我民听"。即民众的意见在国家政治中具有决定性的作用。可见，儒家重"民意"的思想具有民主政治思想因素。

第八章

原文

齐宣王问曰:"汤放桀①,武王伐纣②,有诸?"孟子对曰:"于传③有之。"曰:"臣弑④其君,可乎?"曰:"贼⑤仁者谓之贼,贼义者谓之残,残贼之人谓之一夫⑥。闻诛一夫纣矣,未闻弑君也。"

注释

①桀(jié):夏朝最后一个君主,暴虐无道。传说商汤灭夏后,将桀流放。②纣:商朝最后一个君主,昏乱残暴。周武王起兵讨伐,灭掉商朝,纣自焚而死。③传:文献。④弑(shì):臣杀君、子杀父叫弑。⑤贼:伤害、毁弃、败坏。⑥一夫:独夫,指众叛亲离的暴君。

译文

齐宣王问:"商汤流放夏桀,周武王讨伐商纣,有这样的事吗?"孟子回答说:"在文献中有这样的记载。"齐宣王问:"难道臣子可以弑君主吗?"孟子说:"毁弃仁的人被称作贼,败坏义的人被称作残,残、贼这类人,被称为独夫。只听说过诛杀独夫纣,没听说过这是弑君。"

解读

孟子回答齐宣王的这段话,可以说是石破天惊之语。齐宣

五四

王问孟子商汤流放夏桀、武王讨伐纣王是否为真实的，如果是真实的，这种以下犯上的行为能否被允许。孟子回答说，文献有记载，应该是真实的，但这并不能说是臣子以下犯上弑君主。因为在孟子看来，国君也好，天子也好，不在于他的权威有多大，位置有多高，而在于是否讲仁义、施行仁政。如果一个国君不讲仁义、不施行仁政，反而伤害、毁弃仁义，就是"残贼之人"，就不配叫君主，只能叫独夫民贼，做臣子的就可以诛伐他。

我们知道，中国古代把天子、君主的权威看得至高无上，因为"君权神授"，不允许有丝毫的不敬，更不允许诛杀、推翻，否则，便是大逆不道，以致坐监杀头，满门抄斩。但孟子从民本主义出发，对君王的权威提出挑战，"闻诛一夫纣矣，未闻弑君也"，既揭露了统治者散布"君权神授"的谎言，又对统治者发出了严正警告。

孟子肯定"汤武革命"是有其思想渊源的。《周易》中就有"汤武革命，顺乎天而应乎人"的说法。先秦三代之际"革命"的本义，就是"殷革夏命，周革殷命"的王朝兴替，即代表先进生产力的进步势力，推翻落后的、腐朽的旧王朝，建立新的王朝，推动社会向前发展。这里还表明了儒家"民贵君轻"的思想，也表明儒家所倡导的君君臣臣的社会等级关系并不是无原则的。"汤武革命，顺乎天而应乎人"这一思想，为中国封建社会的不断变革进步奠定了思想基础，成为推翻落后的、腐朽的王朝的合理性依据。

我们大都知道"武王伐纣"的故事，知道这个故事，就能够充分理解孟子"闻诛一夫纣矣，未闻弑君也"的说法。

商朝最后一个君主商纣王，是历史上有名的暴君。商纣王继位之初，重视农桑，勤政有为，国力强盛。但在位后期，居功自傲，生活荒淫腐败、极端奢侈。他耗费巨资修建宫殿别墅，苑囿台榭；宠爱美女妲己；以酒为池，悬肉为林，终日歌舞。他重用奸臣，迫害忠臣，用挖心酷刑处死了向他进谏的叔叔比干，还用"炮烙之刑"残害百姓。残暴的统治激化了阶级矛盾，导致众叛亲离。在这样的政治背景下，公元前 1046 年，周武王联合各个部落，进军到距离商纣王所居的朝歌只有七十里的牧野，举行了誓师大会，列数纣王罪状，鼓励军队同纣王决战。商军在阵前纷纷倒戈，引导周军入商都，商纣王逃到鹿台自焚，这就是历史上著名的"牧野之战"。这一历史事件被称为"武王伐纣"，随即商朝灭亡，周朝建立。可见，"武王伐纣"是"顺乎天而应乎人"的。

第十二章

---- **原文** ----

邹与鲁哄①。穆公②问曰："吾有司③死者三十三人，而民莫之死也。诛之，则不可胜诛；不诛，则疾④视其长上之死而不救，如之何则可也？"

孟子对曰："凶年饥岁，君之民老弱转⑤乎沟壑，壮者散而之四方者，几⑥千人矣；而君之仓廪实，府库充，有司莫以告，是上慢而残下也。曾子⑦曰：'戒之戒之！出乎尔者，反乎尔者也。'夫民今而后得反之也。君无尤⑧焉，君行仁政，斯民亲其上，死其长矣。"

---- **注释** ----

①哄（hòng）：通"讧"，争吵，冲突，交战。②穆公：即邹穆公。③有司：官吏。④疾：憎恨。⑤转：即辗转。⑥几：接近，差不多。⑦曾子：即孔子的学生曾参。⑧尤：指责，怪罪。

---- **译文** ----

邹国与鲁国交战。邹穆公对孟子说："我的官吏死了三十三个，百姓却没有一个参战而死的。杀他们吧，杀不了那么多；不杀他们吧，又实在恨他们眼睁睁地看着长官被杀而不去营救。怎么办才好呢？"

孟子回答说："灾荒之年，您年老体弱的老百姓辗转于山沟荒野，奄奄一息，饿死、病死很多；年轻力壮的四处逃难，差不多有上千人吧。而您的粮仓里堆满粮食，府库里装满财宝，官吏们却从来不向您报告老百姓的惨状，不管老百姓的死活，这是长官怠慢失职，实际上他们是在残害老百姓。曾子说：'警惕啊警惕，你怎样对待别人，别人也会怎样回报你。'老百姓如今有机会报复他们了。您不要怪罪老百姓，只要您施行仁政，老百姓自然就会亲近他们的长官，甚至誓死保护他们的长官。"

解读

孟子回答齐宣王的这段话，主要是谈官民关系问题。邹国与鲁国交战，官吏战死三十三人，而老百姓却袖手旁观，因此，邹穆公非常恼怒，恨不得要杀这些袖手旁观的百姓。孟子认为，这不是百姓的过错，而是邹国官吏的过错。因为这些官吏平时不管老百姓的死活，特别是在灾荒之年，老弱病残的百姓辗转于山沟荒野，以致野外有许多饿死、病死的尸体，年轻力壮的也四处逃难。而官府的粮仓里堆满粮食，府库里装满财宝，官吏们不仅不向君主报告老百姓的惨状，也不开仓赈济，不管老百姓的死活，老百姓恨不得杀了这样的官吏，怎么能指望老百姓在战争中帮他们呢？孟子还引用曾子的话"出乎尔者，反乎尔者"来告诫穆公，即是说，你对老百姓怎么样，老百姓就会对你也怎么样。你对老百姓仁慈，实行仁政，老百姓会衷心拥护你，甚至为你去死；你对老百姓残忍，老百姓自然会痛恨你，期盼你早日灭亡，甚至与你同归于尽。最后，孟子劝说穆公行仁政，这样才能有效地改善官民关系。

　　孟子的这段话说明了一个道理，就是人与人之间关系的基本原则是对等的原则。只有实行仁政，官爱民，民拥官，官民之间"投之以桃，报之以李"，才能很好地改善官民关系。依照这个对等原则，你投入了爱，才能得到爱的回报；你投入了信，才能得到诚实的回报。我们常讲"你敬我一尺，我敬你一丈"，即是说，你对我好，我对你更好，甚至像孟子所说为施恩的人去死。

　　《聊斋志异》有一篇为《田七郎》，说的是田七郎以死回报恩人武承休的故事。富户武承休得知贫寒猎户田七郎可为患难与共的朋友，于是极力结交，赠金送银，但田七郎从不轻易收受，总是以打到的猎物回报。后来田七郎打猎时，为争一只豹，打死了一个人，锒铛入狱。武承休得知后，想方设法营救田七郎。最终，田七郎得以获释回家。田母对田七郎说："受人知遇就要替人分忧，受人恩者就要急人所难。富人报人以财，穷人报人以义，恐怕你将要以死报答那位公子了。"后来武承休与官绅结仇获罪，田七郎得知后，知恩报恩，舍身相救，杀了武承休的仇家以及贪赃枉法的县令，自己被衙役吏卒围困，自刎而死。这则故事从某种意义上说明了孟子的"君行仁政，斯民亲其上，死其长矣"的道理。

第十三章

原文

滕文公①问曰："滕，小国也，间②于齐、楚。事齐乎？事楚乎？"

孟子对曰："是谋非吾所能及也。无已，则有一焉：凿斯池③也，筑斯城也，与民守之，效④死而民弗去，则是可为也。"

注释

①滕文公：战国时滕国（在今山东滕州市西南）国君。②间：处。③池：护城河。④效：献，致。

译文

滕文公问道："滕国是一个小国，处在齐国和楚国两个大国之间。是归服齐国好，还是归服楚国好？"

孟子回答说："您这样的想法我不好说。如果您一定要我谈谈看法，那只有一个办法：深挖护城河，筑牢城墙，与民众一起坚守。官兵誓死守城，老百姓也不会退却，这样就可以有所作为了。"

解读

战国时代的滕国是一个小国，东北面毗邻强大的齐国，南面又和强大的楚国接壤。从孟子与滕文公的对话中，我们看到孟子强调官员应该身先士卒、以身作则，为百姓树立榜样，同百姓共患难。只有这样才能做到官兵一致、军民一心，也只有这样国家才会有所作为。同时，孟子还强调走自强自立的道路，因为自强自立，是唯一的生存之道。

　　战国时期，燕王派骑劫为将军攻打齐国，将齐国的即墨城围得水泄不通。时任即墨大夫的叫田单。田单身先士卒，并激励全城军民的士气，决心和敌军死战，与百姓同甘苦共患难。田单亲自带头，扛着锄头和铁杵，和大伙一起修缮城池，建筑堡垒；将家里的粮食分发给兵士，又将自己的妻妾和家人编入队伍，共同抗敌；同时，用计谋麻痹敌军。过了些天，田单找来一千多头牛，给牛身画满五彩龙纹，牛背上缚着大红披风，牛角上裹着两束尖刀，牛尾巴上绑着浸好油脂的芦苇。深夜里打开城门，点燃牛尾。只见几千头怪兽般的壮牛，拖着火焰，发疯般地冲向敌军阵地。燕军个个吓得魂飞魄散，哪里还有心思抵抗。齐国的七十多座城池随后一一收复。田单功劳最大，被封为安平君。故事中的田单就是这样一个身先士卒、以身作则的领导者，他与百姓共患难，一起成功地抵御了外侵。这种自力更生、与人民同甘共苦的精神值得我们去学习。

卷三　公孙丑章句上

本卷原文共九章，本书全选六章，节选一章。

第二章（节选）

原文

公孙丑问曰：……"敢问夫子恶乎①长？"

曰："我知言，我善养吾浩然②之气。"

"敢问何谓浩然之气？"

曰："难言也。其为气也，至大至刚，以直养而无害，则塞于天地之间。其为气也，配义与道；无是，馁③也。是集义所生者，非义袭而取之也。行有不慊④于心，则馁矣。我故曰，告子⑤未尝知义，以其外之也。必有事焉，而勿正⑥，心勿忘，勿助长也。无若宋人然：宋人有闵⑦其苗之不长而揠⑧之者，芒芒然⑨归，谓其人⑩曰：'今日病⑪矣，予助苗长矣。'其子趋而往视之，苗则槁⑫矣。天下之不助苗长者寡矣。以为无益而舍之者，不耘⑬苗者也；助之长者，揠苗者也，非徒无益，而又害之。"

"何谓知言？"

曰："诐辞⑭知其所蔽，淫辞⑮知其所陷⑯，邪辞知其所离，遁辞⑰知其所穷。生于其心，害于其政；发于其政，害于其事。圣人复起，必从吾言矣。"

注释

①恶（wū）乎：在哪里。
②浩然：盛大而流动的样子。
③馁（něi）：饥饿、泄气、空虚无力。④慊（qiè）：满足，满意。⑤告子：名不害，与孟子同时代。⑥正：止。
⑦闵：担忧。⑧揠（yà）：拔。⑨芒芒然：疲倦的样子。
⑩其人：指宋人的家人。
⑪病：疲倦、劳累。⑫槁（gǎo）：干枯。⑬耘：除草。
⑭诐（bì）辞：邪僻、偏颇的言论。⑮淫辞：夸张、过分的言论。⑯陷：指与事实不符之处。⑰遁辞：搪塞、躲闪的言论。

译文

公孙丑问道："请问老师您擅长什么呢？"

孟子说："我善于分辨别人的言论，还善于培养自己的浩然之气。"

"请问什么叫浩然之气呢？"

孟子说："这很难用一两句话说清楚。这种气至大至刚，人在心正的时候能得到这种气的滋养而获益，久而久之就会充满天地之间。这种气是以仁义道德为内在根据的，否则就会缺乏力量。这种气要通过仁义道德修养的积累才能生成，而不是靠偶行仁义道德来获取。一旦你的行为问心有愧，这种气就会缺乏力量。所以我说告子不懂得义，因为他把义看成是从外部获得的。如果要培养自己的浩然之气，就要在内心不断地培养义，心中念念不忘，一刻不能停止，但也不要像宋国人那样操之过急。有个宋国人嫌他种的禾苗老是不长，于是把它们一株一株地拔高，累得筋疲力尽，回家说：'今天可真把我累坏啦！我帮禾苗长高了！'他的儿子跑到地里一看，禾苗已干枯了。天下不犯这种拔苗助长错误的人是很少的。但是认为耕耘无助于禾苗生长而不去管它们的，则走向另一极端。用拔高禾苗的方法来帮助禾苗生长，不仅没有益处，反而害死了庄稼。"

"怎样才能分辨别人的言论呢？"

孟子回答说："对于偏颇的言论，知道它的片面性在哪里；对于夸张的言论，知道它过分在哪里；对于怪僻的言论，知道它离奇在哪里；对于搪塞的言论，知道它理屈在哪里。这些言论如果从心里产生，必然会危害施政；如果从施政中产生，必然会危害国家大事。如果圣人再世，那么也一定会赞同我的见解。"

解读

孟子的这段话，主要是讲如何培养浩然之气。浩然之气指高尚的道德境界和无所畏惧的精神状态，至大至刚、顶天立地。浩然之气以仁义道德作为内在根据，并且要通过仁义道德修养的积累才能生成。告子不懂得这个道理，因为他把仁义道德看成是从外部获得的。培养浩然之气首先要"集义"，"集"就是修养、积累的过程，也就是说要时刻不间断地通过"内求"道与义来培养、充实自己的精神世界。因此，培养浩然之气不能

"揠苗助长"，而应通过点点滴滴的努力、长期的道德修养，力行仁义，日积月累来形成。人如果有了浩然之气，就会勇往直前，无所畏惧。

孟子还谈到了养气的方法："以直养"、"配义与道"、"勿正（止）"、"勿忘"、"勿助长"等。同时，孟子认为养气求于心，养气与养心是一致的。"养心莫善于寡欲"，即克制自己的私欲，抵制名利的诱惑，是养气与养心的关键。一旦培养出浩然之气，就能做到"富贵不能淫，贫贱不能移，威武不能屈"，才能称得上是个顶天立地的"大丈夫"。

孟子的浩然之气论对后世产生了重要的影响。中华民族无数的志士仁人，以孟子的浩然之气为反抗外侮、捍卫民族尊严的重要精神武器。他们刚正不阿、临危不惧、视死如归、英勇捐躯，谱写出一曲曲惊天动地、可歌可泣的正气歌，文天祥就是其中的一位。

文天祥（1236—1283），南宋吉州庐陵（今江西吉安）人，杰出的民族英雄。宋理宗宝祐四年（1256）举进士第一。宋恭帝德祐元年（1275），元兵长驱东下，文天祥于家乡起兵抗元。次年，临安被围，文天祥任右丞相兼枢密使，奉命往敌营议和，因坚决抗争被拘，后得以脱逃，转战于赣、闽、岭等地，兵败被俘。元世祖忽必烈以高官厚禄劝降，文天祥义正词严，宁死不屈，从容赴义，慷慨殉国。他留下了著名的《过零丁洋》诗，结尾的两句是："人生自古谁无死？留取丹心照汗青。"意思是说人生来哪有不死的呢？但愿我忠于国家的精神在史册上留下一笔。这千古传诵的名句，是文天祥用自己的鲜血和生命，谱写出的一曲人生赞歌。

第三章

原文

孟子曰："以力假①仁者霸，霸必有大国；以德行仁者王，王不待②大，汤以七十里，文王以百里。以力服人者，非心服也，力不赡③也；以德服人者，中心悦而诚服也，如七十子之服孔子也。《诗》云④：'自西自东，自南自北，无思⑤不服。'此之谓也。"

注释

①假：借，凭借。②待：等待，引申为依靠。③赡：充足。④《诗》云：该诗引自《诗经·大雅·文王有声》，是一首赞颂周文王的诗。⑤思：语气词。

译文

孟子说："用武力而假借仁义的人可以称霸，而称霸能够占有很多领土。讲道德行仁政的人可以统一天下，但统一天下的国家不一定是大国。商汤起初只有国土方圆七十里，周文王起初只有国土方圆一百里。用武力征服他人的，他人并不是真心服从，只不过是当时实力不够罢了；依靠仁德使他人归服的，他人则心悦诚服，就像孔子的七十多个弟子敬服孔子那样。《诗经》说：'从西到东，从南到北，无不敬服。'说的就是这种情况。"

　　孟子的这段话，说的是王道和霸道的问题。不讲仁德而用武力征服人的，即以力服人，叫霸道；讲仁德，实行仁政，使人心悦诚服，即以德服人，叫王道。孟子赞赏王道，斥责霸道，即我们常说的"尊王贱霸"。商汤和周文王起初治理的都是小国，但是他们的治国方略是以民为本，实行仁政，使得四方百姓心悦诚服，就像孔子的七十多个弟子敬服孔子那样，纷纷投奔，纷纷归顺。而通过武力和暴力虽然能够占有很多国土，堪称大国，但被征服的人不是真心服从，只不过是当时实力不够罢了。他们一旦有机会，就会反抗、起义，推翻暴政。

　　王道和霸道就是以德服人和以力服人的问题。以德服人，使人心悦诚服。如孔子，只是一个学者，既无财又无势，自己还一度落魄到没有饭吃。可是三千弟子中的七十二贤人，忠心耿耿，就连挨饿的时候都跟着老师一起。因为孔子的修养、道德和学识使他们衷心地敬仰，故而他们服从他、跟随他，这就是以德服人的精神力量。

　　霸道依靠的是什么？是武力和暴力，它能迫使人民暂时屈服，但却不能使人民心服。秦朝，是中国历史上第一个统一的君主专制国家，但寿命仅十五年。其快速灭亡的重要原因就是不实行王道、仁政，而实施霸道、暴政。秦始皇创立了高度集中的中央集权的政治制度。皇帝至高无上，权力无限。地方实行郡县制，皇帝任免郡县的主要官吏。为了加强控制，他还颁布了严苛的法律。秦始皇是维护统治而压制思想、泯灭文化、毁坏学术方面的始作俑者。他接受丞相李斯的提议，制造了骇人听闻的"焚书坑儒"的历史事件。尽管他采取了种种巩固统治的措施，但他的独裁专制、横征暴敛，早已为其灭亡埋下了祸根。他征发了七十多万人建造阿房宫，动用大量人力财力修造骊山陵。"孟姜女哭长城"的故事就是对他残酷徭役的控诉。频繁的战争、庞大的官僚机构、连续的大兴土木，使人民不堪重负，痛苦到了极点。公元前 209 年，陈胜吴广农民起义爆发；公元前 206 年，秦朝被推翻。可见，通过暴力获得的政权只是暂时的，只有实行仁政，崇尚王道，才能真正巩固政权。

第四章

原文

孟子曰："仁则荣，不仁则辱。今恶①辱而居不仁，是犹恶湿而居下也。如恶之，莫如贵德而尊士，贤者在位，能者在职。国家闲暇②，及是时，明其政刑，虽大国必畏之矣。《诗》云③：'迨④天之未阴雨，彻⑤彼桑土⑥，绸缪⑦牖户⑧。今此下民⑨，或敢侮予？'孔子曰：'为此诗者，其知道乎！能治其国家，谁敢侮之？'今国家闲暇，及是时，般⑩乐怠敖⑪，是自求祸也。祸福无不自己求之者。《诗》云⑫：'永言配命，自求多福。'《太甲》⑬曰：'天作孽，犹可违⑭；自作孽，不可活。'此之谓也。"

注释

①恶（wù）：讨厌，不喜欢。②闲暇：指国家安定，无内忧外患。③《诗》云：此诗引自《诗经·豳风·鸱鸮》。④迨（dài）：趁着。⑤彻：剥取。⑥桑土（dù）：桑树根皮。⑦绸缪（móu）：缠绕、修补。⑧牖（yǒu）户：牖，窗子。户，门。⑨下民：树下的居民。⑩般（pán）：欢乐、作乐。⑪怠敖：怠，懒惰、轻慢。敖，游玩、游逛。⑫《诗》云：此诗引自《诗经·大雅·文王》。⑬《太甲》：《尚书·商书》中的一

篇。⑭违：避开。

孟子说："施行仁政就尊荣，否则就会招致屈辱。不愿受辱却又不行仁政，这就好像既讨厌潮湿却又住在低洼的地方一样。如果不想招致屈辱，最好是以仁德为贵，尊敬士人，使贤能的人有职有权。国家无内忧外患的时候，及时地修明政治与法律，即使是大国也会敬畏的。《诗经》说：'趁着天晴没阴雨，剥些桑树根上的皮，补好窗子和门户。现在树下这些人，有谁还敢欺侮我?'孔子说：'写这首诗的人很懂得治国之道啊！能够治理好自己的国家，谁还敢欺侮呢?'如今国家平稳安定，却享乐腐化，不思作为，这是自己招致祸害。祸和福都是自找的。《诗经》说：'永远与天命相配合，自己寻求更多的幸福。'《太甲》说：'上天降下的灾害还可以逃避，自己作的孽则无处可逃。'说的就是这个道理。"

孟子的这段话，主要表述三层意思：一是以是否行仁政为标准的荣辱观；二是居安思危的忧患意识；三是祸福观。

孟子认为，一个国家施行仁政就会民富国强，否则就会落后挨打，招致屈辱，即施行仁政则荣，反之则辱。施行仁政的重要举措之一，就是选贤任能，使贤能的人有职有权，方能保证仁政的施行。当国家处在和平发展时期，人们就应该居安思危，防患于未然，未雨而绸缪，认真地审视并完善仁政管理体制与法律条文，提高国家的综合实力。这样，即使是大国也会敬畏你的。国家即使无近忧，也必有远虑。而官员若不思进取，只知道追求享乐、纵欲偷安，这明显是自己在找祸啊！反之，官员如果勤政廉洁，奋发努力，进取向上，就能趋福避祸。

可见，居安思危是一种超前的忧患意识。居安思危，国家昌盛；反之则衰亡。翻开历史长卷，这样的例子不胜枚举。春秋时，宋、齐等国联合攻打郑国，弱小的郑国知道自己兵力不足，于是请当时比较强盛的晋国做中间人，希望宋、齐等国家能够取消攻打自己的念头。其他国家因为害怕强大的晋国，于是退兵。为了答谢晋国，郑国国君就派人献给晋国许多美女与贵重的珠宝。收到这份礼物之后，晋悼公十分高兴，就将一半的美女赏给协调这件事的有功大臣魏绛。但魏绛一口拒绝，并且向晋悼公进言说："现在晋国虽然很强大，但是我们绝对不能因此而大意。因为人在安全的时候，一定要想到未来可能会发生的危险，这样才会先做防备，以避免灾祸的发生。"晋悼公听完魏绛的话之后，知道他时时刻刻都牵挂国家与百姓的安危，对他更加敬重。

南唐后主李煜的词"问君能有几多愁，恰似一江春水向东流"脍炙人口，但他居于帝位时居安不思危，沉溺于靡靡之音，荒废政事，于是造成了亡国的惨剧。尽管当时大臣已经提醒他政治并不安定，但他听不进去，最终沦为亡国奴并惨遭毒害。

唐朝有位才华出众的宰相魏徵，他为辅佐唐太宗李世民治理国家做出了卓越的贡献。他常常以隋朝灭亡作为教训，规劝太宗要居安思危，善始克终。唐太宗接受魏徵"居安思危，戒奢以俭"的建议，励精图治，从而为"贞观之治"奠定了基础。历史证明，居安思危，未雨绸缪，增强忧患意识，是国家安定、社会进步的重要思想保证。

第五章

孟子曰："尊贤使能，俊杰在位，则天下之士皆悦，而愿立于其朝矣；市，廛①而不征，法而不廛，则天下之商皆悦，而愿藏于其市矣；关，讥②而不征，则天下之旅皆悦，而愿出于其路矣；耕者，助而不税③，则天下之农皆悦，而愿耕于其野矣；廛④，无夫里之布⑤，则天下之民皆悦，而愿为之氓⑥矣。信⑦能行此五者，则邻国之民仰之若父母矣。率其子弟，攻其父母，自有生民以来未有能济者也。如此，则无敌于天下。无敌于天下者，天吏⑧也。然而不王者，未之有也。"

①廛（chán）：集市中储藏、堆积货物的栈房。②讥：检查、查看。③助而不税：助耕公田，其私田不收税。④廛：古代一户所占的宅地，与"廛而不征"的"廛"所指不同。⑤夫里之布：古代的一种税收名称，即"夫布"、"里布"，大致相当于劳役税、土地税。夫，成年男子；里，宅基地；布，钱币。⑥氓（méng）：移民。⑦信：确实。⑧天吏：顺从上天旨意的官吏。

译文

孟子说："尊重贤才，使用能人，让杰出的人才都担任重要的岗位，那么，天下的士人都乐于为朝廷效劳了；集市上为商人提供存放货物的场所但不向他们征税，当商品滞销时依法收购，那么，天下的商人都乐于在这样的市场上做生意了；关口只稽查而不征税，那么，天下的旅客都乐于往来于这条道路了；农民助耕公田而其私田不再纳税，那么，天下的百姓都乐于在这样的土地上耕种了；村镇不收劳役税和土地税，那么，天下的百姓都乐于成为这里的居民了。如果哪个国君能够真正做到这五点，那么，就连邻国的百姓都会把他当父母一样仰慕。如果有谁想率领这些百姓来攻打这样的国君，就好比率领儿子去攻打父母，有史以来就没有成功过的。确实做到这五点，就能无敌于天下。无敌于天下的人，叫作'天吏'。天吏不称王，是从来没有过的。"

解读

孟子的这段话，主要是谈施行仁政的五条措施。第一条还是强调"尊贤使能"，各级管理岗位由德才兼备的人担任。其他四条都是针对苛捐杂税过多、过重而提出的改革意见。比如，孟子提出了给商人提供存放货物的场所但不征税的商业政策，只稽查而不征税的关卡政策，只助耕而不征税的农业政策，不征收劳役税和土地税的居民政策等。如果国君能做到孟子所讲的这五条，那么就可以赢得士人、商人、旅客、农民等社会各界人士的拥护和支持，就可以无敌于天下而称王了。

孟子提出的五条都与老百姓息息相关。"尊贤使能"为的是老百姓有一个仁慈且能干的领导者，从而带领他们寻求更美好的未来。其他四条为的是减轻老百姓的生存压力，从而使得老百姓能够在轻松自在的环境中生活。可见，国家的一些政策必须以人民利益为重。今天我们的国家不仅通过严格的考核为国家和人民选拔优秀的人才，而且颁布了众多有益于人民群众的惠民政策。比如，自2006年1月1日起，我国全面取消农业税，不仅如此，政府每年还向农民发放种粮补贴，给农民长期的直接扶助。这种反哺农业的好政策，增加了农民的收益，提高了农民务农种粮的积极性。再如，国家实行九年义务教育，对所有学生免收学费，甚至农村部分地区还免收书本费，这不仅解决了穷人家孩子上学难的问题，而且提高了国民的文化水平。再比如，国家鼓励大学生自主创业，对于从事农、林、牧、渔业等项目的所得以及从事符合条件的环境保护、节能节水项目的所得，均免征、减征企业所得税。对符合贷款条件的自主创业人员，贷款额度由原来的最高两万元提高到不超过五万元。对符合条件从事个体经营（国家限制的行业除外）的个人和劳动密集型小企业，在贷款期内均给予全额贴息，贷款期满后，可展期一年，展期内不贴息，等等。总之，国家出台的一系列惠民政策，给人民带来了实实在在的利益，让老百姓开心和幸福。只有百姓开心了、幸福了，社会才会稳定，国家才会更好地发展。

第六章

原文

孟子曰："人皆有不忍①人之心。先王有不忍人之心，斯有不忍人之政矣。以不忍人之心，行不忍人之政，治天下可运之掌上。所以谓人皆有不忍人之心者，今人乍②见孺子③将入于井，皆有怵惕恻隐④之心。非所以内交于孺子之父母也，非所以要誉⑤于乡党朋友也，非恶其声而然也。由是观之，无恻隐之心，非人也；无羞恶之心，非人也；无辞让之心，非人也；无是非之心，非人也。恻隐之心，仁之端⑥也；羞恶之心，义之端也；辞让之心，礼之端也；是非之心，智之端也。人之有是四端也，犹其有四体也。有是四端而自谓不能者，自贼⑦者也；谓其君不能者，贼其君者也。凡有四端于我者，知皆扩而充之矣，若火之始然⑧，泉之始达⑨。苟能充之，足以保四海；苟不充之，不足以事父母。"

注释

①不忍：怜悯、同情。②乍：突然、忽然。③孺子：幼童。④怵（chù）惕恻隐：怵惕，惊惧；恻隐，同情、怜悯。⑤要誉：博取名誉。⑥端：开端、源头。⑦贼：害。⑧然：同"燃"。⑨达：

通，指泉水流出来。

········· 译文 ·········

孟子说："每个人都有怜悯他人之心。先王有怜悯他人之心，才有体恤百姓的仁政。以怜悯他人的心情，施行体恤百姓的仁政，治理天下就像把玩于手中一样容易。每个人都有怜悯他人之心，例如，有人突然看见一个小孩将要掉进井中，必然会产生惊惧和怜悯之心。这不是想要和这孩子的父母拉关系，不是想在乡邻朋友中博取声誉，也不是因为不愿听到这孩子的哭叫声才产生这种怜悯之心。由此看来，没有怜悯之心的不是人；没有羞耻之心的不是人；没有谦让之心的不是人；没有是非之心的不是人。怜悯之心是仁的开端；羞耻之心是义的开端；谦让之心是礼的开端；是非之心是智的开端。人有这四端，就像有四肢一样。有了这四端却自认为不行的，是自暴自弃的人；认为君主不行的，是伤害君主的人。凡是有这四端的人，都知道要扩大充实它们，就像火刚刚开始燃烧，泉水刚刚开始流淌。如果能够扩充它们，便足以安定天下；如果不能够扩充它们，就连孝敬和赡养父母都成问题。"

········· 解读 ·········

孟子的这段话，说的是性善与仁政以及二者之间关系的问题。孟子认为，每个人都有怜悯和同情他人的仁爱之心。这种仁爱之心是与生俱来的，是人的本能。假如见到一个小孩将要掉到井里去，必然会产生惊惧和怜悯之心。这种本能的仁爱之心说明人性都是善的。人性善主要表现为四端：恻隐之心、羞恶之心、辞让之心、是非之心，即仁义礼智的开端。所谓四端即四个开端，如同四颗种子埋在心中，需要培育才能使之发芽成长。这就是孟子所说的"扩而充之"。如何扩充？按照孟子的一贯思想，即内在的养心和外在的教化。养心即是加强自身的修养；教化即是"修道之谓教"，以儒家的伦理道德教化人。只有通过这样的扩充，才能体现人性善。正因为先王性善，有仁爱之心，所以才有爱民的政治，即仁政。君王性善并能够扩而充之，就可以行仁政，治理好天下；百姓性善并能够扩而充之，就可以很好地孝敬和赡养父母。

　　古代中国非常重视对人性问题的研究，所以就有了人性恶、人性善恶相混、人性无善无恶等关于人性的不同观点。但只有孟子的人性善学说，成为古代人性学说的主流，《三字经》的开篇"人之初，性本善"，足以说明其影响。人性本善已经作为一条"真理"存在于人们的脑海里，成为人们心中难以改变的信念。因为在现实生活中，我们不仅可以随处看到，而且还可以真切地体会到人性的善良。比如，走在热闹非凡的大街上，看到一个衣衫褴褛的乞丐，我们心中难免会生恻隐之心，想要从腰包里拿出一点钱来施舍于他。再比如，有些人会无偿地帮助一些患有重症的病人，给予他们经济上和精神上的双重支撑，甚至还会运用互联网来寻求更多人的帮助，并得到无数人的响应：有的人会给患者寄来医药费，有的人会帮助患者联系国内外的著名医生，还有的人会默默地捐献自己的血液甚至骨髓，等等。这就是人性善的体现。也许有人会问，社会上还有一些袖手旁观，不愿意伸出援手的人，甚至有一些抢劫财物、杀人放火的所谓的恶人，难道他们的本性也善良吗？用孟子的话来讲，这些人的本性也是善良的，只是他们受到了后天不利因素的影响，没有将自己的善端"扩而充之"罢了。所以，人要保存善心，扩充善端。由此可见，孟子的性善论虽然肯定人具有先天善良的本性，但是从根本上来讲，更强调人对善端的"扩而充之"，即后天的教化和培养。

賢者而後樂此
不賢者雖有此不樂也

孟子語　簡山書

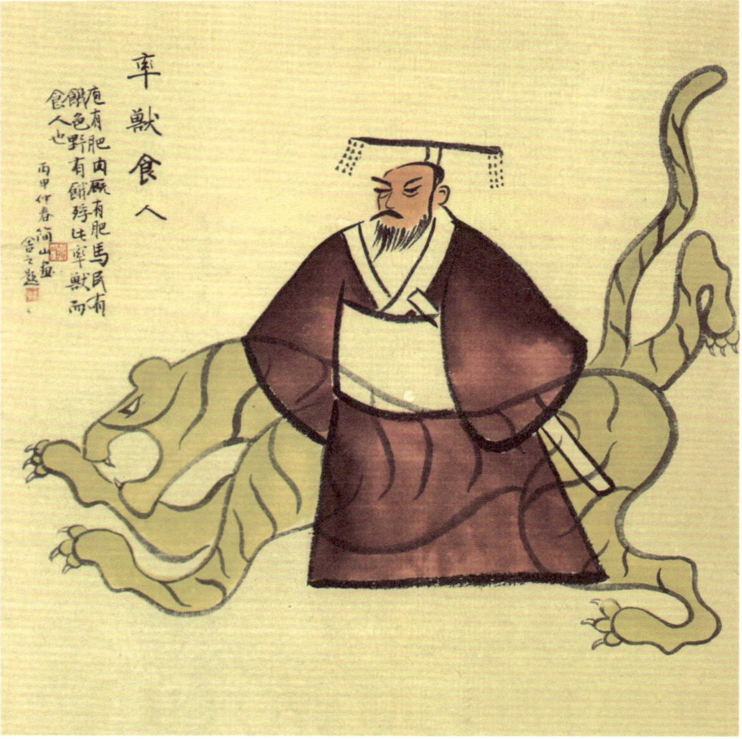
率獸食人
庖有肥肉廄有肥馬民有
餓色野有餓殍此率獸而
食人也
丙申仲春簡山畫

老吾老以及人之
老幼吾幼以及
人之幼天下可
運於掌

歲次丙甲年暑月 楊寶平

天下之治亂不
在一姓之興亡而
在萬民之憂
樂

歲次丙申季荷月於京天霽書屋
楊寶平

尊賢使能俊傑在位則天下之士皆悦而願立於其朝矣

歳次丙申年荷月於京華
楊宝平

惻隱之心仁之端也
羞惡之心義之端
也辭讓之心禮之端
也是非之心智之
端也

歲次甲申暑楊寶平

孺子鶯井

間山

第七章

孟子曰："矢人①岂不仁于函人②哉？矢人唯恐不伤人，函人唯恐伤人。巫、匠③亦然。故术④不可不慎也。孔子曰：'里仁为美，择不处仁，焉得智？'夫仁，天之尊爵也，人之安宅也。莫之御⑤而不仁，是不智也。不仁不智，无礼无义，人役⑥也。人役而耻为役，由⑦弓人而耻为弓，矢人而耻为矢也。如耻之，莫如为仁。仁者如射：射者正己而后发；发而不中，不怨胜己者，反求诸己而已矣。"

①矢人：造箭的人。②函人：造铠甲的人。③巫、匠：巫，古代为人驱邪治病的人；匠，这里指做棺材的木匠。④术：谋生之术，这里指选择职业。⑤御：阻挡。⑥人役：为他人所役使。⑦由：同"犹"，好像。

孟子说："造箭的人难道不如造铠甲的人仁慈吗？造箭的人唯恐自己造的箭不能伤害人，而造铠甲的人却唯恐铠甲被箭穿透而伤害人。巫医和棺材匠也是如此。所以，一个人选择职业不可不谨慎。孔子说：'理想的居住环境是乡里乡亲都很仁义。不选择仁者为

〇七九

邻，怎么能说是明智的呢?'仁，是天地间最尊贵的，人得到仁，则宅心仁厚，心安理得。没有人阻挡却不选择仁，是不明智的。不仁不智、无礼无义的人，只能被别人驱使。被别人驱使而引以为耻，如同造弓的人以造弓为耻、造箭的人以造箭为耻一样，那就不如好好地追求仁。追求仁的人就像射手：射手先端正自己的姿势然后才放箭。如果没有射中，不怪比自己射得好的人，而是反过来找自身的原因。"

解读

　　孟子的这段话主要是谈仁以及如何求仁的问题。孟子首先从两对相互矛盾的职业说起，即造箭和造铠甲、巫医和棺材匠。造铠甲用于保护人，巫医救人，看上去都是仁的职业。而造箭用于伤害人，棺材用于丧葬，看上去都是不仁的职业。所以孟子认为职业、环境对人的品德有很重要的影响，应该谨慎选择。事实上从事什么样的职业并不重要，因为从本质上来讲，职业本身并没有好与坏、仁与不仁之分，重要的是人在自己的职业生涯中选择做什么样的人。毫无疑问，要选择做一个仁人。因为在孟子看来，仁是天地间最尊贵的，只有做一个仁人，才算是一个人格完美的人，否则只配做仆役。故而，人应该积极地追求仁、实行仁。那么如何追求仁、实行仁? 首先要端正思想，加强自身的道德修养。如果经过一段时间的修养还没有达到仁的境界，那就要"反求诸己"，找找自身的原因，这样才能向仁靠近。也就是说，人生的选择一定要落实在仁上。

　　职业没有高低贵贱之分，只有分工不同。人可以根据自己能力的大小来选择不同的职业，但是我们不能因为职业的某种差别来歧视他人，给他人定性。因为人可以在自己的职业生涯中选择做不同的人，或者仁人，或者不仁之人。如果一个人不愿意做一个好人，不愿意做一个有道德的人，那么他从事再好的职业也会遭到人们的歧视和唾弃。反之，如果一个人愿意做一个好人，愿意做一个道德修养高的人，即仁人，那么他从事再不好的职业也会受到人们的认可和赞扬。比如，清洁工在大多数人心中是一个不理想甚至低下的职业，但是很多清洁工人在自己的岗位上兢兢业业，勤勤恳恳，即使在清除垃圾时捡到重金也不会据为己有，而是努力寻找失主，归还财物。这种人受到大家的敬仰。他们尽管职业普通，却依然愿意做一个仁人，这值得我们去学习。而有的人职位高高在上，职业看似高贵，但是其贪赃枉法，自私自利，不愿意做一个仁人，这种人是大家极为看不起的。所以，孟子主张人要追求仁、实行仁，要努力做一个仁人。但是追求仁、实行仁并不是一蹴而就的，需要我们在工作中、生活中不断地学习，不断地提高自身的知识修养和道德修养，而且还要时常反省自己，检讨自身。只有这样，我们才能真正做到仁。

第八章

原文

孟子曰："子路，人告之以有过，则喜。禹闻善言则拜。大舜有①大焉，善与人同，舍己从人，乐取于人以为善。自耕稼、陶、渔以至为帝，无非取于人者。取诸人以为善，是与②人为善者也。故君子莫大乎与人为善。"

注释

①有：同"又"。②与：偕同。

译文

孟子说："子路很乐意别人指出他的过错。大禹听到有益的话就拜谢。大舜做得更好：与人共同修善，学习别人的长处，舍弃自己的短处，并乐于吸取别人的优点来完善自己。大舜从一开始种地、做陶器、捕鱼，一直到做帝王，都善于吸取别人的优点。取大家的优点来完善自己，也就是与大家共同为善。所以君子最重要的就是与大家共同为善。"

解读

孟子的这段话，说的是古代贤人如何修身积善、追求高尚道德境界的事。孔子的弟子子路，对于别人指出自己的错误非常高兴。大禹特别感谢给予自己教导和意见的人。大舜不仅善于吸取别人的优点来完善自己，而且乐于和大家共同为善。

孟子的这段话给我们的启迪有两点。第一，闻过则喜，勇于改过。善于听取别人的建议和意见，以此来作为修正自身的根据，不断地完善自己。只有一个善于接受他人批评、勇于改正错误的人，才能不断进步。柳公权是唐代著名的书法家，在他少年时，书法界有一句人人皆知的话：神笔难写"飞凤家"。就是说"飞凤家"这三个字非常难写，只有写好了这三个字，书法才算是到了登峰造极的境界。一天，年少轻狂的柳公权在一张条幅上提笔写下"会写飞凤家，敢在人前夸"十个大字，并贴在了一棵树上。一个卖豆腐脑的老头看了他的字之后说道："你的字根本就没有力度，有什么值得骄傲的呢?"老人让他去找华原县的字画汤。于是，柳公权就去华原县找字画汤，结果他发现字画汤是一个没有双臂的老头，但他却能用脚运笔如神，飞龙舞凤。柳公权幡然醒悟，跪求老人收他为徒。老人虽然拒绝了他，但是却送给他"写尽八缸水，砚染涝池黑。博取百家长，始得龙凤飞"这首诗，以此来勉励他。从此，柳公权发奋练字，博采众长，最后终于成为一代大师。正是因为柳公权听取了卖豆腐脑的老头的忠告，及时改正了自己的过失，所以才最终成为唐代著名的书法家。否则，他也许会为自己的狂妄自大所埋没。总之，只有善于听取别人劝告的人，才能不断完善自己。

第二，不仅要取他人长处以善其身，而且要与人为善。在修善过程中，不仅要见贤思齐、取长补短、汲取别人优点，还要与别人共同修善，与大家共同为善。孔子说："三人行必有我师焉，择其善者而从之，其不善者而改之。"对于他人的优点，我们要善于去学习；对于他人的缺点，我们要仔细检查自身，看自己是否也有同样的缺点，如果有，就及时改正，这样才可以使自己趋于完善。但是我们不仅要完善自己，而且更重要的是要帮助他人，与人为善。曾经有一个单身女子搬到了新家，发现自己的邻居是一户穷人家，家里只有一个寡妇与两个小孩。有一天晚上，他们住的那一带全部停电了，那个单身女子只好点起了蜡烛。这时有人敲门，原来是邻居家的小孩，只见小孩紧张地问："阿姨，请问你家有蜡烛吗?"女子心想：他们家穷得连蜡烛都买不起，千万别借给他们，免得以后赖上我。于是，她说："没有。"正当她要关门时，小孩说："我就知道你家没有。"说完，从怀里拿出了两根蜡烛送给她，并说："妈妈和我怕你一个人住没有蜡烛，所以就带给你两支。"此刻，女子感动得热泪盈眶，紧紧地将小孩抱在怀里。可见，与人为善不仅完善了自己，而且可以帮助他人为善。

卷四　公孙丑章句下

本卷原文共十四章，本书全选五章。

第一章

原文

孟子曰："天时不如地利，地利不如人和。三里之城，七里之郭①，环②而攻之而不胜。夫环而攻之，必有得天时者矣；然而不胜者，是天时不如地利也。城非不高也，池③非不深也，兵革④非不坚利也，米粟非不多也；委⑤而去之，是地利不如人和也。故曰：域⑥民不以封疆之界，固国不以山谿⑦之险，威天下不以兵革之利。得道者多助，失道者寡助。寡助之至，亲戚畔⑧之；多助之至，天下顺之。以天下之所顺，攻亲戚之所畔；故君子有⑨不战，战必胜矣。"

注释

①郭：外城。②环：包围。③池：即护城河。④兵革：兵，武器，指戈矛刀箭等攻击性武器。革，皮革，指甲胄。⑤委：弃。⑥域：界限。此处作动词用，即限制。⑦谿：同"溪"。⑧畔：

同"叛"。⑨有：或，要么。

译文

孟子说："有利的时机不如有利的地势，有利的地势不如人心一致。一座三里见方的内城、七里见方的外城，四面围攻都不能够攻破。既然四面围攻，一定是遇到了好的时机，但还是攻不破，这说明有利的时机不如有利的地势。有的城池地势很好，城墙很高，护城河很深，兵器和铠甲很锋利、坚固，粮草也很充足，但还是弃城而逃，这说明有利的地势不如得人心重要。所以说：限制老百姓不是靠封锁边境，巩固国家不是靠山川险阻，扬威天下也不是靠锐利的兵器和坚固的铠甲。施行仁政的国君，就会有很多人拥戴；不施行仁政的国君，只有很少的人跟随。跟随的人少到极点时，连亲戚也会叛离；拥戴的人多到极点时，全天下的人都会顺从。以万众一心的力量去攻打连亲戚都叛离的人，必然是不战则已，战则必胜。"

解读

孟子在这段话中，提出了两条家喻户晓的名言，即"天时不如地利，地利不如人和"、"得道者多助，失道者寡助"。孟子在论述天时、地利、人和之间关系的时候，认为人和是最重要的，人和是事业成功的保证，是起决定作用的因素。但人和必须以"道"为前提，得道才能人和。孟子正是从强调"道"的重要性出发，得出了"得道者多助，失道者寡助"的结论。

孟子在这里说的"得道"者和"失道"者，是指国君。那么，道又是什么？对于国君来说，就是治国之道，也就是施行仁政。因为仁政是得民心的"人和"之政。在孟子看来，"民心向背"对于战争和政治具有重要的意义。所谓"得天下",是指通过施行仁政来"王"天下,而不是靠武力来"霸"天下。仁政,是以德服人,"得人心"。得人心者,使民心悦诚服,自动来归附,形成一个"人和"的社会。"人和"的社会人心齐、泰山移,所向披靡,"战必胜矣",是任何力量都阻止不了的;而以力服人,不能服人心,只会失人心。失人心者,不攻自溃。

　　孟子阐述这番道理主要是针对国君的,但对于普通的老百姓同样有重要的意义。特别是对于今天的人们来讲,想要在学习和工作中得到更多人的支持,建立良好的人际关系,就必须"得道"、得人心。比如,新学期开始,同学们要投票选举班长,有两名学生共同竞争。一名学生平时乐于助人,爱护集体,团结同学,并且积极上进,学习优秀,人际关系良好;另一名学生自私自利,常常和同班同学为一点小事就斤斤计较,喜欢对同学呼来喝去,学习成绩一般。那么同学们在投票的过程中会中意谁呢?显然,同学们会毫不犹豫地选第一位学生作为班长,因为第一位学生获得了人心,得到了同学们的支持。他可以在学习和生活中给大家更多的帮助,能够带领全班同学建设更优秀的班集体。这就是"得道者多助,失道者寡助"的一个典型的生活例子。关于"天时不如地利,地利不如人和"的事例,生活中比比皆是。例如,在一场足球比赛中,甲方球员熟悉场地,习惯当地的温度气候;乙方球员对场地陌生,难以忍受当地气候,甚至有些球员水土不服。甲方可谓占有天时、地利,但是在比赛过程中,球员不团结,只顾自己,接到球后不传给自己的队友,所以最终失败。而乙方球员齐心协力,配合良好,最终取得胜利。其原因在于乙方球员团结一心,虽没有天时、地利的良好外在条件,但是占据了人和的条件。可见在天时、地利、人和这三者中,人和占主导地位,是最为重要的因素。

第三章

原文

陈臻①问曰:"前日于齐,王馈兼金②一百③而不受;于宋,馈七十镒而受;于薛,馈五十镒而受。前日之不受是,则今日之受非也;今日之受是,则前日之不受非也。夫子必居一于此矣。"

孟子曰:"皆是也。当在宋也,予将有远行。行者必以赆④,辞曰'馈赆',予何为不受?当在薛也,予有戒心⑤,辞曰'闻戒,故为兵馈之',予何为不受?若于齐,则未有处⑥也。无处而馈之,是货⑦之也。焉有君子而可以货取乎?"

注释

①陈臻:孟子的学生。②兼金:上等金,因其价格双倍于普通金,所以称为"兼金"。③一百:即一百镒(yì)。镒为古代重量单位,一镒为二十两。④赆(jìn):给远行的人送路费或礼物。⑤戒心:戒备、防备之心。

⑥处:出处,理由。⑦货:收买,贿赂。

译文

陈臻问道:"前些日子在齐国,齐王馈赠上等金一百镒,您不接受;在宋国,宋君馈赠七十镒,您却接受了;在薛地,薛君馈赠五十镒,您也接受了。如果前面的不接受是正确的，那后来的接受便是错误的；如果后来的接受是正确的，那前面的不接受便是错误的。老师您总有一次做错了吧。”

孟子说：“都是正确的。在宋国的时候，我将要远行，对远行的人理应送些盘缠。

所以宋王送盘缠，我怎能不接受呢？在薛地的时候，我听说路上有盗贼，需要防备。薛君听说后送上一点买兵器的钱，我怎能不接受呢？至于在齐国，则没有任何理由馈赠我钱。没有理由却要送给我钱，这是收买。哪有君子可以被钱收买的呢？”

解读

孟子这段话主要表述“君子爱财，取之有道”的辩证思想。陈臻请教孟子，有的馈赠您接受了，有的馈赠您拒绝了，这其中有对和错吗？接收馈赠的标准是什么？孟子认为，他处理馈赠的方式都是对的，其标准就是君子不取不义之财，更不能被金钱收买。在宋和薛，其馈赠师出有名，可以收受；而在齐，其馈赠师出无名，不能收受。君子不取不义之财，如若收受，就等于被金钱收买，那就变为品格低下的小人。在孟子看来，做人要有人格，真正的君子以义为重，“富贵不能淫，贫贱不能移，威武不能屈”，体现了不为利所动的浩然正气。

作为一个社会人，不论走到哪里，都需要钱财为衣食住行作保障。有人说“金钱不是万能的，可没有金钱却万万不能”，这虽然有些道理，可是我们一定要记住孟子在这里所说的：“无处而馈之，是货之也。”天上不会掉下馅饼，白送你金钱可能就是陷阱，应该慎之又慎。否则，一旦被利益冲昏头脑，就会被他人收买，最终会祸害自己。比如，中国历史上的第一大贪官——和珅，他在为官时，常常收取不明不白的金银财宝，被他人收买，利用职务之便违法为他人办事，并与一些官员勾结，大肆敛聚钱财。乾隆帝驾崩后，嘉庆帝下旨将和珅革职下狱，在抄家时发现和珅家中来历不明的钱财数不胜数。其所聚敛的财富，价值八亿两至十一亿两白银，所拥有的黄金和白银加上其他古玩、珍宝，超过了清朝政府十五年财政收入的总和。所以和珅被后人称为富可敌国的"贪官之王"。后来，在乾隆帝死后十五天，嘉庆帝以一条白绫赐和珅自尽。可见，人不能收取不当之财，否则必然祸害自己。今天，我们进入市场经济的时代，面临社会生活中的各种诱惑，金钱的受与不受也时常摆在人们面前。这就需要我们有清醒的头脑，在接受他人钱财时，应考虑自己的行为是否合理合法，不拿不明不白的钱财，当受则受，当辞则辞。如果利欲熏心，收受了不当的钱财，那就要被人"货取"了，就要出大问题，最终可能会受到人民的谴责和法律的制裁。所以，君子不能取不义之财，不能接受没有根据的赏赐。

第四章

原文

　　孟子之平陆①，谓其大夫②曰："子之持戟之士，一日而三失伍，则去之否乎？"曰："不待三。""然则子之失伍也亦多矣。凶年饥岁，子之民，老羸③转于沟壑，壮者散而之四方者，几千人矣。"曰："此非距心之所得为也。"曰："今有受人之牛羊而为之牧之者，则必为之求牧与刍④矣。求牧与刍而不得，则反诸其人乎？抑亦立而视其死与？"曰："此则距心之罪也。"

　　他日，见于王曰："王之为都⑤者，臣知五人焉。知其罪者，惟孔距心。"为王诵⑥之。王曰："此则寡人之罪也。"

注释

　　①平陆：齐国边境的邑，在今山东汶上以北。②大夫：这里指平陆的行政长官孔距心。③羸（léi）：身体瘦弱。④刍（chú）：草料。⑤为都：管理都邑。⑥诵：述说。

译文

　　孟子到了平陆，对平陆大夫说："如果你的守卫战士一天内三次离岗，你会开除他吗？"大夫说："不必等到三次就开除了。"孟子说："那么您失职的地方也多，灾荒歉收的年份，你的老弱病残的百姓辗转于沟壑而死亡，年轻力壮的散走四方逃难，将近千人啊。"大夫说："这不是我孔距心的能力所能解决的呀。"孟子说："假如有个人答应了替别人放牧牛羊，那一定要设法找到牧场和草料。要是找不到牧场和草料，那么是把牛羊还给主人呢，还是站在一旁眼看着牛羊饿死呢？"大夫说："这样看来是我孔距心的罪过了。"

后来有一天，孟子见到齐王，就对齐王说："为大王管理都邑的地方长官，我认识五位，能够知道自己有失职罪过的，只有孔距心。"并向齐王讲述了到平陆与孔距心的对话，齐王说："这是我失职的罪过啊。"

解读

　　孟子和平陆大夫的对话，反映了孟子"忠于职守、守土有责"、"在其位，谋其政"以及仁政的思想。士兵擅自离岗要开除，那么，官员虽在岗，但治下的百姓流离失所，老弱病残贫病交加而死亡，这同士兵离岗一样是失职。孟子举替别人放牧的例子，答应了替别人放牧，那一定要设法为牛羊找到牧场和草料。要是找不到牧场和草料，难道眼看着牛羊被饿死吗？这就涉及"忠于职守、守土有责"的问题。孟子认为，当官如同放牧一样，一定要解决百姓的生存温饱问题，这才算基本称职。而平陆的状况堪忧，是平陆大夫的失职，更是齐王的失职。失职的国君谈不上爱民，更谈不上仁政。一个士兵没有守好自己的职责就要被开除，那么一个地方长官呢？一个国君呢？所以，孟子强调"忠于职守、守土有责"，才能谈得上爱民和仁政。

每个人都应该恪尽职守，在自己的岗位上兢兢业业，勤勤恳恳，为他人、社会和国家做贡献。现实生活中忠于职守、坚守岗位的事例比比皆是，如杭州最美司机吴斌。2012 年 5 月 29 日，吴斌驾驶大客车在高速公路上行驶，但是不幸的是途中他被从天而降的不明铁块击中。危急关头，吴斌强忍肝脏破裂、多根肋骨断裂的剧痛，临危不惧、沉着操控，以惊人的毅力完成减速停车、拉好手刹、打开车门、疏散旅客等一系列安全停车措施，确保了大客车上的乘客安然无恙，24 名乘客无一受伤。而吴斌却因伤势过重、抢救无效而献出了宝贵的生命，年仅 48 岁。吴斌在突遭横祸、身负重伤的情况下，没有任何犹豫，依然坚守自己的岗位，慨然做出生死抉择。这种在关键时刻迸发出的惊人力量，不仅是人性的真实体现，更是他忠于职守、舍己为人的崇高职业精神的体现。所以，一个人只要恪尽职守，一心一意，精益求精，就可以在平凡的岗位上做出不平凡的事业。普通人要爱岗敬业，当官的人更要忠于职守，为人民服务。有官有职就有责，玩忽职守，不能尽职，不能尽责，不能为人民着想，还当什么官呢？只有尽职尽责、全心全意为人民服务的官员，才能算是人民公仆。总之，无论是普通人，还是为官之人，都应该忠于职守，尽职尽责。

第九章

原文

燕人畔^①。王曰："吾甚惭于孟子^②。"陈贾^③曰："王无患焉。王自以为与周公，孰仁且智？"王曰："恶！是何言也？"曰："周公使管叔监殷，管叔以殷畔^④。知而使之，是不仁也；不知而使之，是不智也。仁智，周公未之尽也，而况于王乎？贾请见而解之。"

见孟子，问曰："周公何人也？"曰："古圣人也。"曰："使管叔监殷，管叔以殷畔也，有诸？"曰："然。"曰："周公知其将畔而使之与？"曰："不知也。""然则圣人且有过与？"曰："周公，弟也；管叔，兄也。周公之过，不亦宜乎？且古之君子，过则改之；今之君子，过则顺之。古之君子，其过也，如日月之食^⑤，民皆见之；及其更也，民皆仰之。今之君子，岂徒顺之，又从为之辞^⑥。"

注释

①畔：通"叛"。②吾甚惭于孟子：齐国占领燕国时，孟子曾向齐宣王提出，为燕国立一君主而后撤离，齐宣王不听，以致燕国背叛了齐国。③陈贾：齐国的大夫。④周公使管叔监殷，管叔以殷畔：周武王灭殷后，封纣王之子武庚为诸侯于旧都，

并派其弟管叔、蔡叔、霍叔去监视。武王死后，成王年幼，周公执政，管叔等和武庚反叛，周公奉王命平定了叛乱。⑤食：即日食、月食。⑥辞：辩护。

译文

燕国人起兵反抗齐国。齐王说："我很是愧对孟子。"陈贾说："大王不要介意。大王自己和周公相比，谁更仁慈，谁更有智慧？"齐王说："咳！这是什么话！"陈贾说："周公派管叔监视殷人，管叔却带领殷人叛乱。如果周公知道管叔会反叛还派他去，这是不仁；如果不知道他会反叛而派他去，这是不智。仁和智，周公都没有完全做到，何况大王呢？我请求见孟子并向他解释。"

于是陈贾去见孟子，问："周公是个什么样的人？"孟子说："是古代的圣人。"陈贾说："他派管叔监管殷人，但管叔却带领殷人叛乱，有这回事吗？"孟子说："有的。"陈贾说："周公知道管叔将要叛乱而派他去吗？"孟子说："他不知道。"陈贾说："那么圣人也会犯错误？"孟子说："周公，是弟弟；管叔，是哥哥。周公的过错，不是很近情理吗？况且古时候的君子，有了过错就会改正；如今的君子，有了过错则任其发展。古时候的君子，他的过错就像日食、月食一样，人民都看得见；他改正过错后，人民照样很敬仰他。如今的君子，不仅让过错任其发展，而且还为过错辩解。"

解读

孟子在这段谈话中，阐述了"古之君子"和"今之君子"

在对待过错的问题上截然不同的态度。当年齐国占领燕国时，孟子曾向齐宣王提出，为燕国立一君主而后撤离，齐王不听，以致燕国反叛齐国，所以齐王感到愧对孟子。而齐王的大夫陈贾，借周公用管叔的事来安慰齐王，为齐王开脱罪过。陈贾认为，周公派管叔监视殷人，管叔却带领殷人叛乱；如果周公知道管叔会反叛还派他去，这是不仁；如果不知道管叔会反叛而派他去，这是不智。仁和智，周公都没有完全做到，何况齐王呢？

孟子认为，周公是弟弟，管叔是哥哥，难道弟弟会怀疑哥哥反叛吗？所以，周公犯这样的过错是情有可原的。人人都会有过错，古代的君子"闻过则喜"、"有过则改"，表现出负责的态度和坦荡的胸怀；而"今之君子"，有了过错不但任其发展，而且还为过错辩解，文过饰非，这样势必给国家带来危害，使人民遭殃。孟子以此来告诉大家，犯错误并不可怕，可怕的是犯了错误却不知道改正。常言道："知错能改，善莫大焉。"每个人都有可能犯错误，但是重要的是如何面对错误，是及时改正，还是执着于错误，并为此辩解呢？答案当然是前者。因为只有知错就改的人，才能不断地成长和进步。李世民是唐朝的第二位皇帝。有一次，他在后宫玩弄部下刚送来的一只很名贵的小鸟，这时魏徵来了，李世民见魏徵来了，赶紧把鸟塞进衣袖，但魏徵已经看到皇帝在玩鸟了，很不高兴，于是便与皇帝说了很多话，导致鸟最后被憋死了。魏徵见此，就对皇帝说："皇上呀，现在是困难时期，我们应该艰苦奋斗，而不应该贪图享乐！"李世民听了魏徵一席话，知道自己错了，于是以后专心政事，从而出现了历史上著名的"贞观之治"。人非圣贤，孰能无过，成功的人往往和普通人一样，也有缺点和错误，但是他们的过人之处，就在于比普通人更善于发现错误，改正错误。所以，在日常的生活中，我们不仅要勇于承认错误，更重要的是要勇于改正错误。

第十三章

原文

孟子去齐，充虞路问曰："夫子若有不豫①色然。前日虞闻诸夫子曰：'君子不怨天，不尤人②。'"

曰："彼一时，此一时也。五百年必有王者兴，其间必有名世③者。由周而来，七百有余岁矣。以其数，则过矣；以其时考之，则可矣。夫天未欲平治天下也；如欲平治天下，当今之世，舍我其谁也？吾何为不豫哉？"

注释

① 豫：快乐，愉快。②不怨天，不尤人：引自《论语·宪问》。尤，责怪，抱怨。③名世：著称于世，这里指有名望而辅佐君王的人。

译文

孟子离开齐国，充虞在路上问道："老师好像不高兴的样子。前不久您讲过：'君子不抱怨上天，不责怪他人。'"

孟子说："那时是那时，现在是现在。从历史上看，每五百年就会出现一位圣贤的君主，并且还会出现名望很高的辅佐者。从周代兴起以来已经七百多年了。从年数来看，已经超过了五百年；以时势来论，也该出现圣贤的君主和名望很高的辅佐者。大概老天不想使天下太平吧，如果想使天下太平，在当今除了我还有谁呢？我怎么会不高兴呢？"

　　孟子的这段话主要谈两个问题，一是历史的发展规律，二是以天下为己任的责任意识。

　　孟子在齐国没有得到齐王的重用，心情有些郁闷，不得不离开齐国。充虞以为孟子因不被齐王重用而不高兴。孟子便告诉他，自己并不是因为不受重用而不高兴，而是为天下的局势担忧。然后他提出了自己的历史观和"以天下为己任"的责任观。

　　孟子认为天下大势，"五百年必有王者兴，其间必有名世者"。按照这个规律，孟子的时代正应该有"王者"兴起了，可孟子周游列国，居然没有发现这样的"王者"，好不容易遇到齐王，可最终还是没能说服齐王实施"王天下"的一套治国平天下的方略。没有"王者"，"名世者"又怎么显现呢？而孟子觉得自己就是那"名世者"，没有"王者"兴起，"名世者"就没有施展抱负的舞台，所以才有些惆怅和担忧。虽然道路曲折，但前途是光明的。孟子认为，如果老天还想使天下太平，"当今之世，舍我其谁也？吾何为不豫哉？"可见孟子具有"以天下为己任"的社会责任感和使命感。

　　孟子忧国爱民的思想和"以天下为己任"的伟大抱负，确实难能可贵，为我们留下了宝贵的精神财富，树立了光辉的榜样。天下兴亡，匹夫有责，每个人都应该心怀天下，为国家和社会做出自己的努力。一个"以天下为己任"的人，永远值得我们每一个人去尊敬。比如范仲淹，他在《岳阳楼记》一文中写下的"先天下之忧而忧，后天下之乐而乐"，成为千古佳句，也是他心怀天下的真实写照。范仲淹一生为政清廉，体恤民情，忧国忧民。面对朝廷的种种弊病，他不畏权贵，力主改革，曾经提出《答手诏条陈十事》，主张建立严密的仕官制度，关注农桑，整顿武备，推行法制，减轻徭役等。宋仁宗采纳了他的建议，并陆续推行，史称"庆历新政"。可惜不久后，因为保守派的反对，新政不能实施，范仲淹也被贬为陕西四路宣抚使，后来在赴颍州途中病死。虽然范仲淹屡遭奸佞诬谤，数度被贬，没有真正地实现他的抱负，但是他心怀天下的爱国精神却激励着一代又一代的志士仁人。像范仲淹这样的人，历史上还有文天祥、顾炎武、林则徐等，他们都以天下为己任，把国家和民族的利益放在首位。所以，我们应该向他们学习，努力为国家和社会贡献自己的力量。

卷五 滕文公章句上

本卷原文共五章，本书全选两章，节选一章。

第一章

原文

滕文公①为世子②，将之③楚，过宋而见孟子。孟子道性善，言必称尧舜。

世子自楚反，复见孟子。孟子曰："世子疑吾言乎？夫道一而已矣。成覸④谓齐景公曰：'彼，丈夫也；我，丈夫也；吾何畏彼哉？'颜渊⑤曰：'舜，何人也？予，何人也？有为者亦若是。'公明仪⑥曰：'文王，我师也；周公岂欺我哉？'今滕，绝长补短⑦，将五十里也，犹可以为善国。《书》⑧曰：'若药不瞑眩⑨，厥疾不瘳⑩。'"

注释

①滕文公：战国时期滕国的国君。滕，古代的国名，在今天的山东滕州市西南。②世子：即太子，"世"和"太"古音相同，古书常通用。

③之：到。④成䁀（jiàn）：齐国的一位勇士。⑤颜渊：孔子的学生。⑥公明仪：人名，复姓公明，名仪，鲁国的贤人，曾子的学生。⑦绝长补短：即截长补短，意思为取长补短。⑧《书》：这里指《尚书·商书·说命》。⑨瞑眩：眩晕，也指眼睛因昏花而看不清楚。⑩瘳（chōu）：病愈。

······ 译文 ······

滕文公还是太子的时候，有一次要到楚国去，经过宋国时拜访了孟子。孟子给他讲"人性本善"的道理，言谈不离尧舜。

太子从楚国回来，又来拜访孟子。孟子说："太子不相信我的话吗？道理都是一致的啊。成䁀对齐景公说：'你是一个男子汉，我也是一个男子汉，我为什么怕你呢？'颜渊说：'舜是什么样的人，我也是什么样的人，有作为的人也会像他那样。'公明仪说：'周文王是我的老师，周公难道会欺骗我吗？'现在的滕国，把疆土截长补短，也有将近方圆五十里了吧，所以滕国还是可以治理成好国家的。《尚书》上说：'如果药力不猛到使人头昏眼花，那么病是不会痊愈的。'"

······ 解读 ······

孟子通过向滕文公讲述人性本善的道理，试图告诉滕文公在治理国家的过程中应该采取"仁政"，即所谓"先王有不忍人之心，斯有不忍人之政矣"。当滕文公心生疑虑再次拜访孟子的时候，孟子告诉他，古往今来，任何一个人，无论是古圣先贤还是平民百姓，其本性都是善良的。所以古圣先贤可以做到的，普通的平民也可以做到。滕国虽然弱小，但是作为统治者的滕文公，只要能够像尧舜一样治理国家，实施"仁政"，再小的国家也会变得很好，变得强大。孟子这里想要告诉滕文公，无论是大国还是小国，只要用心治理，都可以成为好的国家。

在今天的现实生活中，大到一个国家，小到一个企业、一个单位甚至一个家庭，"领头人"都应该以一颗仁爱之心，采取合理的方法去管理，这样小的企业才会变得强大，矛盾和纷争多的单位和家庭才会变得和睦。当今社会中，有的企业领导者守诚信、存仁心，采取合法合理的方式，一步步将自己的企业做大、做强。相反，有的企业领导者失信于员工，不顾及顾客的利益，采取非法措施为自己牟利，最终使其企业消失在人们的视野之中。

所以，只要方法得当，以一颗善良的心去对待周围的一切人、一切事、一切物，那么小也会变大、弱也会变强。

第二章

滕定公①薨②，世子谓然友③曰："昔者孟子尝与我言于宋，于心终不忘。今也不幸至于大故④，吾欲使子问于孟子，然后行事⑤。"

然友之⑥邹问于孟子。

孟子曰："不亦善乎！亲丧，固所自尽⑦也。曾子曰：'生，事之以礼；死，葬之以礼，祭之以礼，可谓孝矣。'诸侯之礼，吾未之学也；虽然，吾尝闻之矣。三年之丧⑧，齐疏之服⑨，饘粥之食⑩，自天子达于庶人，三代共之。"

然友反命，定为三年之丧。父兄百官皆不欲，曰："吾宗国⑪鲁先君莫之行，吾先君亦莫之行也，至于子之身而反之，不可。且《志》⑫曰：'丧祭从先祖。'曰：'吾有所受之也⑬。'"

谓然友曰："吾他日未尝学问，好驰马试剑。今也父兄百官不我足也，恐其不能尽于大事，子为我问孟子！"

然友复之邹问孟子。

孟子曰："然，不可以他求者也。孔子曰：'君薨，听于冢宰⑭，歠⑮粥，面深墨，即位而哭，百官有司⑯莫敢不哀，先之也。'上有好者，下必有甚焉者矣。君子之德，风也；小人之德，草也。草尚⑰之风，必偃⑱。是在世子。"

然友反命。

世子曰："然，是诚在我。"

五月居庐⑲，未有命戒。百官族人可，谓曰知⑳。及至葬，四方来观之，颜色之戚，哭泣之哀，吊者大悦。

注释

①滕定公：滕文公的父亲。②薨（hōng）：死。古代称诸侯之死为"薨"。③然友：人名，太子的老师。④大故：重大的事故，指大丧、凶灾之类。⑤行事：指办理丧事。⑥之：至，到。⑦自尽：尽自己最大的努力。⑧三年之丧：根据古代制度，父母去世后，子女要为父母守孝三年；君主去世后，臣子要为君主守孝三年。⑨齐（zī）疏之服：用粗布做的缝边的丧服。⑩馆（zhān）粥之食：馆，稠粥；粥，稀粥。按照古代礼制规定，在丧事期间，人只能吃粥。⑪宗国：指鲁国。鲁、滕诸国的始祖都是周文王的儿子，而周公封于鲁，在行辈中较长，所以其余姬姓诸国都把鲁国尊为宗国。⑫《志》：记载国家世系之类的书籍。⑬吾有所受之也：指继承先祖之法。⑭冢宰：官名，相当于宰相。⑮歠（chuò）：饮、喝。⑯百官有司：官吏。百官，指

"官"；有司，指"吏"。⑰尚：同"上"。⑱僵：倒下。⑲五月居庐：指在丧庐中居住五个月。⑳知：知礼。

·········· **译文** ··········

滕文公去世了，太子对他的老师然友说："过去在宋国的时候，孟子给我讲了很多道理，我心里一直没有忘记。今天不幸我的父亲去世了，我想请您先去请教孟子，然后我再办理丧事。"

然友便到邹国去请教孟子。

孟子说："问得很好啊！办理父母的丧事，本就应该尽心竭力的。曾子说过：'当父母活着的时候，孝子要依照礼节去侍奉他们；当父母去世了，就应该依照礼节去安葬他们，并且还要依照礼节去祭祀他们，如果能做到这些，也就可以说是尽孝了。'虽然我没有学过有关诸

侯的丧葬礼仪，但是也曾听说过一些。据说父母去世，孝子要守孝三年，穿粗布孝服，吃粥，从天子到老百姓，夏、商、周三代都是这样做的。"

然友回去向太子如实禀报，太子便决定按照孟子的意见守孝三年。结果遭到了滕国父老和官吏的反对，他们说："我们的宗国鲁国，其历代国君都没有实行过三年之丧，还有我们自己的历代祖先也没有这样做过，到了您这一代便要改变祖先的做法，这是不允许的。更何况《志》曾说过：'丧礼祭礼一律按照祖先的规矩。'还说：'我们要继承这些。'"

于是，太子便对然友说："过去我未曾学艺问礼，只喜欢跑马舞剑。今天我要实行三年之丧，父老官吏们对我都不满，恐怕我处理不好这件大事，请您再去帮我问问孟子吧！"

然友再次去邹国请教孟子。

孟子说："要坚持这样做，不能求之于他人。孔子说过：'国君死了，太子要把一切政务都交给国相代理，自己每天喝粥，脸色深黑，坐在孝子之位上哭泣，大小官吏没有人敢不悲哀，这是因为太子亲自带头的缘故。'在上位的人有什么喜好，在下面的人必定就会喜好得更厉害。国君的德行就像是风，老百姓的德行就像是草，风一吹，草必然随风而倒。所以，这件事怎么处理完全取决于太子。"

然友回去后把孟子的话告诉了太子。

太子听后说道："对啊！这件事确实完全取决于我！"

于是太子便在丧庐中整整住了五个月，期间并没有颁布过任何法令。大小官吏和同族的人见了之后，都很赞成，认为太子很懂礼仪。到了下葬的那一天，四面八方的人前来观看，太子面容悲伤，哀痛哭泣，使得前来吊丧的人都非常满意。

解读

自古以来，上行下效、以身作则是我们大家所极力提倡的。何谓"上行下效"？就是说领导者或者居于高位的人要以身作则，树立一个好的榜样，这样员工或者下面的人就会效仿他的做法。本章中滕国太子在自己的父亲去世后，亲自带头为父亲守丧，并在丧庐中居住了五个月，这种做法得到了大小官吏和百姓们的支持与效仿，并成功地办理了父亲的丧事，这正是"上行下效"的一个典型事例。

上行下效、以身作则的领导原则更是我们现代人所不可忽视的。一个国家想要形成一个良好的社会风气，那么国家的领导人自己首先就要遵纪守法、爱国敬业，为百姓树立一个好的榜样。有了领导人的以身作则，普通的官员和百姓就会以领导人为"标杆"，从而不敢做出违法乱纪的事情。

上行下效的原则同样适合一个家庭。父母是孩子的第一位老师，所以父母的行为会影响孩子的一生。父母在家庭中的一言一行，孩子都会或多或少地去模仿。比如，在家庭之中，如果父母做事不尽心尽力，经常抱怨，口出粗言，那么无形之中就会影响孩子的言谈举止，使得孩子在学习上不努力，在生活中不懂礼貌。俗话说"上梁不正下梁歪"，正是这个道理。榜样的力量是无穷的，所以父母要传递给孩子的是一种正能量，这样才能使孩子健康成长。

第三章（节选）

原文

滕文公问为国①。

孟子曰：“民事②不可缓也。《诗》③云：‘昼尔于④茅⑤，宵⑥尔索绹⑦；亟⑧其乘⑨屋，其始播百谷⑩。’民之为道也，有恒产者有恒心，无恒产者无恒心。苟无恒心，放辟邪侈，无不为已。及陷乎罪，然后从而刑之，是罔⑪民也。焉有仁人在位罔民而可为也？是故贤君必恭俭礼下，取于民有制。阳虎⑫曰：‘为富不仁矣，为仁不富矣。’”

注释

①为国：治国之道。②民事：与人民群众有关的事务。③《诗》：这里特指《诗经·豳风·七月》，是一首描写农事的诗篇。④于：往。⑤茅：取茅草，古代用来加盖屋顶。⑥宵：晚上。⑦索绹(táo)：搓绞绳索。⑧亟：急。⑨乘：治。⑩百谷：泛指各种粮食作物。⑪罔：动词，指蒙蔽、欺骗、陷害等。⑫阳虎：即阳货，春秋时鲁国执政大夫季孙氏的家臣。

译文

滕文公向孟子请教治理国家的方法。

孟子说：“与民众有关的事务是绝不能放松的。《诗经》上说：'白天割取茅草，晚上搓绞绳索，赶快修整房屋，来年播种百谷。'百姓的一般规律就是，有了固定的产业收入，人心才会稳定，没有固定的产业收入，人心就不会稳定。如果人心不稳，人就会胡作非为，违法乱纪，什么事都做得出来。等到他们犯了罪，然后就去处罚，这等于是在祸害百姓。哪有仁君当政而去陷害老百姓的呢？所以贤明的君主必定谦恭简朴，以礼对待臣下，而且向百姓征收赋税有一定的制度。阳虎说过：'要发财致富就不能仁爱，要仁爱就不能发财致富。'"

解读

　　滕文公向孟子询问治理国家的事情，孟子对他讲的第一句话就是"民事不可缓也"。在孟子看来，与民众有关的事情才是治国最紧要的政务，人民的事情刻不容缓，绝不能拖拉，绝不能有半点疏忽。可见，孟子非常关心人民，关心民生问题。

　　解决民生问题是治国理政的根本。所谓民生，就是指人民的生计。与人民群众的基本生存和生活状态相关的一切事情，都属于民生范围内的事情。而满足人民吃、喝、住、行等基本的物质需求，是解决民生问题的重中之重。因为物质需求是人民生活的基本需求，只有满足了人民的物质需求，人民才会安居乐业，遵纪守法。所以孟子说："有恒产者有恒心，无恒产者无恒心。"物质基础得到保障，人心才会稳定，社会才会安定团结，国家才会繁荣富强。

原文

"设为庠序①学校以教之。庠者，养也；校者，教也；序者，射也。夏曰校，殷曰序，周曰庠；学则三代共之：皆所以明人伦也。人伦明于上，小民亲于下。有王者起，必来取法，是为王者师也。《诗》②云：'周虽旧邦，其命惟新。'文王之谓也。子力行之，亦以新子之国！"

注释

①庠序（xiáng xù）：指古代的地方学校，也泛称学校。②《诗》：特指《诗经·大雅·文王》。

译文

设置庠、序、学、校来教育民众。庠是教养的意思，校是教导的意思，序是训导的意思。地方学校，夏代称为"校"，商代称为"序"，周代称为"庠"；中央学校，夏、商、周三代都称为"学"。这些学校都是用来教人懂得伦理关系的。在上位的人明白了人与人之间的伦理关系，老百姓自然就会相亲相爱。如果您这样做了，只要有贤明的君主出现，他必然会来学习和效仿您的，这样您就成了贤明君主的老师了。《诗经》上说："岐周虽然是一个古老的诸侯国，却处处充满了新气象。"这是赞美周文王的诗句。您努力实行吧，也让您的国家气象焕然一新！

　　滕文公在向孟子请教治国之道时，孟子告诉滕文公，解决了人民的温饱问题，满足了人民基本的物质需求之后，还要"设为庠序学校以教之"，即兴办学校，教育人民，使百姓"明人伦"，懂得伦理道德。孟子认为这样才能形成良好的社会风气。

　　发展教育事业，是孟子民生思想的重要内容，也是儒家一直以来所极力提倡的。孟子强调办教育的目的在于"明人伦"，使人懂得为人处世的道理，这在今天是很有意义的。现代社会中，我们片面地追求科学文化知识，忽视了学生的道德教育，从而造成社会上出现了一些有知识、没文化、缺道德的人。比如：在科技高速发展的今天，有的人利用计算机和网络知识，骗取他人大量钱财；有的人利用化学知识制造海洛因，从中获取暴利；有的人利用现代高科技印刷技术制作假钞，破坏社会金融秩序，等等。有知识的人越来越多，而有道德的人却越来越少。光有知识而没有道德的人绝不是一个真正有文化的人，所以我们教育的重点是让学生懂得如何运用学成的知识正确地服务社会。法国哲学家蒙田曾经说过：对于那些没有道德良知的人，一切知识都是有害的。知识只有掌握在有道德良知的人手里，才会有利于社会的和谐和他人的幸福，否则就会给社会和人民带来危害。例如，如果利用核技术建立核电站，缓解电力不足的问题，这是有利于民生和国民经济发展的。但是，如果利用核技术制造核武器，随时准备发动核战争，就会给人类带来毁灭性的灾难。所以中华民族的伟大复兴，不仅是经济上的复兴，更是文化和道德上的复兴。发展教育最重要的目的在于使人懂得伦理道德，这是孟子教育思想的核心，值得我们当代人去反思。

卷六　滕文公章句下

本卷原文共十章，本书全选六章。

第一章

陈代①曰："不见诸侯，宜②若小然；今一见之，大则以王，小则以霸。且《志》曰：'枉③尺而直寻④'，宜若可为也。"

孟子曰："昔齐景公田⑤，招虞人⑥以旌⑦，不至，将杀之。志士不忘⑧在沟壑，勇士不忘丧其元⑨。孔子奚取焉？取非其招不往也。如不待其招而往，何哉？且夫枉尺而直寻者，以利言也。如以利，则枉寻直尺而利，亦可为与？昔者赵简子⑩使王良⑪与嬖奚⑫乘，终日而不获一禽。嬖奚反命⑬曰：'天下之贱工也。'或以告王良。良曰：'请复之。'强而后可，一朝而获十禽。嬖奚反命曰：'天下之良工也。'简子曰：'我使掌与女乘。'谓王良。良不可，曰：'吾为之范⑭我驰驱，终日不获一；为之诡遇⑮，一朝而获十。《诗》⑯云："不失其驰，舍矢如破。"我不贯⑰与小人乘，请辞。'御者且羞与射者比⑱；比而得禽兽，虽若丘陵，弗为也。如枉道而从彼，何也？且子过矣。枉己者，未有能直人者也。"

注释

①陈代：孟子的学生。②宜：大概。③枉：弯曲，不直。④寻：古代的长度单位，八尺为一寻。⑤田：打猎。⑥虞人：守卫猎场的官员。⑦旌（jīng）：古代用羽毛装饰的旗子，用以指挥或开道。⑧不忘：这里的"不忘"意思为"不怕"。⑨元：首，脑袋。⑩赵简子：名鞅，晋国大夫。⑪王良：春秋末年著名的善于驾车的人。⑫嬖（bì）奚：嬖，指受到宠幸的人。嬖奚指一个名叫奚的受宠的小臣。⑬反命：复命。反，同"返"。⑭范：在这里作动词，使……规范。⑮诡遇：不按规范驾车。⑯《诗》：这里特指《诗经·小雅·车攻》。⑰贯：同"惯"，习惯。⑱比：合作。

译文

陈代对孟子说："不去拜见诸侯，似乎只是拘泥于小节吧。现在如果去拜见诸侯，大则可以实施仁政，统一天下；小则可以称霸。况且《志》书上说：'弯曲着一尺长，伸展开来八尺长。'如此而言，去拜见诸侯好像是值得去做的。"

孟子回答道："从前，齐景公打猎，用召见大夫的旌旗召唤猎场的管理员，那个管理员因为齐景公召唤的方式不对而不予理睬。齐景公大怒，想杀了他，而他却一点也不怕，因而受到孔子的称赞。所以，有志之士不怕弃尸山沟，勇敢的人不怕丢掉脑袋。孔子认为那位猎场管理员哪一点可取呢？就是取他因不是自己所应当接受的召唤之礼就不应召的精神。如果我不等到诸侯的召唤就自己上门去，是为了什么呢？况且，所谓弯曲着一尺长，伸展开来八尺长的说法，是从利益的角度来考虑问题的。如果从利益的角度来考虑问题，弯曲八尺，伸展一尺也有利益，那么难道也可以去做吗？从前，赵简子命令王良为他所宠爱的名叫奚的小臣驾车去打猎，然而整整一天，奚都没有打着一只猎物。于是，奚回去后向赵简子报告说：'王良真是天下最不会驾车的人了！'有人把这话告诉了王良。王良便对奚说：'请让我再为您驾一次车。'奚勉强同意了，结果仅用了一个早晨，奚就打了十只猎物。回去后奚又向赵简子报告说：'王良真是天下最会驾车的人啊！'赵简子说：'那么，我就叫他专门为你驾车。'当赵简子征求王良的意见时，王良却不肯干了。他说：'我按规范为他驾车，他一整天都打不到一只猎物；我不按规范为他驾车，他却一个早晨就打了十只猎物。《诗经》上说："不违反驾车规矩，箭一出手就会射中的。"我不习惯为他这样的小人驾车，请允许我辞去这个差事。'驾车的人不愿意与不好的射手合作，即便合作可以打到堆积如山的猎物，他也不干。如果我现在违背了原则而去屈从那些诸侯，那又是为了什么呢？况且，你的看法是错误的。自己不正直，是不可能让别人正直的。"

　　也许是因为孟子的仁政思想还没有得到各诸侯国的认可，没有在社会上实行，所以孟子的学生陈代就给孟子提出了一个"以屈求伸"的意见。陈代建议孟子先在诸侯面前弯曲自己，哪怕只有一尺长，从而使自己委曲求全，等到时机成熟，有朝一日仁政思想在全社会实行，到那时再伸展开来，就可以有八尺长了，也就可以提高自己在各诸侯心中的位置了，即文中的"枉尺而直寻"。其实，陈代的意思就是让孟子先顺着诸侯们的胃口，然后再慢慢找机会实施自己的思想主张。这种违背原则并带有机会主义色彩的方法是孟子所极力反对的。孟子以齐景公时的猎场管理员和赵简子时的优秀驾车员为例，说明君子绝不能违背自己的原则而去迁就别人，绝不能苟且求全，绝不能搞机会主义。因为在孟子的心里，一个自己都不正直的人是不可能让别人正直的，一个自己都不讲原则的人是不可能让别人讲原则的。总之，原则问题不容动摇。

　　面对原则性问题时，孟子认为君子绝不能妥协，绝不能苟且求生。的确，在任何时候，原则问题都很重要。但是，生活中面对利益，面对种种诱惑，我们是否真的能够像孟子那样守住自己心中的原则而不委曲求全呢？现代社会中，有的人为了能够在单位中立足，为了自己的利益，在看到同事或者领导触犯了原则时，看到单位中一些不好甚至违法的行为时，默默地向原则妥协，不但没有阻止那些不良行为，甚至自己也触犯原则。还有的人认为自己目前没有权力，也没有能力去改变周围人的不良行径，所以随波逐流，幻想着以自己这种随波逐流的方式来获得同事的喜欢，取得上级的信任，并获得上级的提拔，当自己有权力时再去改变这种不良状况。这完全就是一种投机倒把以求生存的不良行径。对于这种行为，我们必须杜绝。因为一个人有再大的理想和抱负，如果以牺牲原则为代价，投机取巧，那么即使理想实现了，也只是昙花一现，不可能长久。所以人人心中都应该有原则，也应该遵从心中的原则。

第二章

原文

景春①曰："公孙衍②、张仪③岂不诚大丈夫哉？一怒而诸侯惧，安居而天下熄④。"

孟子曰："是焉得为大丈夫乎？子未学礼乎？丈夫之冠⑤也，父命之；女子之嫁也，母命之，往送之门，戒之曰：'往之女⑥家，必敬必戒，无违夫子⑦！'以顺为正者，妾妇之道也。居天下之广居⑧，立天下之正位⑨，行天下之大道⑩；得志，与民由⑪之；不得志，独行其道。富贵不能淫⑫，贫贱不能移，威武不能屈，此之谓大丈夫。"

注释

①景春：人名，与孟子同时期，习纵横之术。②公孙衍：人名，即魏国人犀首，著名的说客。③张仪：魏国人，战国中期著名的纵横家，一生致力于游说各诸侯国服从秦国。④熄：指战火熄灭，天下太平。⑤冠：冠礼。古代男子到二十岁叫作成年，需要行加冠礼。⑥女：通"汝"，指"你"。⑦夫子：这里指丈夫。⑧广居：朱熹注释为"仁"，指仁爱。⑨正位：朱熹注释为"礼"，指礼仪。⑩大道：朱熹注释为"义"。⑪由：听从，顺从。⑫淫：惑乱。

> ◦◦◦◦◦◦◦◦◦ **译文** ◦◦◦◦◦◦◦◦◦

　　景春说："公孙衍和张仪难道不是真正的大丈夫吗？他们一旦发起怒来，诸侯们都会害怕；他们安静平和下来，天下就会太平无事。"

　　孟子说："这怎么能够叫大丈夫呢？你没有学过礼吗？男子成年举行加冠之礼的时候，父亲要给予训导；女子出嫁的时候，母亲要给予训导。当女子要离开家的时候，母亲送她到门口，并要告诫她说：'到了你丈夫家里，一定要恭敬，一定要谨慎，不要违背你的丈夫！'以顺从为原则的，是妾妇之道。至于大丈夫，则应该住在天下最宽广的住宅——'仁'里；站在天下最正确的位置——'礼'上；走着天下最光明的大路——'义'道。大丈夫得志的时候，便与老百姓一同弘道；不得志的时候，便坚持独自行道。富贵面前不动心，贫贱面前不变志，威武面前不屈服，这样才叫作大丈夫！"

> ◦◦◦◦◦◦◦◦◦ **解读** ◦◦◦◦◦◦◦◦◦

　　这一章围绕着"什么是大丈夫"的问题而展开。景春认为像公孙衍、张仪那样能够"一怒而诸侯惧，安居而天下熄"的人才是大丈夫，因为他们的才能可以震慑到天下的诸侯，让诸侯都害怕他们。但是，孟子却不以为然，他认为首先大丈夫应该"居天下之广居，立天下之正位，行天下之大道"，就是说真正的大丈夫，其行为是合乎儒家的仁义礼等道德规范的。其次，大丈夫应该抱以"得志，与民由之；不得志，独行其道"的立身处世态度。最后，大丈夫还应该有"富贵不能淫，贫贱不能移，威武不能屈"的铮铮铁骨。孟子认为只有具备这三点，才能算得上是真正的大丈夫。

　　孟子寥寥数语就让我们明白了什么才是真正的大丈夫。合乎礼仪的行为，"穷则独善其身，达则兼济天下"的处世态度，不畏权贵、不怕贫贱的气节，大丈夫所具有的这种人格魅力，能够穿越历史的沧桑，让每一个人铭记于心。就像文天祥曾写下的"人生自古谁无死，留取丹心照汗青"的诗句，就是大丈夫铮铮铁骨的真实写照，所以让人永远难以忘记。现实生活中，我们的父母也常常以大丈夫的标准来要求孩子，比如说父母经常会告诉孩子要有骨气，要不畏艰难，要挺起脊梁做人，人穷志不穷，等等，这些都是大丈夫身上所散发出来的人格魅力，也是父母们寄予孩子的希望。我们赞扬大丈夫，倡导大丈夫，同时我们也鄙视生活中那些为了权贵而放弃尊严的软骨头。比如，人们常常会对那些四肢健全却以乞讨为生的人嗤之以鼻，会对那些不愿意劳动而吃软饭的男人冷嘲热讽，因为这些都不是大丈夫所应有的行为。大丈夫是有骨气的，是能够自食其力、靠双手换取美好明天的人，他们不仅有一身"硬"气，还有高尚的道德修养和正确的人生态度，这是值得我们当代每一个年轻人去学习的。

　　总之，孟子关于"大丈夫"的这段名言，激励了一代又一代的仁人志士，他们不畏强暴、坚持正义，是我们永远的精神楷模。

第三章

周霄①问曰:"古之君子仕②乎?"

孟子曰:"仕。《传》曰:'孔子三月无君,则皇皇③如也,出疆必载质④。'公明仪⑤曰:'古之人三月无君,则吊⑥。'"

"三月无君则吊,不以急乎?"

曰:"士之失位也,犹诸侯之失国家也。《礼》曰:'诸侯耕助,以供粢盛⑦;夫人⑧蚕缫⑨,以为衣服。牺牲⑩不成,粢盛不洁,衣服不备,不敢以祭。惟士无田,则亦不祭。'牲杀、器皿、衣服不备,不敢以祭,则不敢以宴,亦不足吊乎?"

"出疆必载质,何也?"

曰:"士之仕也,犹农夫之耕也;农夫岂为出疆舍其耒耜⑪哉?"

曰:"晋国⑫亦仕国也,未尝闻仕如此其急。仕如此其急也,君子之难仕,何也?"

曰:"丈夫生而愿为之有室,女子生而愿为之有家;父母之心,人皆有之。不待父母之命、媒妁⑬之言,钻穴隙相窥,逾墙相从,则父母国人皆贱⑭之。

古之人未尝不欲仕也，又恶不由其道。不由其道而往者，与钻穴隙之类也。"

周霄问孟子："古代的君子都做官吗？"

孟子答道："做官。《传记》上说：'孔子如果三个月没有国君任命他做官，他就会感到心神不安，非常焦急。离开一个国家时，孔子必定会带着一些拜见另一个国家国君的礼物。'公明仪也曾说：'古代的人如果三个月没有得到君主的任用，就会感到悲伤。'"

周霄说："三个月不被君主任用就悲伤，这不是求官太心切了吗？"

孟子说："士失去了官位，就像诸侯失去了国家。《礼》书上说：'诸侯亲自耕种农田，用来供给祭品；诸侯妻子亲自养蚕缫丝，用来制作祭祀的衣服。如果用来祭祀的牲畜不肥壮，谷物不洁净，祭服不完备，就不敢用来祭祀。士如果没有祭祀用的田地，那也不能祭祀。'

祭祀用的牲畜、器皿、衣服不齐备，不敢用来祭祀，也就不敢举行宴会，难道这样还不够令人悲伤吗？"

周霄又问："离开一个国家时，一定要带上拜访另一个国家国君的礼物，这是为什么呢？"

孟子答道："士人做官，就像农夫种田一样，农夫难道会因为离开一个国家便丢弃他的农具吗？"

周霄说："魏国也是一个有官可做的国家，但我从来没有听说过士人想做官有如此急迫的。既然士人想做官是如此急迫，君子却又不轻易去做官，这又是为什么呢？"

孟子说："男孩子一出生，父母便希望给他找一个好的妻子；女孩子一出生，父母便希望给她找一个好的婆家。父母的这种心情，人人都有。但是，如果不等父母的安排、媒人的介绍，自己就钻洞扒门缝来互相偷看，甚至翻过墙头去私会，那么这样就会受到父母和社会上其他人的鄙视。同样的道理，古代人不是不想做官，只不过厌恶不经过正当的途径去做官。不经过正当的途径去做官，与男女之间钻洞扒门缝的行为是一样的。"

解读

在这一章中，当魏国人周霄问孟子古代的读书人是否想当官的问题时，孟子毫不犹豫地做出了肯定的回答。接着，孟子以孔子三个月不当官就惶惶不安的事例来说明士人不仅想当官，而且想当官的心情还非常迫切。孟子认为这种迫切想当官的心情是可以理解的，因为士人通过做官来实现自己的理想和抱负，这是非常正当和合理的事情。但是士人做官要走正道，通过不合理的方法来获取官位，这是非常可耻的行为，真正的君子是不会这样去做的。孟子把那些利用不正当手段来求官的人比喻成钻洞扒门缝偷情的男女，从而讥讽那些采取下三滥手段争取做官的人。

拿破仑曾说过"不想当将军的士兵不是好士兵"，所以有雄心壮志，梦想做官、做大官的人，无可厚非。但是，谋取官位也要讲求正确的方法，否则官位再高，也会遭到众人的唾弃和谴责。现代社会中，有的人为了做官而无视法律，试图用金钱来买官；有的人为了做官而不择手段，在选举过程中威逼利诱他人；还有的人为了做官，不惜损害国家和人民的利益。这种为了当官而走歪门邪道的人在生活中比比皆是，甚至连我们的一些学生也被这种不正之风感染了。为了当上班级里的班干部，有的学生"刻意"帮助他人，花些小心思博取其他同学的"好感"；有的学生为了让班里的同学投自己的票，不惜买零食来"贿赂"同学；更有甚者，个别家长还私下找老师"走后门"，暗中帮助孩子。学生及其家长的这种行为不仅破坏了同学之间公平竞争的原则，还会伤及同学间的情谊。学生想当班干部无可厚非，这是积极上进的一种表现，但是通过诸如以上那些不合理的方法来争取做"班官"，往往不利于学生培养正确的世界观、人生观和价值观，甚至会影响孩子以后的发展成长，这种不良现象应该及时制止。

人们常说"君子爱财，取之有道"，今天我们应该再加一句，那就是"君子爱官，亦取之有道"。只有通过自己的努力，采取合法、正当的途径坐上官位，才能真正受到人们的敬仰。总之，孟子批判那些采取不正当手段谋取官位的人，在我们今天同样具有重要的意义。

第六章

原文

孟子谓戴不胜①曰："子欲子之王之②善③与？我明④告子。有楚大夫于此，欲其子之齐语也，则使齐人傅⑤诸？使楚人傅诸？"

曰："使齐人傅之。"

曰："一齐人傅之，众楚人咻⑥之，虽日挞⑦而求其齐也，不可得矣。引而置之庄岳⑧之间数年，虽日挞而求其楚，亦不可得矣。子谓薛居州⑨，善士也，使之居于王所。在于王所者，长幼卑尊皆薛居州也，王谁与为不善？在王所者，长幼卑尊皆非薛居州也，王谁与为善？一薛居州，独如宋王何？"

注释

①戴不胜：人名，宋国大臣。②之：动词，向，往，到。③善：为善，向善。④明：明白地，清楚地。⑤傅：动词，指教育，教导。⑥咻（xiū）：喧哗干扰。⑦挞：鞭打，鞭策。⑧庄岳：齐国的街里名。庄，街名；岳，里名。⑨薛居州：人名，宋国的一个有德之人。

译文

孟子对戴不胜说："你希望你的国君向善吗？让我明确地告诉你吧。有一位楚国的大夫，希望他的儿子学会说齐国话，是找齐国的人来教他好，还是找楚国的人来教他好？"

戴不胜说："找齐国人来教他好。"

孟子说："一个齐国人来教他，如果有许多楚国人在他周围用楚国话来干扰他，那么即使你每天鞭打他，要求他说齐国话，也是不可能的。反之，如果把他带到齐国去，住在庄、岳这样的闹市，在那里生活几年，那么即使你每天鞭打他，要求他说楚国话，也是不可能的。你说薛居州是个好人，让他住在王宫中。如果王宫中的人，无论年龄大小、地位高低，都是像薛居州那样的好人，那么国君和谁去做坏事呢？相反，如果王宫中的人，无论年龄大小、地位高低，都不是像薛居州那样的好人，那么国君又和谁去做好事呢？单单一个薛居州能把宋王怎么样呢？"

解读

在这一章中，孟子以楚国大夫该如何选择老师才能让儿子学好齐国话为例，试图告诉戴不胜周围的客观环境对人的影响是至关重要的，从而说明国君应该注意对自己身边臣子的考察和选拔。因为如果国君的身边都围绕着一些道德高尚、常进善言、为百姓着想的君子，那么在这些人的影响下，国君自然也会变得道德高尚，成为一个为民着想的好国君。相反，如果国君的周围都是一些自私自利、善进谗言、虐待百姓的小人，那么受这些人的蛊惑，国君会变成一个不顾百姓生死、残害百姓的暴君。这里，孟子的着重点在于讨论政治，讨论周围臣子的好坏对于国君的影响。但是，这种"近朱者赤，近墨者黑"的道理也适用于学习、教育、做人等方方面面。

从古到今，关于环境影响人的事例数不胜数，就连孟子本人都是受周围环境的熏陶而成为一代名儒的，这便是大家耳熟能详的"孟母三迁"的故事。孟子小时候，家住在坟地附近，他常常玩筑坟墓或学别人哭拜的游戏。孟母认为这样不好，就把家搬到集市附近，孟子又玩模仿别人做生意和杀猪的游戏。孟母认为这个环境也不好，就把家搬到学堂旁边。于是，孟子就跟着学生们学习礼节和知识。孟母认为这才是孩子应该学习的，心里很高兴，就不再搬家了。"孟母三迁"的故事说明环境对于一个人的成长非常重要，这对于想成就一番事业的人来说具有重要的启示。也许正因为孟子有切身体会，他才能够以生动形象的事例来告诫历代君王，要注意对自己周围环境的考察。环境可以造就一个人，也可以毁灭一个人。例如，一个人如果和一群自由懒散、爱讲粗话，并以赌博为生的人生活，那么不用做什么，这个人便会在耳濡目染中变成一个道德低下、粗俗而野蛮的赌徒。当周围的人都不思进取，沉迷于安乐，对生活得过且过时，再勤快的人也会受到这种环境的感染而变成一个庸碌无为的人。可见，有一个良好的环境对人来说是多么的重要。

想要一个社会和谐，必须导正社会风气；想要一个学校成为品牌，必须树立优良的校风；想要一个班级优秀，必须培养良好的学风。总之，良好的外在环境对于个人、社会、国家的发展都是极为重要的。所以我们每一个人都要成为"正能量"的传播者，抵制"负能量"。只有这样，我们才能越来越好。

第七章

---- 原文 ----

公孙丑问曰:"不见诸侯何义?"

孟子曰:"古者不为臣不见。段干木①逾垣而辟②之,泄柳③闭门而不纳④,是皆已甚。迫,斯可以见矣。阳货欲见⑤孔子而恶无礼。大夫有赐于士,不得受于其家,则往拜其门。阳货瞰⑥孔子之亡也,而馈孔子蒸豚⑦;孔子亦瞰其亡也,而往拜之。当是时,阳货先,岂得不见?曾子曰:'胁肩⑧谄笑⑨,病于夏畦⑩。'子路曰:'未同而言,观其色赧赧然⑪,非由⑫之所知也。'由是观之,则君子之所养,可知已矣。"

---- 注释 ----

①段干木:姓段干,名木,魏国人,清高而不屑为官。魏文侯去拜访他,他却翻墙逃走不见。②辟:同"避"。③泄柳:人名,鲁穆公时人。④纳:接待。⑤见:这里作使动用法,是阳货想让孔子来拜见他的意思。⑥瞰(kàn):窥视。⑦蒸豚:蒸熟的小猪。⑧胁肩:耸起肩头,故作恭敬的样子。⑨谄(chǎn)笑:勉强装出讨好的笑容。⑩畦(qí):本指菜地间划分的行列,这里作动词用,指在菜地里劳动。⑪赧赧(nǎn)然:羞愧得满脸涨红的样子。⑫由:子路名仲由。由,子路自称。

译文

公孙丑问孟子："您不主动去拜见诸侯是什么道理？"

孟子说："在古代，一个人如果不是诸侯的臣子便不去拜见。段干木跳墙躲避魏文侯，泄柳闭门不接待鲁穆公，这些都做得有点过分了。迫不得已时，还是可以见的。从前，阳货想要孔子去拜见他，又怕别人说他不懂礼仪。因为大夫如果对士人有所赏赐，士人不在家而没有亲自接受的话，就应该到大夫家去拜谢。所以，阳货便趁孔子不在家的时候，给孔子送去一只蒸乳猪。孔子也打听到阳货不在家时，才去拜谢。当时，如果阳货真心诚意地先去看孔子，孔子难道会不去拜见他吗？曾子说：'耸起肩头做出毕恭毕敬的样子，勉强做出一副讨好别人的笑脸，这真比顶着夏天的烈日在菜地里干活还要令人难受啊！'子路说：'分明不愿意和那个人谈话，却要勉强去谈，脸上还表现出羞愧的样子，这种人我是不能理解的。'由此可见，君子是怎样培养自己的品德节操的，就可以知道了。"

解读

公孙丑问孟子为什么不主动去拜见诸侯时，孟子在回答的过程中批判了两种人：一是那种像段干木和泄柳那样过于孤芳自赏的人；一是那种惺惺作态、阿谀奉承的人。这两种人的表现不是太清高，就是太谄媚，走的是两个极端，并不是孟子所提倡的做法，因为儒家一向反对走极端，而主张无过无不及的中庸之道。可见，孟子在批判这两种极端之人的同时，也反映出了他自身的立场，那就是既不过于清高，也不过于谄媚，而是走中庸之道。但是，从孟子回答公孙丑问题的篇幅上来看，孟子似乎更厌恶第二种人。孟子以阳货拜见孔子为例，并引用曾子和子路的话，来批判那些巧言令色、胁肩谄笑的虚伪之人，从而告诉公孙丑，自己绝对不会为了讨好诸侯而主动去拜见他们。

从古到今，我们大家都鄙视甚至痛恨那些虚情假意、巧言令色之人，因为这些人往往不惜出卖自己的尊严，表现出一副取悦于人的样子，用花言巧语来迷惑他人，通俗地说就是我们今天所讲的善于"拍马屁"的伪君子。这些卑躬屈膝、溜须拍马之人并没有因为我们的痛恨而减少，他们常常出现在我们的生活中。我们经常会看到，有的人为了讨好上级领导，低声下气，不惜违背自己的良心迎合、巴结领导。2015年春节联欢晚会上由马丽、沈腾、杜晓宇主演的小品《投其所好》，就讽刺了那些阿谀奉承、挖空心思巴结领导的"马屁精"。小品中由马丽扮演的女科长，在领导面前点头哈腰，听说新来的领导喜欢打乒乓球，于是在自己的办公室安装了乒乓球台，试图让员工郝建陪同领导打球，想方设法通过迎合领导的爱好来讨好、巴结新来的领导，最终却弄巧成拙。这位女科长投其所好的行为让人深恶痛绝，特别是她那引人捧腹的经典台词："这个喜欢钓鱼，我就潜到水里往他鱼钩上一条一条挂鱼；这个喜欢打麻将，我就把把拆听给他点炮儿；这个喜欢文玩，我就把我太爷爷的舍利拿来给他串串儿。"这些台词不禁让人对那些趋炎附势之人心生鄙夷。现实生活中这样的人数不胜数，他们常常会给我们的生活带来不好的影响，甚至会危害社会、危害国家。所以我们要时刻警惕那些花言巧语、一脸虚伪笑容的伪君子。

总之，在生活中我们要像孟子一样绝不做虚情假意、巧言令色之人，而要做真心诚意、表里如一的人。只有这样，我们才能获得别人真正的尊重。

第八章

原文

戴盈之①曰："什一②，去关市之征③，今兹④未能，请轻之，以待来年，然后已⑤，何如？"

孟子曰："今有人日攘⑥其邻之鸡者，或告之曰：'是非君子之道。'曰：'请损⑦之，月攘一鸡，以待来年，然后已。'——如知其非义，斯速已矣，何待来年？"

注释

①戴盈之：人名，宋国大夫。②什一：指收取十分之一的税。③征：这里指征收税款。④兹：年。⑤已：停止。⑥攘（rǎng）：偷窃。⑦损：减少。

译文

戴盈之说："把税率改成十分之一，并且免除关卡和市场的赋税，这些事情在今年还办不到，我先减轻一些，等到明年再彻底实行，怎么样？"

孟子说："现在有一个人每天都偷邻居家一只鸡，有人告诫他说：'这不是正派人的行为。'他便说：'那我就先减少一些，每月偷一只，等到明年再彻底洗手不干。'——如果知道这种行为不合乎道义，就应该立即停止才对，为什么要等到明年呢？"

　　这一章中，孟子讲述了一个偷鸡贼分步改错的小寓言。寓言中，偷鸡贼明明知道自己偷鸡不是正派人所应该有的行为，但是他却不愿意彻底改正，而是把"每天偷一只鸡"改成"每月偷一只鸡"，试图以偷鸡数量的减少来掩盖自己不正当的行为。孟子就是通过这样一个生动、形象的偷鸡贼的例子来告诫戴盈之，对于不合乎道义的行为应该立即停止，改正错误要及时，要一步到位，改变不合理的制度也要及时，不能拖拖拉拉。

　　文中偷鸡贼的思维逻辑荒唐而可笑，但却是我们大多数人的真实写照。现实生活中，有的人就存在着偷鸡贼的这种心理，面对错误不愿意立即改正，面对自己的违法行为不愿意立即停止，而是为自己找托词，采取"递减法"来自欺欺人。比如，面对贪污，有的人明知道这是违法犯罪的行为，却没有立刻停止，而是在得知国家大力倡导反腐政策之后，慢慢从原来一百万、两百万的大贪变成一万、两万的小贪，自认为神不知鬼不觉。其实，无论是大贪还是小贪，它的性质都是一样的，都是违法行为，社会绝不会因为小贪而不去责罚。总之，大贪小贪都是贪。所以，有错就改，绝不能故意拖延，更不能明知故犯。特别是对于正在成长的中小学生来讲，改正错误要当机立断，一步到位，彻底干净，否则稍一犹豫，全部努力就会前功尽弃，错误就会乘虚而入、卷土重来。因为过错就像田地里的野草一样，如果不连根拔起，就会留下祸患，影响田地里禾苗的生长。这就告诉我们，错误要从根本上及时改正，千万不可像孟子所说的偷鸡贼那样，只满足于表面数量的减少。

　　总之，在面对错误时，我们每一个人都应该努力克服偷鸡贼的心理，立即行动，弃恶从善，痛改前非。

取諸人以為善
是與人為善
者也故君子莫
大乎與人為善

歲次丙申年荷月　寶平

天時不如地利地
利不如人和
得道者多助失
道者寡助

歲次丙申年暑月於天霖書屋 雲平

士之仕也猶農夫之耕也

丙申春 簡齋畫 舍之題

力肋肩諂笑
病于夏畦
丙甲仲春
簡山

規矩

離婁之明　公輸子之巧　不以規矩　不能成方圓

師曠撫琴

丙甲紅春作简山畫

卷七 离娄章句上

本卷原文共二十八章，本书全选十五章。

第一章

孟子曰："离娄①之明、公输子②之巧，不以规矩③，不能成方圆；师旷④之聪，不以六律⑤，不能正五音⑥；尧舜之道，不以仁政，不能平治天下。今有仁心仁闻⑦而民不被其泽⑧、不可法于后世者，不行先王之道也。故曰，徒⑨善不足以为政，徒法不能以自行。《诗》⑩云：'不愆⑪不忘，率⑫由旧章。'遵先王之法而过者，未之有也。圣人既竭目力焉，继之以规矩准绳，以为方员⑬平直，不可胜用也；既竭耳力焉，继之以六律正五音，不可胜用也；既竭心思焉，继之以不忍人之政，而仁覆天下矣。故曰，为高必因丘陵，为下必因川泽；为政不因先王之道，可谓智乎？是以惟仁者宜在高位。不仁而在高位，是播其恶于众也。上无道揆⑭也，下无法守也，朝不信道，工不信度⑮，君子犯义，小人犯刑，国之所存者幸也。故曰，城郭不完⑯，兵甲不多，非国之灾也；田野不辟⑰，货财不聚，非国之害也。上无礼，下无学，贼民兴，丧无日矣。《诗》⑱曰：'天之方蹶⑲，无然泄泄⑳。'泄泄犹沓沓㉑也。事君无义，进退无礼，言则非㉒先王之道者，犹沓沓也。故曰，责难于君谓之恭，陈善闭邪谓之敬，吾君不能谓之贼。"

注释

①离娄：相传为黄帝时期的人，视力极强，能在百步之外望见秋毫之末。②公输子：人名，即公输班，因是鲁国人，所以又叫鲁班，是古代著名的巧匠。③规矩：规，是画圆的工具；矩，是画方形或直角的工具。④师旷：春秋时期晋平公的乐师，古代极有名的音乐家。⑤六律：中国古代将音律分为阴吕、阳律两部分，各有六种音，六律即阳律的六音，分别是太簇、姑洗、蕤宾、夷则、无射、黄钟。⑥五音：中国古代音阶的名称，即宫、商、角、徵（zhǐ）、羽，相当于今天乐谱中的1、2、3、5、6这五音。⑦闻：名声，声誉。⑧泽：恩泽，恩惠。⑨徒：只，仅仅。⑩《诗》：这里特指《诗经·大雅·假乐》。⑪愆（qiān）：过失，罪过。⑫率：遵循。⑬员：通"圆"。⑭揆（kuí）：准则，原则。⑮度：尺度，尺码。⑯完：这里指坚牢、牢固。⑰辟：开发，开辟。⑱《诗》：特指《诗经·大雅·板》。⑲蹶（jué）：这里是"动"的意思。⑳泄泄（yì）：多言，话多。㉑沓沓（tà）：多而重复。㉒非：诋毁，诽谤。

孟子说:"即使有离娄那样好的视力、公输子那样好的技巧,如果不用圆规和曲尺,也不能准确地画出方形和圆形;即使有师旷那样好的辨音能力,如果不用六律,也不能校正五音;即使有尧舜那样的高明之道,如果不实施仁政,也不能治理好天下。如今有些诸侯,虽然有仁爱的心肠和仁爱的名声,但老百姓却享受不到他的恩泽,他的政治也不能成为后世效法的楷模,这是因为他没有实施前代圣王的仁政的缘故。所以说,光有好心,不足以治理国政;光有好办法,不足以使之自行实施起来。《诗经》上说:'不要偏差,不要遗忘,一切遵循原来的规章。'遵循前代圣王的法度而犯错误的,是从来没有过的。圣人既用尽了视力,又用了圆规、曲尺、水准、绳墨等,来制作方的、圆的、平的、

直的东西,那么那些东西便用之不尽了;圣人既用尽了听力,又用了六律来校正五音,那么各种音阶也就运用无穷了;圣人既用尽了脑力,又施行不忍人的仁政,那么他的仁爱之德便覆盖于天下了。所以说,筑高台一定要凭借山陵,挖深池一定要凭借山沟沼泽。如果管理政治不凭借前代圣王之道,那么能说得上明智吗?所以只有仁慈的人才应该居于统治地位。如果不仁慈的人占据了统治地位,就会把他的恶行败德传播给老百姓。在上位的人没有道德规范,在下位的人没有法规制度,朝廷不相信道义,工匠不相信尺度,官吏触犯道德义理,百姓触犯刑律,如此下去,国家还能存续就真是太侥幸了。所以说,城墙不坚固,武器不充足,这不是国家的灾难;田野没有开辟,物资不充裕,这不是国家的祸害。如果在

上位的人没有礼义，在下位的人没有受教育，违法乱纪的人越来越多，那么国家的灭亡也就快了。《诗经》上说：'上天正在降骚乱，群臣不要多嘴又多言。'多嘴多言就是说话啰里啰唆。侍奉国君不讲忠义，行为进退不讲礼仪，说话便诋毁前代圣王之道，这种人和啰里啰唆的人是一样的。所以说，用行仁政的高标准来要求君王就叫作'恭'，向君王出好主意而阻塞坏主意就叫作'敬'，认为自己的国君不能行仁政就叫作'贼'。"

解读

　　本章内容是孟子为了呼吁统治者效法先王实施仁政而展开的。首先，孟子在开篇就以"离娄之明"和"公输子之巧"为例，来说明"不以规矩，不能成方圆"。接着，孟子又以"师旷之聪"为例，来说明"不以六律，不能正五音"。这两个事例都说明了规矩、准则在任何时候、任何领域都是非常重要的。正是因为如此，孟子最后才强调"不以仁政，不能平治天下"，即要治理天下，就必须以"仁"作为行政的准则，提倡仁政。而仁政又是古代圣王的治国之道，所以孟子主张统治者要效法尧、舜、禹、商汤、周文王、周武王等先王实施仁政。只有以"先王之道"，即仁政，作为治国永恒的规矩和准则，百姓才能安居乐业，国君的仁德才会遍布天下。总之，孟子认为要以先王所主张的"仁政"作为治国的准则，强调规矩、准则的重要性。

　　孟子这里对于规矩的强调同样适合于我们现代社会。无规矩不成圆，国有国法，家有家规，无论是一个国家还是一个家庭，都必须有一个被共同遵守的制度或章程，来约束人们的行为。只有这样，国家才会安定，家庭才会和谐。生活中，规矩占有十分重要的地位，正是因为有了这些规矩，我们大家才有了安全的保障。举一个十分简单的例子，十字路口正是因为有了红绿灯的指示，才保证了交通能够井然有序，车辆行驶能够畅通无阻，行人能够安全通行。如果没了红绿灯，行人横穿马路，车辆你不让我、我不让你，车祸就很容易发生。所以我们做任何事情都要有规矩、懂规矩、守规矩，否则后果将不堪设想。

本章中，为了实现仁政思想，孟子还提出"惟仁者宜在高位"的主张，即只有仁爱之人才适合作为国家的统治者，否则国家的统治权一旦被不仁的人掌握，那么势必会出现奸邪当道、残害忠良的局面，最终可能导致天下大乱。由此可见，选择一个有仁心、有才的领导者至关重要。只有一个德才兼备的领导者，才能带出好的队伍，才能引领团队走向美好的未来。我们常讲"上行下效"，领导者的行为举止、道德修养影响着周围的人，所以，孟子主张选举一个有德有才的仁人、贤人作为国家的统治者。这也启迪我们当代人，作为领导者、管理者，应该提升自身的内在修养，培养自己的领导才能，树立自己的良好形象，把自己打造成一个德才兼备的人。只有这样，才能更好地领导集体，为社会做出更大的贡献。

第三章

孟子曰："三代之得天下也以仁，其失天下也以不仁。国之所以废兴存亡者亦然。天子不仁，不保四海；诸侯不仁，不保社稷①；卿大夫不仁，不保宗庙②；士庶人不仁，不保四体。今恶死亡而乐不仁，是犹恶醉而强③酒。"

一三八

①社稷：社，指土神；稷，指谷神。古代国家都建立祭祀社和稷的神庙，后来也用"社稷"来指代"国家"。②宗庙：因为卿大夫先有采邑，然后才有宗庙，所以这里的宗庙指的是采邑（封地）。③强：勉强。

孟子说："夏、商、周三代获得天下是由于仁，失去天下是由于不仁。国家的兴盛、衰败、生存、灭亡也是由于同样的原因。天子如果不仁，就不能够保住天下；诸侯如果不仁，就不能够保住国家；卿大夫如果不仁，就不能够保住宗庙；士人和平民百姓如果不仁，就不能够保有自身。现在的人既害怕死亡，又喜欢做不仁义的事，这就好像害怕喝醉却又偏偏要拼命喝酒一样。"

　　"仁"是儒家思想的核心内容，孟子继承并发展了孔子的仁学思想，把"仁"看成是保家卫国、安身立命的根本。在本章中，孟子认为无论是天子、诸侯、卿大夫、士人还是平民百姓，都不能没有仁心，不能不讲仁爱，否则，天子不能保住天下，诸侯不能保住国家，卿大夫不能保住宗庙，士人和百姓不能保住自己的性命。可见，如果不仁，那么国家和个人都有可能灭亡。所以每个人都应该有仁心，讲仁爱，做仁义之事。"仁"固然很重要，但是，社会上还存在一些明明知道"仁"的重要性，却还做不仁义之事的人，孟子认为这些人的做法就好像是害怕自己喝醉却又拼命喝酒一样。孟子以此批判了当时社会上那些不实施仁政的统治者和不行仁义的平民百姓。

　　其实，从古到今，"恶死亡而乐不仁"的人数不胜数。秦始皇为了巩固自己的统治地位，实施暴政，不惜焚书坑儒，禁锢人们的思想，并且滥用民力，大兴土木，让百姓为他建陵墓、修长城，使得成千上万的人妻离子散，甚至命丧他乡。除此之外，秦始皇还加重百姓赋税，使百姓的生活处于水深火热之中。他的这种不讲仁爱、不实施仁政的行为最终导致秦朝在短短的十五年之后就灭亡了。秦始皇就是这种害怕失去统治地位，但却做着加快秦朝灭亡的不仁之事的人，即"恶死亡而乐不仁"的人。我们当代社会中也存在着这样的人，他们就像害怕死亡一样害怕失败，但在生活中却做着促使他们走向失败的不仁不义之事。例如，有些人害怕丢掉工作，却还整天自由散漫，不努力工作；有些人害怕蹲监狱，却还做着杀人放火的事；有些人害怕自家的生意不红火，却还做着缺斤少两的事，等等。这些不仁义的行为不仅不会让他们如愿以偿，而且往往事与愿违；不仅达不到他们想要的目的，甚至会背道而驰。所以，这就启示我们，要想实现理想，首先就应该像孟子所说的那样要有仁心，要讲仁爱，要做仁义之事。

第四章

原文

孟子曰："爱人不亲，反①其仁；治人不治，反其智②；礼人不答③，反其敬。行有不得者皆反求诸己，其身正而天下归之。《诗》④云：'永言配命，自求多福。'"

注释

①反：反问，反省。②智：通"知"。③答：回答，回应。④《诗》：这里特指《诗经·大雅·文王》。

译文

孟子说："爱别人，别人却不亲近你，那就应该反省自己的仁爱是不是不够；管理别人却管理得不好，那就应该反省自己的管理才智和知识是不是有问题；礼貌地对待别人，别人却不理睬你，那就应该反省自己是不是不够恭敬。凡是自己的行为得不到预期的效果，都应该反过来检查自己。自身行为端正了，天下的人自然就会归服。《诗经》上说：'永远与天命相配合，自己寻求更多的幸福。'"

解读

这一章着重强调反躬自问的重要性。孟子认为，不管做什么事，如果没有达到预期的目的，就应该反问自己是不是做得还不够好，不够好就及时改正过来，这样，人才能够完善自己的行为，从而得到自己想要的结果。所以，孟子指出，对于国家的政治来说，如果一个国君能够反躬自问、严于律己，使自己行为端正，那么天下的人就会归服，即"其身正而天下归之"。

反躬自问对一个人来说非常重要，因为在这种自我反省的过程中，人能够发现错误、改正错误，从而不断地完善自己。所以，我们每个人都要学会反躬自问，学会自我反省、自我反思。然而，现代社会中，很多人在面对问题时，总是找外在的客观原因，把责任推给别人，从不找自身的原因。在我们身边，有一些学生考试成绩不好，却认为是老师教得不好，而不去反思是不是自己上课没有认真听讲，是不是没有养成课前预习、课后复习的好习惯。同样，在社会上，有一些大学毕业生找不到工作，他们中的很多人认为是就业环境不好，企业要求过高，而不从自身找原因，不去反思是不是自己的能力不够强，是不是自己没有学到真本领。由此可见，如果我们不学会自我批评，遇到问题不反躬自问，那么就很难进步。曾子也说过"吾日三省吾身"，更何况我们呢！所以，我们只有严格要求自己，时时反省自身，才能在学习和生活的道路上战胜种种困难。

综上所述，孟子提出的反躬自问在今天仍具有十分重要的现实意义。在当代社会中，我们每一个人都应该严于律己、宽以待人，通过反省、反躬自问，不断提升自我，纠正言行中的缺失，这样才能更好地解决生活中所遇到的问题，更好地完善自我。

第五章

原文

孟子曰："人有恒言①，皆曰，'天下国家'。天下之本②在国，国之本在家，家之本在身。"

注释

①恒言：常言，经常说的话。②本：根本，基础。

译文

孟子说："人们有句口头语，都说'天下国家'。可见天下的根本是国，国的根本是家，家的根本是自身。"

解读

孟子的这个思想道出了中华民族"家国一体"的特点，其理论的来源是《大学》中的修身、齐家、治国、平天下。一个人如果修养很好，他就可以把自己的家庭和家族管理好。家庭、家族是社会的最小单位，是国家的缩影。一个能把自己家庭、家族管理好的人，才会有能力把国家治理好。一个能把自己国家治理好的人，才有可能让天下安定太平。可见，孟子在这里着重强调自我修养的重要性。

今天我们常说："没有国哪有家？没有家哪有我？"这似乎与孟子所说的路数恰恰相反，但其实只是出发点不同而已。我们今天面对利益，要求无私奉献，强调公而忘私，国而忘家，先国家后集体再个人，这是从国家利益和个人利益方面出发而言的。孟子则是从道德修养方面来强调，修身为本，先己后人，推己及人，从而达到治国平天下的目的。可见，虽然路数相反，但是最终的目的都是要求为他人、为集体、为国家做贡献。所以，孟子在本章中所表达的思想对于我们今天的社会仍然具有重要的启示意义。现代社会中，我们强调提高国民素质，提升社会的文明程度，因为一个国家要真正强大，提高国民素质必不可少。如何提高国民素质？就是要从个人出发，以个人带动他人，影响他人。一个家庭中，如果父母具有高尚的道德修养，那么孩子也会受到父母的影响，具有较高的道德品质。如果每个家庭的素质和修养都很高，那么整个国民素质就会提高。可见，从自身做起加强道德修养是至关重要的。生活中，我们常常会出入一些公共场合，公共场合会有一些不文明的现象，这些不文明的举止影响国民形象。所以，我们应该从自己做起，做一个文明的公民，不随地扔垃圾而不随地吐痰，不大声喧哗，不乱涂乱画……试想，如果我们自己在公共场合不随地扔垃圾而保持整洁的环境，那么其他人还好意思随地扔垃圾吗？如果我们自己在公共场所不大声喧哗而保持安静，那么其他人还好意思大声喧哗吗？所以，个人的道德修养会影响身边的人，就像连锁反应一样，个人影响集体，集体影响社会，社会影响国家。这也正是孟子强调自我修养的原因所在。

　　总之，人人都应该做好自己，提升自我修养。只有做好小我，才能成就大局；只有人人都做好小我，社会国家才能真正强大。

第八章

孟子曰："不仁者可与言哉？安其危而利其菑①，乐其所以亡者。不仁而可与言，则何亡国败家之有？有孺子歌曰：'沧浪②之水清兮，可以濯③我缨④；沧浪之水浊兮，可以濯我足。'孔子曰：'小子听之！清斯濯缨，浊斯濯足矣。自取之也。'夫人必自侮，然后人侮之；家必自毁，而后人毁之；国必自伐，而后人伐之。《太甲》⑤曰：'天作孽，犹可违⑥；自作孽，不可活。'此之谓也。"

注释

①菑（zāi）：同"灾"，指灾难，危险。②沧浪：河名，汉水的支流。③濯（zhuó）：洗。④缨（yīng）：系帽子的丝带。⑤《太甲》：《尚书》的篇名。⑥违：逃避，躲开。

译文

孟子说："对于那些不施仁爱的人，怎么可以去说服他们呢？他们看见别人陷于危险中却无动于衷，试图从别人的灾难中牟利，把导致家破国亡的事当作乐趣来追逐。如果可以说服不仁的人，那么怎么会有国破家亡的事发生呢？从前有个小孩子唱道：'沧浪的水清呀，可以洗我的帽缨；沧浪的水浊呀，可以洗我的脚。'孔子听了之后，说道：'弟子们听着！水清就被用来洗帽子，水浊就被用来洗脚，这都是水本身决定的。'所以，人必定是先有招致侮辱的言行，然后别人才会来侮辱他；家庭必定是先有招致毁坏的漏洞，然后别人才会来毁坏它；国家必定是先有招致讨伐的原因，然后别人才前来讨伐它。《尚书·太甲》说过：'上天降下的灾害还可以逃避；自己造成的罪孽可就无处可逃了。'说的就是这个意思。"

解读

在这一章中，孟子引用了一首古代儿歌。他认为水有清有浊，正是因为水自身的这种清与浊，决定了水有贵贱之分，决定了清水和浊水各有不同的用途——清水洗帽缨、浊水洗双脚。孟子由此认为人与水一样也有贵贱尊卑之分，而且人的贵贱尊卑也是由人自己的行为所造成的。比如，往往是因为你侮辱了别人，别人才会侮辱你。同样，一个家庭正是因为不和睦，"第三者"才会有机可乘；一个国家正是因为内部动乱，敌国才会趁机入侵。所有这些都说明无论是贵与贱、尊与卑、荣与辱，还是存与亡、祸与福，都不完全是由于别人的原因，很多时候往往是我们自己招致的。所以人应自尊，家应自睦，国应自强。

孟子这里想要告诉我们，小到个人、家庭，大到社会、国家，都应该学会从自身出发，注重内因，因为内因在事物发展过程中起决定性作用。现在社会上的影视明星受到观众们的喜爱，那是他优秀的演技和良好的声誉所决定的。但是如果他做出了违反道德、违反法律的事，那么他在观众心中的印象就会一落千丈，观众就会排斥他个人以及他演的电影、电视剧，甚至他自己的演艺生涯也会就此结束，而这一切都是演员自己一手造成的。成功在于自己，失败也在于自己。同样，一个企业的兴衰与企业自身息息相关。今天我们时常会听到某企业因制造假冒伪劣产品而被责令停止生产销售，或者某知名企业因经营不善、管理混乱而宣布破产，等等，这些企业的衰败完全是咎由自取。所以，作为个人，要做好自己，这样才能受到别人的尊重；作为集体，要把握自身内部情况，杜绝不利于发展的因素乘虚而入，这样才不会导致衰败。

第九章

孟子曰："桀纣之失天下也，失其民也；失其民者，失其心也。得天下有道：得其民，斯得天下矣；得其民有道：得其心，斯得民矣；得其心有道：所欲与①之聚之，所恶勿施，尔也②。民之归仁也，犹水之就下、兽之走圹③也。故为渊驱鱼者，獭④也；为丛驱爵⑤者，鹯⑥也；为汤武驱民者，桀与纣也。今天下之君有好仁者，则诸侯皆为之驱矣。虽欲无王，不可得已。今之欲王者，犹七年之病求三年之艾⑦也。苟为不畜，终身不得。苟不志于仁，终身忧辱，以陷于死亡。《诗》⑧云：'其何能淑⑨，载⑩胥⑪及⑫溺⑬。'此之谓也。"

①与：介词，意思是"为"。②尔也：如此而已，如此罢了。③圹（kuàng）：同"旷"，指旷野。④獭（tǎ）：吃鱼的哺乳动物。⑤爵：同"雀"。⑥鹯（zhān）：一种像鹞（yào）鹰的猛禽。⑦艾：一种可以用来治病的药草，针灸时常用。⑧《诗》：指《诗经·大雅·桑柔》篇。⑨淑：善，好。⑩载：句首语气助词，无义。⑪胥：相。⑫及：与。⑬溺：落水。

译文

孟子说："夏桀和殷纣两个暴君之所以失去天下，是因为他们失去了老百姓的支持；之所以失去老百姓的支持，是因为他们失去了民心。因此，取得天下有办法，即获得老百姓的支持，便可以获得天下；而获得老百姓的支持也有办法，即获得了民心，便可以获得老百姓的支持；同样，获得民心也有办法，即老百姓所希望的，就满足他们，老百姓所厌恶的，就不要强加在他们身上，如此而已。老百姓归服仁德，就像水往低处流、禽兽向旷野跑一样。所以，替深池赶来游鱼的是吃鱼的水獭；替丛林赶来飞鸟的是吃鸟雀的鹞鹰；替商汤、周武王赶来老百姓的是残害老百姓的夏桀和殷纣。当今之世，如果有哪位诸侯喜好仁德、实施仁政，那么其他诸侯都会替他把老百姓赶来。即使他不想统一天下，也会身不由己。但是现在那些希望统一天下的人，就像害了七年的病，需要用三年以上的陈艾来治疗一样，如果平常不栽培积蓄，那么一辈子都得不到。同样的道理，如果国君平常不立志于行仁政，那么他一辈子都会忧患受辱，以致陷入死亡的深渊。《诗经》上说：'那样怎么能把事办好，只不过到头来一起落水罢了。'也正是这个意思。"

解读

孟子又一次指出统治者要实施"仁政"。在这一章中，孟子认为实施仁政，必须满足百姓的合理需求，百姓所需要的尽力满足他们，百姓所反对的就不要去推行。用今天的话来讲就是要顺乎民意、改善民生，这样才可以获得民心。得民心者得天下，失民心者失天下，这里着重强调了"得民心"的重要性。如果天下诸侯中有哪位统治者实施仁政获得了民心，那么各国百姓都会不惜离开自己的国家，不远千里来归顺他，就好像是其他不实施仁政的诸侯把百姓赶到了他那里一样。所以，孟子认为不行仁政的国君就像是水獭"为渊驱鱼"、鹯鹰"为丛驱爵"一样，无形中把百姓驱赶到了其他国家，以致自己最终国破家亡。

在我们今天的现实生活中，"为渊驱鱼"、"为丛驱爵"的现象仍然存在。比如说优秀员工的"跳槽"，有时候是因为原来单位的领导不关心员工、不尊重员工、不信任员工而造成的，以致员工另谋高就，这等于是单位的领导主动把优秀的人才送给了其他单位。又比如说现代商家的竞争，有些商家销售假冒伪劣产品、无故抬高物价、服务态度恶劣，这样就在无形中把顾客驱赶到了其他的商家那里去了，不知不觉中为他人做了嫁衣，不仅没有留住顾客，反而帮了竞争对手的忙。这些人之所以会"为渊驱鱼"、"为丛驱爵"，其根本原因就在于不得人心。试想一下，如果一个企业领导赢得了员工的心，关心爱护员工，维护员工的合法权益，满足员工的个人需要，不仅让员工在工作中感受到尊重，而且让员工相信可以在目前的工作中实现他们的价值，那么优秀的员工怎么会轻易"跳槽"呢？如果一个商家赢得了顾客的心，销售物美价廉的产品，让顾客买得安心、用得放心，而且对待顾客就像对待上帝一样，那么顾客怎么会不回头光顾呢？所以，"得民心"在任何时候、任何地方都非常重要。只有民心不倒，我们才不会成为"为渊驱鱼"的水獭、"为丛驱爵"的鹯鹰。总之，在日常生活中，我们要关注民心，时刻提醒自己不做"为渊驱鱼"、"为丛驱爵"的事情。

第十章

原文

孟子曰:"自暴①者,不可与有言②也;自弃③者,不可与有为④也。言非⑤礼义,谓之自暴也;吾身不能居仁由义,谓之自弃也。仁,人之安宅也;义,人之正路也。旷安宅而弗居,舍正路而不由⑥,哀哉!"

注释

①暴:损害,糟蹋。②有言:有善言。③弃:抛弃。④有为:有所作为。⑤非:诋毁。⑥由:遵循,行走。

译文

孟子说:"自己糟蹋自己的人,不能和他说什么有价值的话;自己抛弃自己的人,不能和他有什么作为。张口就诋毁礼义,这便叫作自己糟蹋自己。自己认为不能居仁心、行正义,这便叫作自己抛弃自己。仁,是人类最安稳的精神住宅;义,是人类最正确的光明大道。空着最安稳的住宅不去住,舍弃最正确的大道不去走,这可真是悲哀啊!"

解读

什么是自暴自弃的人?孟子认为自己糟蹋自己、自己抛弃自己的人是自暴自弃的人。那么什么才算是自己糟蹋自己、自

一五一

己抛弃自己呢？孟子认为，那些张口就诋毁礼义，认为自己不能居仁心、走正路的人，就是自己糟蹋自己、自己抛弃自己。这样自暴自弃的人是非常可悲的，所以孟子主张要居仁由义，也就是说人要保存仁爱之心，做事要遵循义理。用今天的话来讲就是要有仁爱之心，做事情要符合道德和法律。孟子在这里把"仁"看成是人类精神最安稳的栖居之地，把"义"看成是人类最正确的光明大道，认为抛弃仁和义就是自暴自弃，只有居仁由义才能自强不息。

孟子在本章中讽刺那些自暴自弃的人，认为诋毁礼义、不行仁义就是自暴自弃。然而，随着时代的发展，我们可以将孟子所说的"自暴自弃"引申为自己不愿意学好而自卑自贱、自甘落后，甚至自甘堕落，这就是今天我们大家所理解的"自暴自弃"的意思。只不过我们今天使用这个成语时，多半指的是那些深受挫折之后不能重新振作起来的人。在我们现实的生活中，这种自暴自弃的人时常存在。他们在遇到困难时不求进取，自己瞧不起自己，甚至做出一些自己伤害自己的事情。我们经常会见到这样一些学生，他们曾经活泼开朗，学习优秀，积极上进，是班级里的尖子生，受到大多数同学的羡慕。但是一旦遇到挫折，比如学习成绩下降、三好学生评选失利、班干部评选失利、和同学的人际关系没处理好等，这些学生就开始失去自信，上课不集中注意力听讲，不愿意参加集体活动，经常独来独往，久而久之就开始否定自己，心里总认为"自己不行、什么都做不好"，甚至会出现自杀的倾向。还有一些学生开始游戏人生，沉迷于网络，从而逃避现实。这些都是我们常见的学生自暴自弃的表现，可见自暴自弃不仅可悲，更可怕。所以，在面对困难、面对挫折时，我们应该积极乐观，充满自信，勇往直前，不抛弃自己、不放弃自己。

　　本章中，孟子认为自暴自弃的人不仅言语不符合礼义，更重要的是不居仁由义。孟子之所以把不居仁由义作为自暴自弃的内涵之一，其原因就在于那些没有仁爱之心、不做仁义之事的人，往往最终会自己糟蹋自己的人生，自己毁掉自己的人生。举一个简单的例子，社会上的犯罪分子，就是因为做了伤害他人、违反法律的不仁义之事，所以最终受到了法律的严厉惩罚，这就等于是自己害了自己、自己毁了自己。所以，遇到挫折就后退而不作为，是自暴自弃；面对挫折而做坏事误入歧途，也是自暴自弃。由此可见，居仁由义对于那些自暴自弃的人来讲，具有十分重要的意义。

第十一章

原文

孟子曰:"道在迩①而求诸远,事在易而求诸难:人人亲其亲、长其长②,而天下平。"

注释

①迩(ěr):近。②亲其亲、长其长:前一个"亲"和"长"作动词,后一个"亲"和"长"作名词,宾语。

译文

孟子说:"本来很近的路,却偏偏要跑老远去找;本来很容易的事,却偏偏要往难处去做:其实,只要人人都亲近自己的亲人,尊敬自己的长辈,那么天下自然就可以太平。"

解读

在孟子看来,只要人人都从身边的事做起,爱自己的父母、兄弟、姐妹等亲人,尊敬自己的长辈,天下就会太平。孟子短短的几句话道出了儒家学说的核心内容:亲亲而仁民。那么什么是亲亲而仁民?就是说人首先要爱自己的亲人,即"亲其亲、长其长",然后再推己及人去爱其他人。孟子在《梁惠王上》中所说的"老吾老,以及人之老;幼吾幼,以及人之幼"这句话,其实就是"亲亲而仁民"思想的重要内涵。

孟子在这一章中以简短的话语，说明了一个深刻的道理：人不要舍近求远、舍易求难，而要从自己身边简单容易的事情做起。今天，我们仍然提倡人人从自我做起，从身边的小事做起，因为只有每个人都做好了身边的小事，社会上的大事才会得到解决。比如，生活中，如果我们每个人都从自己出发，遵守交通规则，不乱闯红绿灯，不酒后驾驶，那么社会上就不会常常出现交通事故。尽管我们只是做了自己力所能及的小事，但却杜绝了很多交通事故的发生。小事虽小，却给大家带来了平安。所以我们可以说小事并不小，平凡的事情并不平凡。然而，在现实中却有人好高骛远，因为事情太小、太简单而不愿意去做，然而他们却不知道其实能把小事做好也是一种成功，能把简单的事情做好就不简单。一个人要想成就一番伟业，就必须先从平凡、简单的事做起，从小事做起。

第十二章

原文

孟子曰："居下位而不获于上①，民不可得而治也。获于上有道②：不信③于友，弗获于上矣。信于友有道：事亲弗悦，弗信于友矣。悦亲有道：反身不诚，不悦于亲矣。诚身有道：不明乎善，不诚其身矣。是故，诚者天之道也，思诚④者人之道也。至诚而不动⑤者，未之有也；不诚，未有能动者也。"

注释

①获于上：得到上级的信任。②道：方法。③信：信任、诚信。④思诚：思，追求；诚，真诚。思诚就是追求真诚的意思。⑤动：感动。

译文

孟子说："身居下位的人，如果得不到上级的信任，就不可能治理好平民百姓。要得到上级的信任有方法，那就是要得到朋友的信任，若得不到朋友的信任，就得不到上级的信任。要得到朋友的信任有方法，那就是要使得父母开心，若侍奉父母而不能让父母高兴，就不能得到朋友的信任。要让父母高兴有方法，那就是自己要真诚，要诚心诚意，如果反躬自问，心意不真诚，那就不能使父母高兴。要使自己真诚也有办法，那就是要明白什么是善，若是不明白什么是善，也就不能使自己真诚了。所以，真诚是上天的原则，追求真诚是做人的原则。极端真诚而不能使别人感动的，这是天下从来没有过的事情；不真诚，就没有能够感动别人的。"

解读

"诚"是儒家思想的核心观念之一。儒家的经典著作，无论是《中庸》，还是《大学》，都极力强调"诚"、"诚意"的重要性。而《孟子》一书中也曾多次提到"诚"。本章中孟子就阐述了"诚"对于个人的重要性，他认为追求真诚是做人的基本原则，因为真诚是立身处世的根本所在，一个人如果没有了真诚，那么一切都无从谈起。

真诚如桥梁，它可以把人与人之间的心连起来，使人们相互沟通，交流感情，建立友谊，达成共识。也许正是因为这样，孟子才认为真诚可以取悦父母，取信于朋友和上级，最终取信于民。可见，真诚对一个人来说是多么重要。大家都知道《三国演义》中有个"三顾茅庐"的故事，故事大体是这样的：汉末，刘备听说诸葛亮很有学识，又有才能，就和关羽、张飞带着礼物去请诸葛亮出山辅佐他。恰巧诸葛亮这天出去了，刘备只得失望地回去。不久，刘备又和关羽、张飞冒着大风雪第二次去请，不料诸葛亮又出外闲游去了。张飞本不愿意再来，见诸葛亮不在家，就催着要回去。刘备只得留下一封信，表达自己对诸葛亮的敬佩和请他出山辅佐自己的意思。过了一些时候，刘备和关羽、张飞再去请诸葛亮，可是诸葛亮正在睡觉，刘备不敢惊动他，就让关羽、张飞在门外等候，自己在台阶下静静地站着。过了很长时间，诸葛亮才醒来，刘备就向他请教平定天下的办法，希望诸葛亮可以帮助他救民于水火。诸葛亮看刘备如此真诚，就答应帮助刘备。刘备真诚的态度打动了诸葛亮，正所谓"精诚所至，金石为开"。后来的故事大家都知道了，诸葛亮帮助刘备出谋划策，并且最终建立了蜀国大业。所以说，要想成就一番事业，需要有能人来帮助，而对待能人，我们应该表现出足够的真诚和信任，这样才能得到能人的帮助。

现实生活中，我们是否真诚地与人交往，是否真诚地对待他人，这值得我们反省。在这个物欲横流的社会中，很多人人前一套背后一套，打着"真诚"的牌子，却做着虚情假意的事情。比如，有的人在朋友面前故作真诚，表现出关心朋友、同情朋友遭遇的样子，但是当朋友离开之后，就开始说一些难听的话，表现出幸灾乐祸的样子，生活中也不诚心诚意帮助朋友。俗话说："路遥知马力，日久见人心。"和人相处彼此要真诚相待，唯有真诚才能持久，虚情假意也许可以骗过一时，但是迟早会被人识破。真诚是最高尚的美德，所以我们每个人都应该真诚地对待身边的一切人。

总之，孟子告诉我们，一个人要想在社会上安身立命，获得上级和下级的信任，就必须思诚。以诚待人接物，以诚处世，才能"悦亲"、"信于友"、"获于上"，这是做人的正道。

第十五章

原文

孟子曰："存^①乎人者，莫良于眸子^②。眸子不能掩其恶。胸中正，则眸子瞭^③焉；胸中不正，则眸子眊^④焉。听其言也，观其眸子，人焉廋^⑤哉?"

注释

①存：察，观察。②眸（móu）子：瞳子，泛指眼睛。③瞭（liǎo）：明。④眊（mào）：指眼睛昏暗不明。⑤廋（sōu）：隐藏，藏匿。

译文

孟子说："观察一个人，再没有比观察他的眼睛更好的了。眼睛不能掩盖一个人内心的邪恶。心胸正直，眼睛就明亮；心胸不正，眼睛就昏暗不明，躲躲闪闪。听一个人说话的时候，注意观察他的眼睛，那么这个人的善恶真伪又怎么能隐藏得了呢?"

解读

眼睛是心灵的窗户。善良的人，眼睛里闪烁着慈爱的光芒；卑鄙的人，眼睛里透露着邪恶的寒光；勇敢的人，眼睛里充满着执着和自信；懦弱的人，眼睛里流露着畏惧和胆怯。通过眼睛，我们可以看到一个人的内心世界。所以，孟子说观察一个人"莫良于眸子"。心胸正直的人，眼睛就清澈明亮；心胸不正的人，眼睛就昏暗不明。

我们常说"会说话的眼睛"，之所以说眼睛会说话，就是因为眼睛可以表达一个人的思想和情感，可以传达一个人丰富多彩的内心世界。尽管在科技高速发展的今天，很多人会运用现代的美容术去改变自己的眼睛，如割双眼皮、修眼眶、开眼角等，但是科技永远无法改变的是人的眼神。眼睛通过各种美容手段可大可小，而眼神却是无法修饰的。所以我们与其说眼睛是心灵的窗户，不如说眼神是心灵的窗户。眼神定，则心定；眼神游移，则心动。现实生活中，我们常常会通过一个人的眼神去了解或判断这个人。小时候，我们如果犯错误或者说谎话，父母就会说："看着我的眼睛。"从我们的眼神中，父母就会很容易判断出虚实。说谎话的小孩眼神不坚定，不敢看父母的眼睛，或者在看父母的眼睛时眼球转动，眼神游离。不仅如此，有经验的老师也会通过眼神来判断学生是在认真听讲、积极思考，还是在想一些与课堂无关的事情。不光是未成年的小孩、学生，即使是大人，他的眼神也难以遮掩住内心最真实的感情。人常说喜怒哀乐表于"颜"，其实准确地来讲是喜怒哀乐表于"眼"。生活中，有的人表面开心快乐，可是仔细观察他的眼睛，你会发现他的内心痛苦不堪，因为他的眼神中透露出忧郁和不快。可见，眼神是不会说谎的。一个人不管口若悬河还是沉默不语，也不管他表现出快乐还是忧伤，他的眼睛或者说眼神会告诉你一切，正所谓"观其眸子，人焉廋哉"。

我们通过观察别人的眼睛、洞察别人的眼神来了解他人的内心，同样，别人也会通过我们的眼睛来了解我们的内心。所以，我们应该保持一颗善良而真诚的心，否则无论你怎么掩饰自己，你的眼神最终都会出卖你。

第十六章

原文

孟子曰："恭者不侮①人，俭者不夺②人。侮夺人之君，惟恐不顺焉，恶③得为恭俭？恭俭岂可以声音笑貌为哉？"

注释

①侮：侮辱，欺侮。②夺：掠夺。③恶（wū）：哪，何，怎么。

译文

孟子说："真正恭敬的人不会欺侮别人，真正俭朴的人不会掠夺别人。那些欺侮、掠夺别人的国君，生怕别人不顺从他，怎么能够做到恭敬、俭朴呢？恭敬和俭朴这两种美德难道可以依靠好听的声音和笑脸强装出来吗？"

解读

这一章中，孟子批判了那些表面恭敬、俭朴，而实际却欺侮、掠夺百姓的国君。孟子认为真正恭敬的人是不会欺侮别人的，真正俭朴的人是不会掠夺别人的。然而，有些欺世盗名的国君却以恭敬的表面、节俭的外表作为掩饰，来欺骗和压榨老百姓，这种可耻的行径终会被百姓识破。因为孟子认为，恭敬和俭朴作为美德，是不能依靠声音笑貌强装出来的。总之，那些欺侮和掠夺百姓的国君根本不能做到真正的恭敬和俭朴。

恭敬和俭朴是中华民族的传统美德，然而，现代社会中却有很多人把这些传统美德作为获取功名利禄的手段。他们表面上对人恭恭敬敬，衣着简单朴素，而私底下却过着荒淫奢侈的生活。这些人往往试图通过这种伪装的恭敬和俭朴来欺骗、迷惑他人，想博取他人的好感和赞誉，或者想获得上级领导的赏识，从而获得升迁的机会。生活中这样的人很多，他们表面上艰苦朴素，实际上却贪污腐败，这种伪廉洁、假朴素迟早要被百姓看穿，因为伪装的道德可以骗得了一时，但骗不了一世。只有表里一致的廉洁和朴素，才会赢得百姓的认可和赞誉。

第十九章

　　孟子曰："事①，孰为大？事亲为大；守②，孰为大？守身为大。不失其身而能事其亲者，吾闻之矣；失其身而能事其亲者，吾未之闻也。孰不为事？事亲，事之本也；孰不为守？守身，守之本也。曾子养曾晳③，必有酒肉；将彻④，必请所与；问有余，必曰'有'。曾晳死，曾元⑤养曾子，必有酒肉；将彻，不请所与；问有余，曰'亡⑥矣'，将以复进⑦也。此所谓养口体者也。若曾子，则可谓养志⑧也。事亲若曾子者，可也。"

　　①事：侍奉，服侍。②守：守护。③曾晳（xī）：曾子的父亲。④彻：结束，完结。⑤曾元：曾子的儿子。⑥亡（wú）：古代通"无"，指没有。⑦进：奉上，呈上。⑧志：意向，意愿。

　　孟子说："侍奉谁最为重要？侍奉父母最为重要。守护什么东西最为重要？守护自身的节操最为重要。不丧失自身的节操而又能侍奉自己父母的人，我听说过；丧失自身的节操而又能侍奉自己父母的人，我从未听说过。

一六三

侍奉的事情都应该去做，但侍奉父母却是最根本的；守护的事情也都应该去做，但守护自身的节操是最根本的。从前曾子奉养他的父亲曾皙，每餐都必定有酒和肉，用完餐将要撤去时，曾子还要请示父亲把剩余的酒肉给谁吃。如果曾皙询问有没有多余的，曾子一定说：'有。'曾皙去世后，曾元奉养他的父亲曾子，每餐也必定有酒和肉，但是用完餐将要撤去时，并不请示曾子把剩余的酒肉给谁吃。如果曾子询问有没有多余的，曾元就说：'没有了。'实际上是要将剩余的酒肉下次再呈上给父亲吃，这叫作奉养父母的口腹和身体。只有像曾子那样，才可以叫作顺从了父母的意愿。侍奉父母能像曾子那样，就可以了。"

解读

　　古人为人处世，以忠孝仁义为准则，而孝则是忠、仁、义的基础。由此可见，孝是为人处世的基本准则，即百善孝为先，做人要以孝为本。孟子在本章继承了孔子的孝道思想，并把孝道概括为两个方面：一是坚守自身节操；二是真心奉养自己的父母，使他们身心愉快。首先，孟子认为侍奉自己的父母最为重要，但是只有守护自身节操的人才能侍奉自己的父母。孟子这里所说的节操可以理解为"善"，理解为仁义礼智信等道德准则。试想一下，一个本性不善良、行为不道德的人，怎么能好好地侍奉自己的父母？可见，守护自身的节操也是一种孝。其次，在本章中，孟子更为强调如何侍奉父母。在孟子看来，真正侍奉父母的人不仅要让父母吃饱、穿暖，更重要的是要顺从父母的意愿，让父母开心快乐。像曾元那样，只在衣食方面满足父母，算不上是孝顺；只有像曾子那样，既满足父母的衣食住行，又顺从父母正当合理合法的意愿，才是真正的孝顺。

赡养老人、孝敬父母一直以来都是人们所极力推崇的。因为孩子一出生，母亲就用甘甜的乳汁来哺育他，父亲就用温暖的双手来呵护他；等到孩子长大后，父母还要含辛茹苦地培育他，供他读书上学，直到完成学业。甚至在今天，父母还要力所能及地帮孩子买房、买车，操办婚事，养育儿女。父母对子女的这种爱可谓无私至极，是其他任何一种爱也无法相比较的。所以，孝敬父母是我们每个人义不容辞的责任。那么如何孝敬父母？正如孟子所说，孝敬父母不仅要满足父母的衣食住行等物质需要，还要满足父母的精神需要，让他们心情愉悦、开心快乐。现代社会中，有的人常常以工作忙为借口，每月只给父母几百块钱的零花钱，从不回家探望父母，这让年老的父母倍感孤独。所以有一些父母将儿女告上了法庭，希望儿女可以常回家看看。2012 年 8 月 13 日发布的新版"二十四孝"中就包括每周给父母打电话、节假日尽量与父母共度、对父母的爱要说出口、常跟父母做交心的沟通、陪父母拜访他们的老朋友，等等，可见让父母身心都愉快才能算得上真正的孝顺。然而，我们生活中有一些人，他们不但没有满足父母的精神需求，就连父母最基本的物质需求都不能满足。这些人只顾自己享乐，不管父母温饱。有的人把父母赶出家门，使父母无家可归，露宿街头；有的人在父母生病时不仅不侍奉在病床前，而且还拒绝承担父母的医疗费用；甚至有的人还虐待父母。这真是让人寒心啊！所以，我们应该反思自己，把孝作为一切德行的起点，作为立身处世的基本原则。

第二十一章

原文

孟子曰："有不虞①之誉②，有求全之毁③。"

注释

①虞：预料。②誉：称赞，赞美。③毁：诽谤，诋毁，说别人的坏话。

译文

孟子说："有意想不到的赞美，也有过分苛求的诋毁。"

解读

人生中难免会遇到意想不到的赞美或过分的诋毁，而这些赞美和诋毁都来自别人对你的评判。既然是别人对你的评判，那就不一定是客观的、公正的，甚至有的时候还会是黑白混淆、是非颠倒的，因为这种出乎意料的赞美和过分苛求的诋毁，常常带有强烈的个人偏见。既然如此，我们就没有必要因为这些过于偏激的赞美和诋毁而扰乱自己的内心。所以我们不难看出，孟子并不是想要告诉我们人生中会有出乎意料的赞美和诋毁，而是想要告诉我们在面对这些赞美和诋毁时，应该采取什么样的态度。毋庸置疑，当遇到那种对自己不客观、不公正的评判时，我们应该抱有"不必太在意"的态度。如果过于在意别人对自己不合理的评价，就容易失去理智，做出一些出格的事情。一般人听到赞美就高兴，听到诋毁、诽谤就生气，这是人之常情，但重要的是"不必太在意"。

在生活中，会有一些人过分地抬高你、赞美你；还会有一些人不怀好意地诋毁你、诽谤你、污蔑你。但是我们要保持一颗冷静的心，不能因为这些人不符合实际的言语而失去自我，否则也许你会掉进别人设置好的圈套之中。所以，要在流言蜚语中保持冷静，不要因为别人的赞美而得意忘形，也不要因为别人的诽谤而暴跳如雷。在古代，苏轼很喜欢和好朋友佛印谈论佛道。有一天，两人在一起打坐，苏轼就问佛印："你看我像什么？"佛印说："我看你像一尊佛。"苏轼听了很是得意，有点儿飘飘然。接着苏轼对佛印说："你知道我看你像什么吗？就像一坨牛粪。"佛印听后并没有生气，而是仍然静心打坐。回家后，苏轼向他的妹妹苏小妹炫耀这件事，苏小妹听完冷笑一声说："哥哥你的境界太低了，佛印心中有佛，所以看万物都是佛；而你心中只有牛粪，所以看别人也都是一坨牛粪。"这是个非常有趣的故事，从这个故事中我们可以看出，境界高的人在面对别人的诋毁时，通常都平静如水，以德报怨，不会生气，也不会翻脸，而是在人际交往中显得非常低调，不轻易对他人做出或褒或贬的评价。

现实生活中，我们身边的很多人往往太过于在意别人对自己的评价。比如，有的人会因为别人一句不好听的话晚上失眠；有的人会因为别人对自己的污蔑而委屈至极，独自悲伤；还有的人会因为别人的风言风语而陷入痛苦之中不能自拔，甚至自杀。这些人都是在用别人的错误来惩罚自己。我们不能控制别人的言语和行为，但是我们能控制自己的情绪，端正自己的心态，所以在面对别人不公正的言辞或行为时，我们不应该太在意，只有这样才能享受快乐的生活。

第二十二章

原文

孟子曰："人之易①其言也，无责②耳矣。"

注释

①易：轻易。②责：责任、责任心。

译文

孟子说："一个人说话随随便便，轻易许诺，这是不负责任的表现。"

解读

儒家一贯主张"慎于言"，即说话要小心谨慎，不能随随便便轻易就发表言论。如果一个人不经过仔细思考，什么话都轻易说出来，那么他说的话就很难让人相信，正所谓"轻诺必寡信"。说话随便是缺乏责任心、修养不成熟的表现，所以孟子认为这样的人是没有责任心的，不值得我们去相信。

随随便便说话容易伤害他人，所以我们说话做事要三思而后行，要对自己的所作所为负责任，避免说话的随意性。你无意中的一句话，可能会造成意想不到的影响。小时候，大家都听过"狼来了"的故事，故事中放羊的小孩正是因为随便说话，欺骗农夫，最终被狼咬死了。这个故事告诉我们，说话要诚实，否则既害人又害己。祸从口出，所以我们不能图一时之快，随便讲话。然而，在现代社会，有很多人没有经过深思熟虑就乱讲话，轻易下结论，往往造成严重的后果。比如，随着科学技术的不断发展，网络成为人们获取信息的主要平台，然而很多人开始利用网络随意发布言论，甚至散布谣言。有的人在网络上诽谤他人，败坏他人名誉；有的人随意编造地震、瘟疫等虚假信息，造成民众恐慌；有的人随意捏造，以致促发公共事件，影响社会稳定。这些网络谣言严重地威胁了正常的社会秩序，甚至损害了国家的形象。现在，我国明确立法，那些在网络上发布虚假信息、反社会言论的人，必须负相应的法律责任。所以，作为个人，要增强社会责任感，不捏造事实，不传播没有事实根据的流言蜚语，在说话之前，应该仔细考虑自己的言语是否有确凿的证据，是否会给他人和社会造成严重的损害。生活中，我们对待朋友和家人也不要随随便便，不假思索地讲一些难听、过激的话，因为这样也许会给家人和朋友造成难以抚平的伤害，最终让家人伤心难过，让朋友远离你。话一出口，如覆水难收，所以我们在说话的时候要谨慎，切记勿伤他人。

第二十三章

原文

孟子曰："人之患^①在好^②为人师。"

注释

①患：毛病。②好（hào）：喜欢，喜爱。

译文

孟子说："人的毛病就在于喜欢做别人的老师。"

解读

这一章中，孟子指出了有些人好为人师的毛病。好为人师用来形容那些不谦虚、自以为是、爱摆老资格的人。这些人总觉得自己高高在上，总以为自己什么都是对的，喜欢班门弄斧，喜欢对别人指手画脚，不乐于请教他人。人们往往不愿意与这种人交往，因为这种人常常是无知的，他们不懂装懂，所以在教训别人的时候总是误人子弟。

"人的毛病就在于喜欢做别人的老师。"孟子这句话道破了古今很多人的通病。在生活中，我们经常遇到一些好为人师的人，他们总喜欢指出别人这做得不合适、那做得过分了，似乎他什么都在行，对什么都可以说出个道理来。这些人总是摆出一副"万事通"的面孔来，其实是想要掩饰他们内心的无知和自卑。北京大学首任校长蔡元培先生曾经有过这样一件逸事：有一次，伦敦举行中国名画展，组委会派人去南京和上海，监督选取博物馆的名画，蔡先生与林语堂都参与了。法国汉学家伯希和自认为是一个中国通，在巡行观览时滔滔不绝。为了表示自己的内行，他对蔡先生说"这张宋画的绢色不错"、"那张徽宗鹅无疑是真品"，并评价画的墨色、印章等。在这个过程中，蔡先生只是客气地低声说："是的，是的。"林语堂后来在谈到这件事时感叹说："这是中国人的涵养，反映外国人卖弄的一幅绝妙图。"在这里，伯希和的卖弄就是一种骄傲自大、好为人师的表现。现代社会中也存在着这样好为人师的人，比如，有的人对于某个理论或某件事一知半解，但是却常常自以为是，总喜欢在别人面前炫耀自己知识的渊博。其实，有真才实学的人往往虚怀若谷，谦虚谨慎，因为他们懂得"学无止境"的道理。所以，生活中我们要学会做一个谦虚的人，只有谦虚才能增加我们的内在涵养，也只有谦虚才能让我们学到更多的知识，交到更多的朋友。

卷八　离娄章句下

本卷原文共三十三章，本书全选二十三章，节选一章。

第一章

⊰ 原文 ⊱

孟子曰："舜生于诸冯①，迁②于负夏③，卒于鸣条④，东夷⑤之人也。文王生于岐周⑥，卒于毕郢⑦，西夷⑧之人也。地之相去也，千有余里；世之相后也，千有余岁。得志行乎中国，若合符节⑨，先圣后圣，其揆⑩一也。"

⊰ 注释 ⊱

①诸冯：古地名，传说在今天的山东省菏泽市以南。②迁：迁移，徙居。③负夏：古地名，传说在今天的河南省濮阳市东南。④鸣条：古地名，传说在今天的山西省运城市。⑤东夷：泛指东方。⑥岐

周：古地名，在今天的陕西省岐山县东北。⑦毕郢（yǐng）：古地名，传说在今天的陕西省咸阳市附近。⑧西夷：泛指西方。⑨符节：中国古代用于传达命令、调兵遣将等的一种凭证，用时双方各执一半，合之以验真假，如虎符等。⑩揆

(kuí)：道理，准则。

译文

孟子说："舜出生在诸冯，后来迁居到负夏，最后死在鸣条，是东方人。周文王出生在岐周，最后死在毕郢，是西方人。东方和西方两地相距一千多里，舜和周文王所处的年代相距一千多年，但是他们得志后在中国所推行的仁政，就像符节吻合那样一致，所以说先代的圣人和后代的圣人，他们所遵循的准则都是一样的。"

解读

尽管时代和出生地不同，但是圣人的作为和做事的原则都是一致的，他们都遵循"仁"的原则，实行仁政。孟子认为虽然舜和周文王所居住的地方相距一千多里，所处的年代也相隔一千多年，但是他们在政治上都主张"以德服人"的"王道"，爱护百姓，推行仁政，反对"以力服人"的"霸道"。可见，任何地方、任何年代的圣人，他们治理国家所遵循的原则都是一样的。其实，孟子在这里是要告诉当时的统治者，如果想要像舜和周文王那样治理好国家，成为一代圣王，那么就必须推行和实施仁政。

孟子把仁政看成是永恒不变的真理，看成是治理任何国家都应该采取的方法。孟子的这段话也启发了我们，有些道理和准则并不会因为时间和空间的变化而黯然失色，所以是值得我们去学习和追求的。

孟子认为古代圣人和后代圣人遵循的准则是一样的，的确，无论是古代人还是现代人，中国人还是外国人，有些道德准则是大家都共同提倡和遵守的。比如，曾经有一位留学生在德国以优异的成绩毕业了。毕业以后，他去德国的大公司应聘工作。第一家公司拒绝了他，第二家公司拒绝了他，第三家公司还是拒绝了他。他一连找了二十多家大公司，结果没有一家肯接收他。他想：凭自己的文凭和优异成绩，找一家小公司应该没什么问题吧。但是，谁也没有想到，他找的一家小公司还是拒绝了他。这位留学生恼怒了，他对那家小公司的老板说："请您告诉我，你们为什么要拒绝我?"那位老板说："对不起，先生。我们从网上找到了一份关于您的记录。记录显示，您在德国留学期间乘坐公共汽车，曾经逃过三次票。"留学生吃惊地说："逃三次票算得了什么? 难道我的文凭还抵不过三次逃票吗?"德国老板郑重地说："是的，先生。我们知道您不缺文凭、不缺知识、不缺能力，但我们认为您缺了一样东西，正是您缺的这样东西，让我们德国人不敢聘用您。"这位留学生缺的正是诚实守信的品格。可见在西方国家，也同样认为诚信是优秀的品质，它不因为时间和空间的改变而有所改变。

　　总之，孟子想要告诉我们圣贤的准则都是一致的，所以启发我们每个人对于古往今来那些通用的准则和道理都应该努力遵循。

第二章

　　子产①听郑国之政，以其乘舆②济③人于溱洧④。孟子曰："惠⑤而不知为政。岁十一月，徒杠⑥成；十二月，舆梁⑦成，民未病⑧涉⑨也。君子平其政，行辟⑩人可也，焉得人人而济之？故为政者，每人而悦⑪之，日亦不足矣。"

　　①子产：名公孙侨，字子产，春秋时郑国的国相。②乘舆（yú）：指乘坐的车子。③济（jì）：帮助。④溱洧（Zhēn Wěi）：两条河水的名称，会合于河南新密。⑤惠：恩惠，好处。⑥徒杠：可供人徒步行走的小桥。⑦舆梁：能通车马的大桥。⑧病：忧虑，发愁。⑨涉：步行过水，指渡河。⑩辟：古代高级官员出行，有专人为他开道。所以，这里的辟指开辟、开道的意思。⑪悦：使愉快，这里指讨好。

　　子产主持郑国的政事时，曾经用自己乘的车去帮助人们渡过溱水和洧水。孟子听了之后却说道："这只是小恩小惠的行为，其实他并不懂得如何治理国政。如果他十一月修成供人们行走的小桥，十二月修成供车马行走的大桥，那么老百姓就不会再为渡河的事情而发愁了。在上

一七五

位的人只要把政事治理好，就是出门让人为他鸣锣开道都可以，怎么能够去帮助百姓一个一个地渡河呢？如果执政的人想要去讨得每个人的欢心，那么时间也就不够用了。"

　　子产曾经用自己的车帮助老百姓过河，一般人认为这是子产爱惜百姓之举，是一种值得称颂的美德。但在孟子看来，子产的所作所为治标不治本，并不能从根本上解决老百姓的过河问题。所以孟子从政治家的角度认为，想要解决百姓过河的烦恼，就必须为老百姓建造桥梁，这样才能一劳永逸地解决问题。由此可见，孟子是想要告诉执政者，治理国家应该从大局出发，从长远利益出发，为所有人着想，不能满足于解决眼前的困难，不能只取悦一部分人。小恩小惠帮得了一时，但帮不了一世，所以民生问题需要从根本上解决。从这个角度来看，孟子的观点很有道理。

　　孟子认为民生问题不能只治标不治本，其实，不光是民生问题，其他任何问题都需要从根本上去解决。只有从根本上解决了问题，才能彻底消除隐患。据说美国华盛顿广场有名的杰斐逊纪念大厦，因年深日久，墙面出现裂纹。为保护好这幢大厦，有关专家进行了专门研讨。最初大家认为损害建筑物表面的元凶是具有侵蚀性的酸雨。但是经过进一步研究，专家们发现墙体受侵蚀最直接的原因，是每天冲洗墙壁所含的清洁剂对建筑物有酸蚀作用。可是为什么要每天冲洗墙壁呢？是因为墙壁上每天都有大量的鸟粪。为什么会有那么多鸟粪呢？因为大厦周围聚集了很多燕子。为什么会有那么多燕子呢？因为墙上有很多燕子爱吃的蜘蛛。为什么会有那么多蜘蛛呢？因为大厦四周有蜘蛛喜欢吃的飞虫。为什么有这么多飞虫？因为飞虫在这里繁殖特别快。而飞虫在这里繁殖特别快的原因，是这里的尘埃最适宜飞虫繁殖。为什么这里的尘埃最适宜飞虫繁殖？其原因并不在尘埃，而是从窗子照射进来的强光对尘埃中的飞虫形成了独特的刺激，致使飞虫繁殖加快，因而有大量的飞虫聚集在此，超常繁殖。由此专家们发现解决问题的根本办法就是拉上整幢大厦的窗帘。此前专家们设计的一套套复杂而又详尽的维护方案也就毫无意义了。所以，从整体出发，寻找问题的症结所在，从根本上彻底解决问题，是非常重要的。

然而，对于现实生活中的很多问题，我们并没有从根本上去思考和解决。比如，很多中小学生看见自己的好朋友遇到不会做的作业题，为了不让好朋友被老师和家长批评，就把自己的作业给他抄，或者直接告诉他答案。这些方法是不正确的，也许可以暂时帮助朋友解决困难，但是从长远来看，这不仅不是帮助朋友，反而是在害朋友。所以想从根本上解决朋友的问题，就应该告诉他做题的方法和步骤，督促他上课好好听讲。所以，授人以鱼不如授人以渔，凡事都要从根本上寻找解决问题的方法。

第三章

孟子告齐宣王曰："君之视臣如手足，则臣视君如腹心；君之视臣如犬马，则臣视君如国人①；君之视臣如土芥②，则臣视君如寇仇③。"

王曰："礼，为旧君④有服⑤，何如斯可为服矣？"

曰："谏行言听，膏泽⑥下于民；有故而去，则君使人导之出疆，又先于其所往；去三年不反，然后收其田里⑦。此之谓三有礼焉。如此，则为之服矣。今也为臣，谏则不行，言则不听；膏泽不下于民；有故而去，则君搏执⑧之，又极⑨之于其所往；去之日，遂⑩收其田里。此之谓寇仇。寇仇，何服之有？"

注释

①国人：这里指路人，和自己不相干的人。②芥(jiè)：小草。③寇仇：指敌人、仇敌。④旧君：过去曾侍奉过的君主。⑤服：指穿丧服，服孝。⑥膏泽：恩惠。⑦田里：指禄田和住宅。

⑧搏执：捆绑，拘捕。⑨极：穷困，这里作使动用法，意思是使其处境极端困难。⑩遂：于是，就。

译文

孟子告诉齐宣王说："君主把臣下当作自己的手足，

一七八

臣下就会把君主当作自己的腹心；君主把臣下当作狗马，臣下就会把君主当作不相干的人；君主把臣下当作泥土草芥，臣下就会把君主当作仇敌。"

齐宣王说："礼制规定，已经离职的臣下也应该为过去的君主服孝。可是君主要怎样做才能使臣下为自己服孝呢？"

孟子回答说："臣下有劝谏，君主就应该接受，臣下有建议，君主就应该听从；把政治上的恩惠下达给老百姓。臣下如果有什么原因不得不离开国家，君主就打发人送他离开国境，并且派人事先到臣下要去的地方作一番安排布置。臣下离开了三年还不回来，君主才收回他的土地和房屋。这就叫作三有礼。这样做了，臣下就会为君主服孝。如今做臣下的，劝谏不被君主接受，建议不被君主采纳；政治上的恩惠到不了老百姓身上。臣下若有什么原因不得不离去，君主不仅把他捆绑起来，还想方设法使他在所去的地方穷困万分。臣下离开的当天，君主就收回他的土地和房屋。这种情况叫作仇敌。君臣之间像仇敌一样，臣下还会为这样的君主服孝吗？"

一七九

解读

建立融洽和谐的君臣关系，对治国安邦至关重要，所以孟子在本章中着重阐述了君臣关系。孟子认为，君主只有把臣民当作自己的兄弟手足，臣民才会投桃报李，对君主死心塌地，竭尽全力地辅佐君主，正所谓"君使臣以礼，臣事君以忠"。如若不然，臣民就会以牙还牙，视君主为陌路人，甚至仇敌。在孟子看来，君与臣虽有上下尊卑之分，但是在人格上是平等的。所以，君臣之间应该相互尊重，你敬我一尺，我敬你一丈，这样才能形成良好的君臣关系。

孟子的君臣关系理论对于我们今天处理上下级之间的关系具有重要的指导意义。比如，在现代企业中，如果企业领导把员工当作自己的朋友，尊重员工，关心爱护员工，当员工遇到困难时积极地帮助员工，那么员工也会对领导推心置腹、忠心不贰，对公司不离不弃、死心塌地。相反，如果企业领导把员工当作给自己打工的仆人，不尊重员工，不平等地对待员工，对员工呼来喝去，让员工为他当牛做马，那么即使给员工再高的工资，员工也不会真心诚意地为领导做事，甚至还会像孟子所说的那样把领导当作"仇敌"，出卖领导、出卖公司。"一个篱笆三个桩，一个好汉三个帮。"一个人即使是天才，也不可能样样精通。所以企业领导想要完成自己的事业，就必须有员工的支持和帮助。想要获得员工的帮助，领导就必须把员工当作自己事业上的伙伴和朋友，而非仆人、佣人。只有这样，员工才会尽心尽力为你工作，才会在关键时刻助你一臂之力。可见，良好的上下级关系是一笔巨大的投资，它有助于你取得成功。

第六章

孟子曰："非礼之礼，非义之义，大人①弗为。"

①大人：旧时指地位高的官长，这里指有德行的人。

孟子说："不符合规矩的礼，不符合道义的义，有德行的人是不会去做的。"

儒家一直主张人的行为要符合"礼"和"义"，但是对于那些不合乎规矩的"礼"和不符合道义的"义"，君子是不会去做的。所以，孟子认为真正有德行的人是不会做那些"非礼之礼，非义之义"的事情的。

在儒家的思想中，无论是"礼"还是"义"，都必须以"仁"为前提，离开了"仁"的"礼"和"义"都是伪礼、伪义。真正意义上的"礼"是为了调节人与人之间的关系而形成的行为规范，有了"礼"，可以使人们形成良好的人际关系，可以促进社会的安定和谐。但是如果因"礼"而破坏了人们的正常生活，并没有起到良好的社会作用，那么这就是"非礼之礼"。比如，尊敬老人、爱护老人是中华民族的传统道德和礼仪，节日里慰问敬老院的老人，给敬老院的老人洗脚、洗头发、剪指甲，这本应该值得肯定和鼓励。但是，如果一个节日里，老人被迫一天中要洗脚七八次、梳头几十次、头发剪了又剪，那么这种对老人的慰问就变成作秀和骚扰。本来是想为老人献上一份爱心，表达一份敬意，但是却忽略了老人的想法和需求，导致所献的爱心和所需要的爱心不能完全对接，并没有达到理想的效果，这就是"非礼之礼"的行为。再比如，每年的3月5日是学雷锋日，有的学生为了做好事，就把并不打算过马路的老人搀扶到了马路对面，让老人哭笑不得，这也是"非礼之礼"的行为。关于"非义之义"，现实生活中的例子比比皆是。比如，当朋友遇到困难的时候，挺身而出帮助朋友，这是讲义气的表现，是值得称赞的。但是如果有些人没有原则地帮助朋友，不顾后果地迎合朋友的不正当需求，帮助朋友骗人、打架，那么这种义气就是一种无知和盲从，这种"义"就是"非义之义"，与现代文明社会极不相容。所以不讲原则、不讲正义的"义"，并不是真正意义上的"义"。

第七章

孟子曰："中①也养②不中，才③也养不才，故人乐有贤父兄也。如中也弃不中，才也弃不才，则贤、不肖④之相去，其间不能以寸。"

①中：指无过无不及的中庸之道，这里指品德好的人。②养：培养，熏陶，教育。③才：才能，能力，这里指有才能的人。④不肖：不贤。

孟子说："品德修养好的人教育熏陶品德修养不好的人，有才能的人教育熏陶没有才能的人，所以人人都喜欢有好的父亲和兄长。如果品德修养好的人抛弃品德修养不好的人，有才能的人抛弃没有才能的人，那么，所谓好与不好之间的差别，也就相近得不能用寸来计量了。"

这一章中，孟子认为每个人都有教育、熏陶他人的义务，特别是品德修养好、有才能的人更要有高度的社会责任心，帮助那些品德修养较差、无才能的人，使他们从无德变有德，从

一八三

无知变有知。贤者为师，团结大家一起进步；能者为师，帮助大家共同提高。但是，如果品德修养好、有才能的人，抛弃那些品德修养不好、无才能的人，那么所谓好与不好、有德与无德也就没有多大差别了，因为一个不愿意帮助他人进步的人，也不能算是一个真正有德行、有才能的人。可见，孟子在这里批评了那些拒绝帮助他人改正错误、拒绝熏陶和教育他人的人。

孟子主张德才兼备的人去教育熏陶他人，帮助他人提高道德修养和知识水平。今天，我们同样也提倡有道德、有知识、有文化的人去培养和教育他人。比如，近年来全国各地制定不同的优惠政策，鼓励优秀的高校毕业生到农村偏远地区支教，帮助贫困地区的学生学习科学文化知识，提高思想道德水平，使他们能够用知识武装自己，不断提升能力，助自己的家乡早日脱离贫困。这种愿意以自己的知识文化去熏陶、教育、帮助他人的人，是值得我们敬佩的，因为这体现了一个人高尚的道德情操和高度的社会责任心。帮助教育他人是每一个人的义务，然而，在我们的现实生活中还有一些人不乐于帮助他人。比如，有的学生在班级里的学习成绩很好，但是他怕耽误自己的学习时间，并不愿意去帮助其他同学共同进步，所以看见同学写错字、做错题，也不指出来，任由同学出现错误，这样的学生学习再好也不能算是一个优秀的学生。所以你优秀，就应该帮助他人改正错误，使他人也变得优秀，这样你才能够更加优秀。否则，就像孟子所说的那样，"贤"与"不肖"之间没有多大差别，优秀与不优秀几乎是一样的。

所以，德才兼备的人要承担起教育他人的责任，要诲人不倦，帮助他人进步，这样才能成为一个真正意义上的德才兼备的人。

第八章

孟子曰：“人有不为也，而后可以有为。”

孟子说：“人要有所不为，然后才能有所作为。”

　　人生短暂，转瞬即逝。一个人一辈子不可能什么都去做，这样既做不好，也做不了，所以想成功就必须有所选择。选择其实就意味着放弃，只有放弃一些事情，才能更好地做另一些事情，这就是孟子所说的有所不为才能有所作为。“不为”是为了有所“作为”，每个人的一天都只有 24 小时，每个人的寿命也都不是无限的，所以成大事者一定要懂得选择和取舍，放弃一些不该做的、不值得做的事情，把更多的时间和精力放在该做的、有意义的事情上，只有这样才能大有作为。

　　鱼和熊掌不可兼得，所以人生中首先要学会选择，要学会放弃，否则将一无所获。《聊斋志异》中有这样一则故事：两个牧童进入了深山，发现了两只小狼崽，于是他们俩各抱了一只，但又害怕老狼寻来，于是两人抱着小狼崽分别爬上了两棵大树，这两棵树相距数十步。一会儿，老狼便来寻找小狼崽，一个牧童在树上掐小狼的耳朵，弄得小狼嗷嗷叫，老狼听见声音后就跑了过去。看见树上的小狼，老狼气得在树下乱抓乱咬。此时，另一棵树上的牧童拧了小狼的大腿，使得这只小狼也连声嗷叫，老狼听见后又跑了过去。这样，反反复复，老狼不停地奔波于两棵树之间，终于累得气绝身亡。可见，想要做到两全其美往往是很难的，所以要学会放弃，不放弃就意味着不选择，不选择就意味着无法兼顾。现实生活中我们也常常面临着选择，这时我们要权衡轻重，弄清楚自己到底想要什么，然后学会放弃，因为放弃是为了更多地获得。同样，"不为"是为了更好地"作为"，放弃了这一件事是为了更好地做那一件事。比如，世界著名的歌唱家帕瓦罗蒂回顾自己的成功之路时，讲过这样一个故事。他小的时候很喜欢唱歌，但同时也是一所师范类院校的高材生。毕业时，他很苦恼，他既想唱歌又想当一名教师，这两者都是他喜欢做的事情，于是他想边做教师边用业余的时间唱歌。但是他的父亲说："孩子，如果你想同时坐两把椅子，你只会掉在椅子中间的地上，你必须学会放弃一把椅子。"帕瓦罗蒂于是为自己选择了一把"椅子"，那就是唱歌。正是因为帕瓦罗蒂放弃了做教师，他才有更多的精力和时间去唱歌，最终成为世界著名的歌唱家。后来，帕瓦罗蒂在回忆时说："选择和放弃是一件痛苦的事情，但却是成功的前提。"所以，成功者往往专注于某一件事，如果什么事情都去做，那么必然会陷入忙忙碌碌之中，最终什么事也做不好。

总之，一个人的精力是有限的，有所为就有所不为，而"不为"是为了更好地"作为"。但凡想成就一番事业的人，都应该懂得这个道理，有舍才会有得。

第九章

原文

孟子曰:"言人之不善,当如后患何?"

译文

孟子说:"说别人的坏 | 话,由此引起的后患该怎么办呢?"

解读

"谁人背后无人说,谁人背后不说人?"每个人多多少少都会有在背后议论他人的时候,只是有的人在背后说人好话,有的人在背后说人坏话。但无论如何,有一点是肯定的,那就是专门在背后说他人坏话、揭他人之短的"长舌头"或"大嘴巴",是绝对不受大家欢迎的。这些人喜欢说东家长、道西家短,以窥探他人隐私为快,以暗箭伤人为乐,常常穿梭在人群中搬弄是非,破坏正常的人际关系,所以这些人往往也是孟子批判的对象。

背后乱嚼舌根,说他人坏话,往往会让朋友不信任你、远离你、厌恶你,甚至有的时候你还要付出沉重的代价,这也许就是孟子所说的"后患"吧。有些"后患"可以弥补,有些"后患"永远也弥补不了。2010年4月28日上午11时,英国首相布朗去英格兰的一个小镇为竞选拉选票,助手安排首相与66岁的老太太杜菲见面。杜菲是一位工党坚定的支持者,她见到首相时异常兴奋，于是向自己的偶像提问了几个比较尖锐的问题。面对提问，布朗都笑容可掬地一一作了回答，杜菲对此非常满意。布朗在活动结束后离开现场，在车上对他的助手抱怨说："我想知道这是谁的主意，让我和这样一个老女人进行对话？这简直就是一场灾难，这个老女人问的每一个问题都让我感到她是个偏执狂，让我听了浑身起鸡皮疙瘩。"然而，令布朗没想到的是，他说这些话时，竟忘了关闭身上佩戴的电视直播麦克风，这些话都被原原本本地记录下来并直播了出去。杜菲听后非常生气，她愤怒地说："我感到非常难过，我强烈要求首相道歉。"后来，布朗以最快速度去了杜菲老太太的家，和老太太闭门进行了长达 45 分钟的私人会谈。会谈结束后，布朗又在电台向杜菲和民众道了歉。虽然布朗做了最大的努力来补救，但是杜菲还是坚持："这次我原本已经填好了给工党的选票，但现在我将放弃投票。无论布朗胜败，我都毫不在乎。"结果可想而知，在最终的选举结果中，布朗领导的工党败给了竞选对手。虽然这不是布朗政府下台的根本原因，但这件事对布朗政府的下台起到了推波助澜的作用。由此可见，背后说人坏话往往可能造成不可挽回的后果。

现实生活中，有些人就喜欢背后说人坏话，常常在朋友面前添油加醋地议论别人的缺点，谈论别人的家事，甚至谩骂别人。这些人往往交不到好朋友，因为大家都害怕自己成为这种人背后议论的对象，从而对其退避三舍。中国有句俗话："宁在人前骂人，不在人后说人。"这个意思就是说，别人有缺点、有不足之处，你可以当面指出，令他改正，但是千万不要在背后乱说人坏话。这样的人，不仅会令被说者讨厌，同样也会令听者讨厌。所以，做人切忌背后说人坏话！

第十章

原文

孟子曰："仲尼不为已甚者。"

译文　　　的事情。"

孟子说："孔子不做过分

解读

　　君子不做过分的事情，凡事都适可而止，样样事情都处理得恰如其分，不偏不倚，这就是儒家的中庸之道。孟子认为儒家的代表人物孔子，就是中庸之道的践行者，所以他说"孔子不做过分的事情"。如果人在做任何事的时候都能够把握一个"度"，做到"刚刚好"，无过也无不及，那么距离圣贤的境界就不远了。

　　现实生活中我们常常会做出一些过分的事情，所以结果往往会事与愿违。大家都知道，在紧张的学习工作之余，锻炼身体是非常重要的，但是锻炼身体也要讲求一个度，不能过度地锻炼，否则不但起不到应有的作用，反而会对身体造成伤害。英国《心脏》（Heart）杂志公布了一项对 1 038 名心脏病患者进行的长达 10 年的追踪调查结果，证实了"过度锻炼不利于身体健康"这一观点。所以，我们应该遵循适度的原则，不能向来不参加锻炼，也不能违背科学的原则无限制地锻炼。"每天锻炼

一八九

一小时，健康工作一辈子。"其中蕴含的就有适度锻炼的道理。

儒家主张做事要把握分寸，坚持适中的原则，不能"过"，当然也不能"不及"，因为过犹不及，"过"和"不及"是一样的。成语"过犹不及"出自《论语》，关于这个成语还有一个小故事。春秋时期，孔子的学生子贡问孔子，他的同学子张和子夏哪个更贤明一些，孔子说："子张常常超过周礼的要求，子夏则常常达不到周礼的要求。"子贡又问："子张能超过周礼的要求，是不是好一些?"孔子回答说："超过和达不到的效果是一样的。"这就是"过犹不及"的典故。在现实生活中，过犹不及的例子很多。比如，炒菜的时候，盐如果放少了，菜的味道就会很淡，不可口；但盐如果放多了，菜的味道就会很咸，又苦又涩，同样也不可口。盐不管是多是少，都不能使菜的味道有滋有味，所以盐放多放少是一样的。再比如，我们吃饭的时候，吃多了胃很撑，吃少了又感觉饿，吃多吃少我们都不舒服。所以事情做过了头，就像做得不够一样，都达不到预期的目的。这就要求我们在做事的时候一定要注意分寸，掌握火候。

第十一章

孟子曰："大人者，言不必信，行不必果，惟义所在。"

孟子说："有德行的人说话不拘泥于守信，行为不拘泥于果敢，关键在于合乎道义。"

　　儒家主张"言必信，行必果"，即说话要讲信用，行为要贯彻始终；但同时又告诉我们不能不分青红皂白地一味坚持"言必信，行必果"，因为有些"言"和"行"是不符合道义的。比如，在威胁之下，你承诺和他人一起去偷盗抢劫，那么你真的会信守这个承诺吗？显然这件事情是违法犯罪的，不符合道义，所以我们没有必要去信守承诺，也可以不讲信用，可以不去履行这个诺言。此时，我们不守信用并不是违背道义，而恰恰是符合大道、大义。正是因为如此，孟子才说"大人者，言不必信，行不必果，惟义所在"。

　　君子的行为准则是义，言行之间以"义"为标准。如果自己将要履行的诺言和将要实施的行动不符合道义，那么"言不必信，行不必果"。现实生活中，承诺答应的时间和落实的时间之间往往有一个时间差。比如，周一答应了周六做什么事，承诺是在周六落实的，但是世事多变，从周一到周六之间的时间里可以发生很多事情，这中间可能会出现一些问题，使得原来的诺言不符合道义。国学大师傅佩荣先生曾经举了一个经典的事例，他说：如果我最近买了一把猎枪要打猎，一个好朋友说要借我这把猎枪下个月也想出去打猎，我答应了。但是，这一个月内，这个好朋友得了抑郁症，有自杀的倾向。一个月之后，朋友来向我借猎枪，这时候我能守信用吗？我告诉他："很抱歉，猎枪坏了，就是不借，因为我知道你有抑郁症，可能自杀。"这个时候我如果说："我才不管呢，言必信，我说话一定要守信用，我答应借给你猎枪，要不要死是你家的事。"那这算什么朋友呢？傅佩荣先生所讲的这个事例就说明，不是任何时候我们都应该讲信用，如果失信于人可以救人，我们又何乐而不为呢？一切都要以道义为标准，这才是儒家智慧的真谛所在。

　　守信要以"义"为准则，不以"义"为准则的"信"是伪信。所以我们应该把"义"作为一切行为的出发点，学会灵活变通，不要为了守信而守信，不要因为一味地信守承诺，而失去道义。总之，违背了道义的"信"是不值得我们去坚守的。

第十二章

原文

孟子曰："大人者，不失其赤子①之心者也。"

注释

①赤子：婴儿。

译文

孟子说："有德行的人，就是那种没有失去婴儿般天真纯朴之心的人。"

解读

孟子之所以认为有德行的人不失赤子之心，童心未泯，是因为赤子之心纯真不伪，简单善良，不失赤子之心就是说要保持人性中最初的善良、真实、率直。所以孟子在这里想要告诉我们，人要永远保持一颗婴儿般的纯朴之心来面对生活，不能因为外界不利因素的影响而失去原来善良、纯真的本性。

小孩的心是单纯的、天真无邪的，他们开心就笑，伤心就哭，没有任何的做作和虚伪，永远保持着坦率自然的样子。他们的世界纯洁得没有任何杂质，干净得没有任何污染。所以天真烂漫的他们，从来都不会带着任何"有色眼镜"去看世界。在他们的思想中，真就是真，假就是假。想必很多人读过安徒生《皇帝的新衣》这篇童话，童话主要讲一个皇帝特别爱穿新衣服。一天宫中来了两个高明的骗子对国王说："我们可以织出世界上最漂亮的衣服，但这件衣服只有聪明的人才能看见，愚蠢的人是看不见的。"皇帝、大臣、百姓都害怕被别人认为是愚蠢的人，所以都违心地称赞这件新衣服很漂亮，只有一个小孩站出来说："皇帝什么也没有穿呀！"这则童话简单而又深刻，它告诉我们，人不应该被虚荣蒙蔽了双眼，而应该像小孩一样保持一颗纯洁、真诚的心，做一个诚实的人。只有不失赤子之心的人，才能做到真诚、善良、率直。然而，在物欲膨胀的现代社会，很多人受到外在世界一些不良的影响，变得爱慕虚荣、急功近利，甚至为了自己的私欲做一些伤天害理的事情，从而丧失了原本纯真而善良的心。比如，有的成年人在事实面前，为了自己的利益，不惜讲假话，作伪证；有的成年人没有怜悯之心，看见他人受害，不愿意出手帮忙；还有的成年人为了自己的虚荣心，不惜一切代价，甚至杀人抢劫，最终走上了邪恶之路；等等。这些失去赤子之心的人变得虚伪、狡诈、邪恶，并不是孟子所说的有德行之人。"人之初，性本善"，真正有德行、有赤子之心的人，一定是保持人类善良本性的人。

俗话说，利欲熏心心渐黑，所以我们必须时不时地给我们的心灵大扫除，清除那些玷污心灵的尘埃，时刻反省自己是不是还保持着一份未泯的童真，是不是还保持着一颗纯真而善良的赤子之心。

第十四章

原文

孟子曰："君子深造①之以道②，欲其自得③之也。自得之，则居之安④；居之安，则资⑤之深；资之深，则取之左右逢其原⑥，故君子欲其自得之也。"

注释

①深造：进一步学习以达到更深的程度，达到精深的境地。②道：方法。③自得：自己有所体会，有所收获。④居之安：这里指掌握学问牢固而不动摇。⑤资：积累。⑥原：同"源"。

译文

孟子说："君子遵循正确的方法来得到高深的造诣，是希望自己有所收获、有所体会。若自己有所收获，就能够掌握得牢固；掌握得牢固，就能够积累深厚；积累深厚，用起来就能够得心应手、左右逢源，所以，君子总是希望自己有所收获。"

解读

孟子认为君子往往是遵循正确的方法来提高自身修养、获得高深造诣的人。而这个正确的方法就是"自得"，即自己真正地有所收获、有所体会。用我们今天的话来讲，"自得"实际上就是"自觉"。在孟子看来，提高道德修养关键靠自觉，只有自觉学习、自觉体验，才能真正掌握精华。日积月累之后，就可以运用自如，真正有所提升。

当今社会，非常流行深造，比如，出国深造、参加继续教育等。但是很多人出国深造是为了随大流，把出国看成一种时尚，把深造看成一种获取功名利禄、满足虚荣心的手段，最终只获得了曾经出国深造过的名分，实际上并没有学到真知识，使得深造流于形式，并没有实质的意义。而孟子所讲的深造，是靠自身的努力，真正有所得，而不是为了炫耀别人看。那些喜欢炫耀的人往往并没有获得实实在在的真功夫，没有学到真本领，展现给人们的只是一些华而不实的"花拳绣腿"。南郭先生"滥竽充数"的故事最能说明这一问题。战国时期，齐宣王喜欢听音乐，所以就组织了一支三百人的大型吹竽乐队。好吃懒做根本不会吹竽的南郭先生听了之后，就想办法混进了乐队，他不懂装懂，摇头晃脑，装出一副行家的样子，装模作样地在乐队里"吹奏"起来。可是好景不长，齐宣王驾崩，齐湣王继位。新王却喜欢听独奏，南郭先生听后吓得浑身发抖，连夜逃跑了。南郭先生就是那种喜欢炫耀给别人看，自己却一无所获的人。这些人没有真才实学，经不起严格的检验，所以当真相暴露时，就只能溜之大吉了。

现实生活中，像南郭先生这样的人不在少数，比如很简单的一个例子就是，学生在齐声背诵课文的时候，有的学生明明自己不会背诵，但嘴里却不知在说什么，装出一副能够熟练背诵的样子。这就是滥竽充数，不懂装懂。生活中，还有些人把自己装扮得有模有样，一副饱读诗书的样子，实际上就是什么也不懂的"大尾巴狼"。真金不怕火炼，只有通过"自得"掌握了牢固的知识，才不怕任何检验。所以，我们应该学会自得，自觉地学习真本领，以真才实学来提高自己的能力。俗话说"师父领进门，修行在个人"，学习重在个人的自觉努力。只有通过自己的亲身经历和亲身体验，才能学习到真正的知识，才能想学习、爱学习，真正地享受学习的乐趣。

第十五章

孟子曰："博学而详说①之，将以反说约②也。"

①说：解读，解释。②约：简明，简要。

孟子说："广博地学习，详尽地解读，目的在于融会贯通后回归到精辟简约的境界。"

孟子认为，人广泛地学习知识，详细地向他人解读、介绍知识，目的在于将复杂的东西变得简单易懂，回归到简约的境地。真理本来很简单，然而却有一些人为了炫耀自己学识渊博，故意将简单的道理说得越来越复杂、越来越深奥，这不是一个博学的人所为。真正博学的人举重若轻，能够把看似复杂的道理说得浅显易懂，让众人一听便理解其中的意思。所以，博学详说不是为了炫耀自己满腹经纶、学富五车，而是为了深入浅出，让人更容易理解自己的思想。博学详说只是手段，归于简约才是根本的目的。

现实生活中，有很多人在向别人解读某种知识的时候，为了表现自己博学多才，就在说话的过程中用一些艰涩难懂的词语，让听的人越听越糊涂，越听越不明白。语言的魅力在于它能够表达人们复杂的思想，如果不能用简单的语言表达复杂的东西，反而用复杂的语言去表达简单的东西，那么语言就失去了它原有的魅力。所以，我们需要用通俗易懂的语言去向大众表达最深刻的道理。比如，老师要用学生都听得懂的语言方式去向学生传授科学知识。如果一个老师用一些物理、化学方面的专业知识给小学生讲科学常识，使得小学生听得云里雾里，那么这个老师学识再渊博，也不能算是一个好老师。生活中，有的人就喜欢用一些华丽的辞藻来装饰自己的语言，故意让听者不明白他说的话，从而显示自己的才华。其实，真正饱读诗书的人，可以让任何层次的人都听懂他所说的话，都明白他想要表达的意思。所以，最难的不是说话让人听不懂，而是说话让人人都能听懂，或者说最难的不是简单的东西复杂化，而是复杂的东西简单化。

总之，绚烂至极归于平淡，博学详说归于简约，我们说话的时候应该言简意赅，不故弄玄虚，不卖弄文采，学会用简单的语言表达深刻的思想。

第十七章

孟子曰:"言无实不祥①。不祥之实,蔽②贤者当之。"

①不祥:不好。②蔽:遮掩,埋没。

孟子说:"言谈不真实可靠是很不好的。这种不好的后果,将由那些埋没贤才的人来承担。"

孟子认为那些妨碍贤人得到重用的人都是小人,他们往往用没有真凭实据的谣言来诽谤陷害贤人,使得贤人怀才不遇,不能将满腹才华应用于治理江山社稷。他们这种埋没贤才的做法,是很不好的,很不吉利的。最终,这些不好的后果,要由这些小人自己来承担。可见,"言"不但能反映个人的道德修养,而且还会影响到国家对人才的选拔。

孟子这里想要告诉我们,说话要谨慎,要真实可靠,不能空话连篇。否则,小则影响个人品德,大则危害国家社稷。现实生活中,人人都不喜欢那些说话没有事实依据、不可靠的人,也不愿意和这些人交往做朋友,更不愿意和这些人合作创事业。所以,"言无实"可以影响个人的人际关系，甚至影响个人的前途命运。现代社会上，有一些人为了博取他人的同情心，不惜胡编乱造自己的身世，企图以悲惨不堪的身世来骗取他人的同情和施舍。但是如果真相大白，那么还有谁愿意信任他，与他真心相待呢？近年来，社会上还有一些人为了成名，为了赚钱，自称是中医世家，是中国养生食疗专家，还大言不惭地在某些电视台做嘉宾，讲授养生秘诀，宣扬一些根本不符合事实，甚至违背科学的"养生"方法，通过骗取观众的信任来提高自己的知名度。等到事情败露后，这样的人只能身败名裂，受到广大观众的唾弃和憎恶。所以，说话不真实、不可靠，其结果是既伤害他人又伤害自己。

孟子所讲的那些埋没人才的人很可恨，他们往往捕风捉影，编造子虚乌有的事情来陷害有才能的人。他们的"言"可以称为"虚妄之言"，这些虚妄之言不是诋毁贤人的才能，就是掩盖自己的恶行。所以孟子认为这些人的言语，阻碍了国家选拔人才，危害很大。现代企业当中，就有很多人喜欢无中生有，嫉妒有才能的人，往往在领导面前编造一些不真实的事情来诬陷他人，使他人有才能而难以施展。这些"蔽贤者"的谗言往往是不可信的，他们不能尊贤使能，任贤为用，从而阻碍企业的发展。总之，任何时候我们都应该实事求是，说话要真实可靠，讲求真凭实据，不讲空话。

第十八章

徐子^①曰："仲尼亟^②称于水，曰：'水哉，水哉！'何取于水也？"

孟子曰："源泉混混^③，不舍昼夜，盈科^④而后进，放乎四海。有本者如是，是之取尔。苟为无本，七八月之间雨集，沟浍^⑤皆盈；其涸也，可立而待也。故声闻^⑥过情，君子耻之。"

注释

①徐子：孟子的学生徐辟。②亟（qì）：屡次。③混混：通"滚滚"，水势盛大的样子。④科：坎。⑤浍（kuài）：田间水沟。⑥声闻：名声，名誉。

译文

徐子说："孔子曾多次称赞水，说：'水啊！水啊！'他到底觉得水有什么可取之处呢？"

孟子说："水从源泉里滚滚涌出，日夜不停地流着，把低洼之处填满，然后又继续向前，一直流向大海。有本源的水就像这样永不枯竭，奔流不息，孔子所取的就是这一点。试想，如果水没有这种永不枯竭的本源，就会像那七八月间的暴雨一样，虽然也可以一下子灌满大小沟渠，但很快就会枯竭。所以，名声超过了实际，君子觉得可耻。"

二○一

　　孟子在本章中强调了有源之水的重要性，并以有源之水来比拟人的道德品质。他认为只有有源之水，才能不舍昼夜，奔流不息。而无源之水，就像暴雨一样即使在很短的时间内填满河沟，也只是一时的，很快就会枯竭干涸。如果一个人的名誉声望超过了实际情况，名不副实，那么就会如无源之水一般转瞬即逝。所以，人应该务本求实，应该像有源之水一样"盈科而后进"，不断进取，自强不息。

　　孟子称赞有源之水具有"盈科而后进"的品质，即流水在前进的过程中，遇到坑洼之处，填满之后继续向前，永不停息。这种脚踏实地、扎扎实实、循序渐进的品德，正是君子所应该效法的。这就告诉我们，无论是学习还是工作，都应该一步一个脚印，踏踏实实，不能只图虚名，只有这样才能取得真正的成功。玄奘是唐代的一位高僧，为了求取佛经原文，不惜万里跋涉，不畏艰难困苦，走了一个又一个国家，翻了一座又一座山头，终于到达印度佛教中心，取得真经，为佛教和人类进步做出了伟大的贡献。正是因为玄奘具有脚踏实地的精神，最终才能西行取经成功。然而，生活中有的年轻人总在幻想着有一天自己成为成功者，但是他们却忘记了迈开脚下的步伐，不懂得踏踏实实地努力奋斗，所以只能在原地幻想，不可能取得成功。也许有的人会在碌碌无为中一步登天、一夜成名，但那也只是昙花一现，不可能长久。因为不经过脚踏实地的奋斗，是不可能获得名副其实的成功的。所以我们应该踏踏实实地学习，兢兢业业地工作，"盈科而后进"，只有这样才能不断取得进步。

第十九章

孟子曰："人之所以异于禽兽者几希①，庶民去之，君子存之。舜明于庶物，察于人伦，由仁义行，非行仁义也。"

①几希：少，一点点。

孟子说："人和禽兽的差异就那么一点儿，一般人抛弃它，君子却保存它。舜明白事物的道理，了解人伦常情，于是遵照仁义之路而行，而不是把仁义作为工具、手段来使用。"

人与动物的区别是什么？孟子认为区别其实就那么一点儿，可是这一点儿是什么？在本章中他并没有明确说明。但是，在《孟子·滕文公上》中，他曾说："人之有道也，饱食、暖衣、逸居而无教，则近于禽兽。"也就是说，人如果仅仅吃饱了，穿暖了，住得安逸了，但没有教化，那就和禽兽差不多。所以，我们知道了人和动物的区别是能否接受教育。可是这个教育到底教什么？接着孟子便说，圣人"教以人伦：父子有亲，君臣有义，夫妇有别，长幼有叙，朋友有信"，即教人懂得人伦道

二〇三

德，懂得父子之间要有骨肉之亲，君臣之间要有礼义之道，夫妻之间要有内外之别，老少之间要有尊卑之序，朋友之间要有诚信之德等。可见，在孟子看来，人与动物的那一点差别就在于人有教养，有伦理道德的观念。

既然人与动物的差别就这么一点儿，那么作为人就应该保存和发展这一点。但是，一般人往往会忽略这一点差别，只有品质高尚的君子才能发展人与动物相区别的一面，不断地提高自身的道德修养。现实生活中，有的人就认为"人生在世，吃喝二字"，每天只知道吃喝玩乐，满足自己基本的生理需求，这和动物又有什么区别呢？动物只懂得吃喝拉撒睡，而作为高级动物的人因为具有社会性，所以还懂得文明、懂得道德。而伦理道德是其他任何动物都不完全具备的，只有人才能完全具备，所以人要完全地遵守这些伦理道德，否则人和动物也没什么两样。然而，现实生活中，有的人可谓道德败坏之徒，和禽兽没有什么区别。他们不仅不讲道德，而且还践踏道德。例如，有些幼儿园的老师不懂得关心爱护儿童，当儿童犯错之后，不去耐心教育，反而拳打脚踢，虐待儿童，致使儿童残疾，甚至死亡。这些没有怜悯之心、没有道德意识的人"近于禽兽"。所以，作为人，应该讲礼仪、知廉耻、有道德。只有这样，人才能够像孟子所讲的舜一样，遵照仁义的道德观念来立身处世。

第二十三章

原文

孟子曰："可以取，可以无取，取伤廉；可以与^①，可以无与，与伤惠；可以死，可以无死，死伤勇。"

注释

①与：给，赐予。

译文

孟子说："可以拿，也可以不拿，拿了有损廉洁；可以给，也可以不给，给了有损恩惠；可以死，也可以不死，死了有损勇敢。"

解读

本章想要表达的意思是，不适当的"取"有损廉洁，不适当的"与"有损恩惠，没有意义的"死"有损勇敢。并不是说任何时候都不要"取"、"与"、"死"，而是要具体情况具体分析。所以，孟子的言外之意是，对于任何事情，做与不做，怎样去做，都需要仔细思考，权衡利弊、权衡轻重，不该"取"则不取，不该"与"则不与，不值得"死"则不死。

可以拿取，也可以不拿取，拿取了就伤害了廉洁的操行，所以还是不拿取的好。比如，你是一个采购部的经理，和其他公司洽谈合作是你的职责。当你和某公司洽谈成功之后，有人给你诱人的回扣或者数额巨大的红包，这时候你是拿还是不拿？拿了你就是在受贿，有损廉洁。在这种"取伤廉"的情况下，孟子建议不拿是最佳的选择。可以给予，也可以不给予，指的是不是见到任何贫穷的人都去救济，要看具体情况。如果不适当的施舍和救济是一种滥施恩惠，使得恩惠变得没有意义，那么还是不给予好。比如，盲目而不经过思考地给他人施舍钱财，会让他人觉得低你一等，有伤自尊。这样好心办了坏事，别人不但不感激你，相反还讨厌你的这种行为。这就是孟子讲"与伤惠"的原因所在。同样，不分青红皂白地救济不该救济的人，这种好心办错事的行为也是一种"与伤惠"的行为。至于"死伤勇"，孟子在这里强调"死"的意义和价值：如果为道义而死，死得其所，那么这种死是一种勇敢；如果死无关乎任何仁义道德，死得没有意义，那么这种死并不能算是勇敢。比如，现代社会中，有的人遇到一点小小的困难和挫折就想着要去自杀，这种不爱惜生命贸然选择去死的人是一种不负责任的表现，是一种懦弱的表现。在面临生死抉择的时候，有时候活着比死去更需要勇气。所以，在孟子看来，无意义地死去还不如有意义地活着。司马迁说"人固有一死，或重于泰山，或轻于鸿毛"，重于泰山的死是真正的勇敢，轻于鸿毛的死只能"伤勇"。

　　孟子"取伤廉"、"与伤惠"、"死伤勇"的思想，对于今天的人们来讲仍然具有重要的意义。它告诉我们在面对可与不可的两难选择时，要学会权衡，不能过度地、不适当地拿取，不能没有原则地给予，也不能轻易地选择死亡，只有这样，才能"取"不伤"廉"，"与"不伤"惠"，"死"不伤"勇"。

第二十四章

原文

逢蒙①学射于羿②，尽羿之道，思天下惟羿为愈③己，于是杀羿。孟子曰："是亦羿有罪焉。"

公明仪曰："宜若无罪焉。"

曰："薄④乎云尔，恶得无罪？郑人使子濯孺子⑤侵卫，卫使庾公之斯⑥追之。子濯孺子曰：'今日我疾作⑦，不可以执弓，吾死矣夫！'问其仆曰：'追我者谁也？'其仆曰：'庾公之斯也。'曰：'吾生矣。'其仆曰：'庾公之斯，卫之善射者也；夫子曰吾生，何谓也？'曰：'庾公之斯学射于尹公之他⑧，尹公之他学射于我。夫尹公之他，端人⑨也，其取⑩友必端矣。'庾公之斯至，曰：'夫子何为不执弓？'曰：'今日我疾作，不可以执弓。'曰：'小人学射于尹公之他，尹公之他学射于夫子。我不忍以夫子之道反害夫子。虽然，今日之事，君事也，我不敢废⑪。'抽矢，扣⑫轮，去其金⑬，发乘矢⑭而后反⑮。"

注释

①逢（péng）蒙：后羿的学生。②羿（yì）：又称后羿，传说是夏代有穷国的君主。

③愈：超过，胜过。④薄：少。⑤子濯孺子：人名。⑥庚公之斯：人名。⑦作：发作，指生病。⑧尹公之他：人名。⑨端人：正直的人，正派的人。⑩取：选择。⑪废：停止不做。⑫扣：敲击。⑬金：刀、剑、箭等兵器，这里特指箭头。⑭乘矢：四支箭。⑮反：通"返"，指返回。

译文

逢蒙跟后羿学习射箭，完全学会了后羿的本事后，他便想，天下只有后羿的箭术比自己强了，于是他便杀死了后羿。孟子说："这件事后羿也有错。"

公明仪说："后羿不该有什么过错吧。"

孟子说："后羿的过错小一点罢了，怎么能说没有呢？从前郑国派子濯孺子侵犯卫国，卫国派庚公之斯追击他。子濯孺子说：'今天我的病发作了，不能拿弓，我死定了！'又问给他驾车的人：'追我的人是谁呀？'驾车的人答道：'是庚公之斯。'子濯孺子便说：'那我不会死了。'给他驾车的人就问：'庚公之斯是卫国著名的射手，您反而说自己不会死了，这是为什么呢？'子濯孺子说：'庚公之斯是向尹公之他学的射箭，而尹公之他是向我学的射箭。尹公之他是个正直的人，他所选择的朋友也一定很正直。'庚公之斯追到跟前，就问：'先生为什么不拿弓呢？'子濯孺子说：'今天我疾病发作了，无法拿弓。'庚公之斯便说：'我跟尹公之他学射箭，尹公之他又跟您学射箭。我不忍心用您的箭术反过来伤害您。但是，今天的事情是国君交代的公事，我不敢不做。'于是他便抽出箭，在车轮上敲打了几下，把箭头敲掉，射了四箭之后便返回了。"

逢蒙学艺成功之后，将自己的师傅后羿杀死了，这件事历来为世人所不齿。人们认为逢蒙是个忘恩负义之徒，不知好歹，恩将仇报。但是，孟子却提出了自己独特的见解，他认为逢蒙虽是个不义之人，但后羿之所以会引来杀身之祸，还因为他在选学生的时候，没有注重学生的德行和品质。在教学生的时候，只教学生射箭的技术，而没有教学生做人的道理，所以后羿自己也有一定的责任。孟子以庾公之斯没有杀子濯孺子为例，进一步说明了在选择学生的时候，要注重学生的品德，在教育学生的时候，既要传艺，又要传德。

有时候我们大家和后羿一样，也会给自己招来麻烦，引来后患，这不能完全怪罪别人，自己也有责任。比如，有的人往往会被自己的一些网友骗取大量的钱财，甚至还会给自己的家人也造成不必要的麻烦，这都是自己交友不慎所导致的结果。如果你常常和网上的陌生人来往，不知道对方的人品如何，就贸然地和对方交朋友，说真心话，那么坏人很容易就会了解到你的个人情况和家庭背景，从而进行欺骗和敲诈。所以，我们应该谨慎地选择交友的对象，应该注意对方是否具有良好的道德品质。只有这样，我们才不会"引狼入室"，使自己遭殃。

孟子对逢蒙杀羿这件事的独特见解，还让我们明白了作为老师或者师傅，在教育学生的时候，不仅要教学生知识，更重要的是注意对学生品德的培养，从德和才两个方面着眼进行教育，使学生全面发展，成为德才兼备之人。在现代教育理念中，我们注重培养德才兼备之人，并且往往把"德"放在先于"才"

的位置上，即"德才兼备，以德为先"。一个德行低下之人，他的才能越高，就越有可能给社会带来巨大的灾难。南宋时期的秦桧就是这样的人。在世人眼中，秦桧是卖国求荣、陷害忠良之人。但此人有才也是不假的，他文章写得好，字写得漂亮，现在我们使用的"宋体"多少就有他的功劳。所以，有人说他是一等才情、末等人品。客观而言，秦桧应该属于缺德多才的典型。据说他们秦家祖坟就在南京郊县，而且还有一支后人居住在南京，但都不好意思承认秦桧是自己的祖宗。后世读书人更是羞于以他为师，尽管他书法并不输于宋时的"苏黄米蔡"，可哪有人承认临过秦桧的帖？后人不承认他的"才"，子孙不认他做祖宗，皆因他的"德"太差。可见，"德"对一个人来说至关重要。所以，作为学生，要注意提高自己的道德修养，要结交道德素质高尚的人；作为老师，不仅要教给学生先进的科学知识，更重要的是要注意对学生道德品质的培养。

第二十五章

原文

孟子曰："西子①蒙②不洁，则人皆掩鼻而过之；虽有恶③人，斋戒沐浴，则可以祀上帝。"

注释

①西子：指春秋时越国的美女西施，这里以她代指美女。②蒙：受，沾染。③恶：这里与"西子"相对，主要指丑陋。

译文

孟子说："像西施那么美丽的女子，如果沾染上污秽恶臭的东西，别人也会捂着鼻子走过去；而即使一个面貌丑陋的人，如果他斋戒沐浴，也同样可以祭祀天帝。"

解读

有的人虽然美丽如西施，但是如果沾染了污秽，也会遭人嫌弃；有的人虽然丑陋如东施，但是如果洁身自爱、一尘不染，也能成为圣徒。孟子这里想要告诉我们，一个人如果已经有了良好的品质，那就要注意保持。一旦失去，那么不管他以前多么善良，品质多么高尚，人们也会厌恶他。同样，一个人原先品质不好，但是他愿意洗心革面、改邪归正，那么不管他以前犯过什么错误，人们也可能会原谅他、喜欢他。可见，孟子一方面想要勉励已经有高尚品德的人继续坚持从善，另一方面想要劝导"恶人"放下屠刀，弃恶从善。

在现代影视作品中，我们经常会看到这样一类角色，她曾经善良而又美丽，和自己的姐妹关系好得不能再好，但是后来她的欲望没有得到满足，加上有人从中挑拨离间，慢慢地，嫉妒和憎恶就占据了她的整个心灵，以致违背仁义，残害姐妹，无恶不作，从原来一个慈眉善目之人变成一个心如蛇蝎之人。这种人让观众气愤至极，即使她曾经温柔善良、美丽大方，也抵挡不住观众对她的厌恶。所以只有始终如一地保持善良，才能获得经久不衰的欣赏和赞美，这是孟子在本章中想要表达的第一点。第二点就是我们常说的"知错能改，善莫大焉"。有的人曾经作恶多端，但是当他醒悟之后，发现自己的行为有悖于良心，就洗心革面、痛改前非，不再为非作歹。浪子回头金不换，人们往往会原谅甚至欣赏这样的人。陈子昂，唐代诗人，十七八岁时仍然不知读书，整天打架斗殴、斗鸡走狗、游手好闲，后来忽然悔悟，从此谢绝酒肉朋友，静心阅读古代典籍。几年之间，经史等各方面的书籍没有他没看过的。陈子昂日后成了矫正初唐诗坛浮艳习气，使其向健康诗风转变的重要诗人，受到杜甫、白居易、韩愈等人的赞赏。所以，犯错误不可怕，可怕的是不改正错误。只要改过自新，照样也能成就一番事业，受到世人敬仰。

除了以上两方面，孟子这段话还想告诉我们，不能以貌取人。一个人的外貌和形象再漂亮，如果他行为低劣、心肠恶毒，那么照样会受到人们的厌恶；一个人的外貌再丑陋不堪，如果他心地善良、道德高尚，那么照样会受到人们的尊敬和爱戴。所以，不管我们的外貌是丑还是美，我们都要一心向善，时刻注意提高自身修养。

第二十六章

原文

孟子曰："天下之言性也，则故①而已矣。故者以利②为本。所恶③于智者，为其凿④也。如智者若禹之行水也，则无恶于智矣。禹之行水也，行其所无事也。如智者亦行其所无事，则智亦大矣。天之高也，星辰之远也，苟求其故，千岁之日至⑤，可坐而致也。"

注释

①故：本原，本然状态。②利：指顺，这里的意思是顺其自然。③恶（wù）：讨厌，厌恶。④凿：穿凿附会。⑤日至：这里指冬夏二至，因为冬夏二至是古代历算的重要数据。

译文

孟子说："普天之下所谈的人性或者物性，都是指它的本然之性。本然之性以顺应自然为原则。人们之所以讨厌聪明人，是因为他们常常穿凿附会。如果聪明人能够像大禹治水那样，人们就不会厌恶了。大禹治水就是顺着水的自然本性，因势利导。而聪明人如果也能够像大禹那样遵照事物的规律，按照事物的本然之性行事，那么就是大聪明了。天如此之高，星辰如此之远，但是只要研究它们固有的运行规律，寻求其本然之性，那么一千年以后的冬夏二至，人们都可以坐着推算出来。"

什么是"智"？孟子在本章中认为，主观臆断、穿凿附会者属于小智，即我们今天讲的小聪明；而顺应自然本性，以客观实际为基础，按照自然规律办事者，则是有大智慧的。小聪明与大智慧的区别就在于，是否按照万事万物的本然之性来行事。孟子以大禹治水为例，强调遵循客观规律、按规律办事的重要性。除此之外，孟子还主张要敢于去探求自然规律，因为掌握了大自然固有的规律和准则，大自然就可以为人类所用。

人不能违背自然规律，但人在自然面前并不是无所作为，而是要充分掌握大自然运动发展的客观规律，利用这些自然规律更好地为人类服务，比如风力发电。风能是不可小觑的，最早人们发现大风可以吹倒大树和房屋，于是就发明了风车，利用风流动时产生的巨大风能，风车在风力的带动下，叶片急速旋转。后来人们再通过增速机将旋转的速度提升，来带动发电机发电。风能是一种新能源，提高风能的利用率可以大大减少对天然气、煤、石油等不可再生资源的使用；而且风力发电不需要使用任何燃料，也不会产生辐射，不会污染空气。由此可见，掌握自然规律并运用自然规律是多么重要。但是如果人类违背了自然规律，那么势必破坏自然，遭到自然的惩罚。现代生活中这样的事例很多，比如，工厂无限制地排放二氧化碳，超过了自然的承载力，从而造成温室效应，冰川融化，海平面上升，全球气候变暖。据科学家预测，许多沿海城市将面临部分土地被淹没的危险。此外，科学家还警告，全球变暖导致的海平面上升将会使许多国家从世界版图上消失。在我们的日常生活中，也常常会出现因为不懂自然规律而好心办了坏事的例子。有这么一个有趣的故事，有个小孩因为不了解植物生长的规律，就每天给花浇牛奶。因为在他的观念中，牛奶是很有营养的，浇了牛奶，花就会很快长大，但是没想到最终导致花枯萎发黄而死亡。

由上可知，以顺应自然的大智慧去做事，才能真正地造福人类。在自然面前，我们不能投机取巧，而应该按照规律适度地改造自然，唯有这样才能达到人与自然和谐共处的境界。

第二十七章

原文

公行子①有子之丧，右师②往吊③。入门，有进而与右师言者，有就右师之位而与右师言者。孟子不与右师言，右师不悦曰："诸君子皆与驩言，孟子独不与驩言，是简④驩也。"

孟子闻之，曰："礼，朝廷不历位⑤而相与言，不逾⑥阶而相揖也。我欲行礼，子敖以我为简，不亦异乎？"

注释

①公行子：齐国大夫。②右师：官名。其人就是下文的王驩（Huān），字子敖。③吊：吊唁，吊丧，指祭奠死者或对遭到丧事的人家给予慰问。④简：这里作动词，指怠慢。⑤历位：越过位次。⑥逾：越过，超越。

译文

公行子的儿子去世了，右师去吊唁。他一进门，便有人走上前去和他说话，他坐定了，又有人走近他的席位同他说话。而孟子却不和他说话，于是右师不高兴，就说道："各位君子都和我说话，唯独孟子不和我说话，这是在怠慢我。"

孟子听到后，便说："按照礼仪规定，在朝堂上不能跨越位次相互交谈，也不能越过石阶相互作揖。我是想要履行礼仪，依礼而行，子敖却认为我是在怠慢他，这不是很奇怪吗？"

　　右师王子敖是当时非常有权势的人物，所以很多人不顾礼仪规定，纷纷去巴结他、讨好他，向他低头哈腰，献媚奉承。但是孟子并没有这样做，他认为按照礼仪，在朝廷中不能越位讲话，也不能越阶作揖，否则就是违背礼仪。孟子这样做就是在依礼行事，如果子敖认为这是在怠慢他、轻视他，那简直是太奇怪了。可见，孟子在这里其实是批评王子敖的这种傲慢和骄横行为。同时，也反映出孟子刚正不阿的高尚品德，他宁愿得罪权臣，也不愿意随波逐流，巴结权贵之人。

　　本章中孟子所批判的王子敖骄傲自大，喜欢别人对他低眉顺眼，阿谀奉承，这样的人往往把那些坦率正直之人拒之门外，并认为他们是忤逆、是不忠。比如，荒淫无道的殷纣王，忠奸不分，喜欢那些恭维自己、曲意逢迎之人，不愿听取箕子、微子、比干等忠臣的金玉良言，所以往往被费仲、尤浑等人的谗言所迷惑，使得这些人得以巧言惑主，陷害忠良，最终导致商朝灭亡。其实，我们现实生活中也有很多这样的人，他们喜欢别人的花言巧语，喜欢那种被人巴结讨好的感觉，这种人经常会被别人的甜言蜜语迷惑。所以，这种人是孟子批判的对象。本章中，孟子主张人要爱惜自己的名节，要遵守礼仪规定，不攀附权贵，不趋炎附势，并且他自己也是这样的人。生活中那些因权贵而攀龙附凤的人，是我们所鄙视的。相反，只有那些刚强正直、不逢迎、无偏私的人，才真正受人尊重和敬仰。北宋理学家、教育家程颐，曾经给小皇帝做老师。有一次讲课休息的时候，小皇帝在花园里头折了树上的嫩枝，程颐并没有因为他是高高在上的皇帝就不去指责，反而严厉地批评小皇帝折断嫩枝影响万物生长，是不好的行为。程颐这种不畏皇权、敢于直言的精神不就是孟子所提倡的吗？所以，现实生活中，我们应该努力做一个正直的人，不刻意去奉承讨好他人。

第二十八章

孟子曰："君子所以异于人者，以其存心也。君子以仁存心，以礼存心。仁者爱人，有礼者敬人。爱人者，人恒①爱之；敬人者，人恒敬之。有人于此，其待我以横逆②，则君子必自反③也：我必不仁也，必无礼也，此物④奚宜⑤至哉？其自反而仁矣，自反而有礼矣，其横逆由⑥是也，君子必自反也：我必不忠。自反而忠矣，其横逆由是也，君子曰：'此亦妄人也已矣。如此，则与禽兽奚择⑦哉？于禽兽又何难⑧焉？'是故君子有终身之忧，无一朝之患也。乃若所忧则有之：舜，人也；我，亦人也。舜为法⑨于天下，可传于后世，我由未免为乡人也，是则可忧也。忧之如何？如舜而已矣。若夫君子所患则亡矣。非仁无为也，非礼无行也。如有一朝之患，则君子不患矣。"

①恒：经常。②横逆：蛮横无理。③反：反省，反躬自问。④此物：指上文所说"横逆"的态度。⑤奚宜：奚，文言中的疑问词，指哪里，怎么。宜，应当，应该。奚宜，意思就是怎么应当、

怎么会。⑥由：通"犹"，指仍然，还。⑦择：区别。⑧难：责难，质问，诘责。⑨法：规范，标准。这里还指楷模、模范。

二二〇

───── 译文 ─────

孟子说："君子之所以与一般人不同，在于他们所存的心。君子内心所存的是仁，是礼。仁爱的人爱别人，礼让的人尊敬别人。爱别人的人，别人也经常爱他；尊敬别人的人，别人也经常尊敬他。假定这里有个人，他对我蛮横无理，那么作为君子必定会反躬自问：'我对他一定还有不仁的地方，一定还有无礼的地方，不然的话，他怎么会对我这样呢？'如果反躬自问后认为我做到了仁，做到了有礼，而那人仍然对我蛮横无理，那么作为君子必定会再次反躬自问：'我对他一定还不够忠吧？'如果反躬自问之后认为我做到了忠，而那人仍然蛮横无理，那么君子就会说：'这人不过是个狂人罢了。像他这样的人和禽兽又有什么区别呢？而对于禽兽又有什么可责难的呢？'所以君子有终身的忧虑，但没有一朝一夕的祸患。比如说这样的忧虑是有的：舜是人，我也是人；舜是天下的楷模，名声传于后世，可我却不过是一个普通人而已，这才是值得忧虑的事。忧虑该怎么办呢？像舜那样去做罢了。至于君子别的什么忧虑就没有了。不仁爱的事不干，不合于礼的事不做。即使有一朝一夕的祸患，君子也不会感到忧虑了。"

········· 解读 ·········

本章中，孟子说："爱人者，人恒爱之；敬人者，人恒敬之。"可见，孟子主张人与人之间应该互敬互爱。从自身做起，你对别人好，别人才能对你好。反之，你不爱人，别人也不会爱你；你不敬人，别人也不会敬你。正所谓"种瓜得瓜，种豆得豆"，没有播种就没有收获。爱与敬是双向的：你爱他人，就会获得他人的爱；你尊敬他人，就会获得他人的尊敬。所以，孟子希望我们不仅要自爱、自敬，更重要的是要爱他人、敬他人，只有这样才能建立良好的人际关系，才能促进社会的和谐发展。

　　生活中，我们常常抱怨别人对自己态度冷漠，不热情，却很少反思自己的所作所为，很少反躬自问。因此，当我们遇到类似的情况时，不妨问问自己都对别人做了些什么。想要别人爱自己、尊敬自己，首先自己要学会爱别人、尊敬别人。你讨厌一个人时，往往也是别人讨厌你的开始；你爱一个人时，往往也是别人爱你的开始。所以，别人是自己最好的镜子，当别人对自己态度恶劣、不恭敬的时候，我们就要学会反省自己，想想自己是不是对别人也不恭敬。只有自己爱他人、尊敬他人，才能换得别人的爱和尊敬。你给予他人什么，他人就会回馈你什么。

　　从前有一个小沙弥跑出寺门去玩耍，无意间，他对着山谷喊了一声："喂——"声音刚刚落下，就从四面八方传来："喂——"小沙弥感到很好玩，于是，又对着山谷喊了声："你是谁？"大山也回应道："你是谁？"小沙弥又喊："为什么不回答我？"大山也接着回应："为什么不回答我？"小沙弥有些生气了，喊道："我恨你！"大山也回应道："我恨你！"小沙弥听到后，很伤心地回到了寺院。晚上，小沙弥把自己跟大山对话的事告诉了师父。师父笑了笑回答说："孩子，你下次再跟山谷对话的时候，就说：'我爱你!'"第二天，小沙弥又跑到山上，对着山谷喊："我——爱——你!"声音刚刚落下，小沙弥就听到了大山清脆的声音："我——爱——你!"小沙弥大惑不解，但是，他依然开心地笑了。当他的笑声传出去的时候，群山也笑了。虽然这只是一则小故事，但它却让我们明白了：一切都是相互的。在人际交往当中，你对他人微笑，他人就会对你微笑；你对他人冷漠，他人也会对你冷漠。与其抱怨别人对自己冷漠，还不如改变自己，让自己用春风般的微笑去打开别人的心扉，从而获得别人甜蜜的微笑。

爱别人、尊敬别人，才会得到别人的爱和尊敬。所以我们要学会去善待身边的人，爱他们，敬他们，帮助他们，这样人与人之间的矛盾就会得到和解，社会的文明程度就会得到提高。

滄浪之水清兮
可以濯我纓
滄浪之水濁兮
可以濯我足

丙申仲春
簡山

滄浪之水

夫人必自侮然
後人侮之家必
自毀而後人毀之
國必自伐而後
人伐之

歲次丙申年暑月 楊寶平

人之患在
好為人師

歲次丙申仲暑月於京華
楊寶平書

人有不為也
而後可以
有為

歲次丙申年荷月 楊寶平

庾公之斯射
子濯孺子

简山

第三十章（节选）

二三三

原文

孟子曰："世俗所谓不孝者五：惰其四支①，不顾父母之养，一不孝也；博奕好饮酒，不顾父母之养，二不孝也；好货财，私妻子，不顾父母之养，三不孝也；从②耳目之欲，以为父母戮③，四不孝也；好勇斗很④，以危父母，五不孝也。"

注释

①四支：即四肢。②从：同"纵"，即放纵。③戮（lù）：羞辱，侮辱。④很：同"狠"。

译文

孟子说："通常认为不孝的情况有五种：四肢懒惰，不赡养父母，这是第一种；聚赌酗酒，不赡养父母，这是第二种；喜好钱财，只顾老婆孩子，不管父母，这是第三种；放纵声色欲望，使父母因此受到羞辱，这是第四种；逞勇好斗，从而连累父母，这是第五种。"

解读

孟子又一次提到了孝，可见儒家思想十分注重孝道。本章中，孟子列举了五种不孝的情况。第一种，四肢懒惰，不赡养父母。近几年，社会上流行一个词："米虫"。米虫本是生在大米中的一种小肉虫，白白胖胖的，天天依偎在大米身边，饿了、渴了都靠大米解决。后来人们将它引申为无所事事、只知道依靠父母的人。这些人天天就像米虫一样，吃饱了睡，睡饱了吃。他们没有工作，也不想去工作，他们把父母看成是自己衣食住行的保障者。懒惰让他们无法养活自己，更别说养活父母、孝敬父母了。所以，孟子认为这些"米虫"可谓不孝子。

第二种，聚赌酗酒，不赡养父母。这种人喜欢整天喝酒、喜欢赌博，不务正业，幻想着可以依靠赌博发家致富。如果赌博输了，就借酒消愁。这种酒鬼、赌徒连自己都活不好，怎么会去赡养父母，所以也是不孝之子。

第三种，爱财如命，只顾老婆孩子，不管父母。从前有一个男子叫喜鹊，每天靠打柴为生，家中有一个老母亲，他对母亲很是孝顺，虽然住的是草屋，但是其乐融融。在他家附近，有个茶舍老板，看中了孝顺的喜鹊，便把喜鹊招来做女婿。喜鹊成了家，开始对老母亲还是一如既往，可是时间久了，媳妇总在喜鹊面前数落喜鹊的娘怎么怎么不好，丢他的人。慢慢地喜鹊左眼看老母亲不顺眼，右眼看老母亲也不顺眼，后来将老母亲安置在了破旧的茅屋。母亲要吃梨，喜鹊说没有钱去买。而媳妇要吃梨，他便说："好好好，明天去苏州赶集给你买梨吃。"不久之后老母亲离开人世，周围的邻居便指责喜鹊夫妇。后来传说喜鹊和他媳妇变成了鸟，每天在树上叽叽喳喳地叫着，好像在忏悔。所以人们便编了一个顺口溜："花喜鹊，尾巴长，娶了媳妇忘了娘。老娘要吃苏州梨，哪有闲钱去赶集；媳妇要吃苏州梨，明天就赶苏州集。"这种"娶了媳妇忘了娘"的人，也是不孝之子。

第四种，放纵声色欲望，让父母感到羞耻。这种人只知道每天吃喝玩乐，享受那种奢侈、荒淫的生活，甚至有的人还为了满足自己的欲望，不惜走上犯罪的道路，从而使得其他人在背后议论、笑话乃至指责其父母，让父母在人前抬不起头，这也是不孝的一种。

　　第五种，逞勇好斗，从而连累父母。这种人喜欢逞强，常常在外面打架斗殴，使得某些对手把这种憎恨报复在其父母身上，往往会给父母招来麻烦，这种人也是不孝的。

　　孟子所说的这五种不孝，在今天仍然不同程度地存在着。孟子以此来告诫世人：孝敬父母，要身体勤快，约束自己的行为，不做荒淫之事，不争强好斗；人人都要孝敬父母，赡养父母。

第三十二章

原文

储子①曰:"王使人瞯②夫子,果有以异于人乎?"

孟子曰:"何以异于人哉?尧舜与人同耳。"

注释

①储子:齐国人,曾担任过齐国的相。②瞯(jiàn):窥视,暗中观察。

译文

储子说:"大王派人暗中观察先生,先生您是否真有与别人不同的地方?"

孟子说:"哪里有不同于别人的地方啊?连尧、舜都与常人一样。"

解读

在本章中,孟子想要表达的意思是,人和人都是一样的,即使是像尧舜那样的圣贤,也和我们普通人没有多大的区别。只是圣贤具有高尚的德行和修养,能够将自己所固有的善端加以扩充而已。如果普通人能够通过学习不断提高自身的道德修养,能够扩充自己固有的善端,那么普通人也可以成为像尧舜那样的圣人。

人和人在本质上是平等的,没有差别,因为"人之初,性本善"。每个人在出生之时,都是善良的,性情也很相近。但是"性相近,习相远",随着每个人生存环境、学习、教育的不同,每个人的习性也会产生或多或少的差异。比如通过后天的影响，有的人保存善性，并扩充善端；有的人丢弃善良之性，意欲从恶。有的人品质高尚，闻名遐迩；有的人品质低下，声名狼藉。可见，人先天的本性都是一样的，不同的只是后天的努力和培养。正是因为如此，才有了圣人与一般人的区别。有的人经受不住种种诱惑，为了满足自己的欲望，不惜做出一些违反道德法律的事情，使得自己原来善良的本性被利欲遮蔽了，最终走入歧途。但是，也有的人能在任何时候都保持自己善良的本性，不为外界所干扰。看见老人晕倒，不管是否会耽误自己的事情，不管是否会被老人的家人冤枉，他都会毫不犹豫地去救助。虽然我们说利欲可以熏心，但是每个人善良的本性可以通过自己的努力一直保持下去。所以孟子曾说"人皆可以为尧舜"。

现实生活中，我们还会发现人和人的能力、学识、修养或多或少地有些不同，这并不是先天就具有的差别。也许有的人认为天赋资质很重要，但是那只是微乎其微的差别，重要的是后天的努力，只有后天的努力才能产生人与人之间巨大的差别。比如，一个班级中，大家基本都是一样的，只要通过自身的努力，上课认真听讲，勤奋学习，那么即使曾经是班级里最差的学生，也有可能成为班级里的第一名；相反，如果不认真学习，即使是班级里学习最好的学生，也有可能成为班级里的最后一名。所以，后天的努力和培养可以造就一个人；不注重后天的努力和培养，也可以毁灭一个人。正是因为如此，人们才更加注重后天的努力。现代社会中，无论是国家还是个人，都非常重视教育的作用，把教育放在第一位。因为通过教育可以提高人的内在修养，使人德才兼备，从而更好地服务于社会。总之，人和人之间生来没有多大的区别，使人与人之间产生区别的是后天的培养和教育。

第三十三章

齐人有一妻一妾而处室者,其良人①出,则必餍②酒肉而后反。其妻问所与饮食者,则尽富贵也。其妻告其妾曰:"良人出,则必餍酒肉而后反,问其与饮食者,尽富贵也,而未尝有显者③来,吾将瞯良人之所之也。"

蚤④起,施⑤从良人之所之,遍国⑥中无与立谈者。卒之东郭墦⑦间,之祭者,乞其余;不足,又顾而之他:此其为餍足之道也。

其妻归,告其妾曰:"良人者,所仰望⑧而终身也,今若此!"与其妾讪⑨其良人,而相⑩泣于中庭⑪,而良人未之知也,施施⑫从外来,骄其妻妾。

由君子观之,则人之所以求富贵利达者,其妻妾不羞也而不相泣者,几希⑬矣。

注释

①良人:古代妇女对丈夫的称呼。②餍(yàn):吃饱。③显者:有地位的人,名声显赫的人。④蚤(zǎo):同"早"。⑤施(yǐ):斜。这里指斜行,斜从跟随,以免被丈夫发现。⑥国:古时指都城。⑦墦(fán):坟墓。⑧仰望:指望,依赖。⑨讪(shàn):讥笑,讥骂。⑩相:共同。⑪中庭:庭中。⑫施

二三八

施（yí）：得意洋洋的样子。
⑬几希：很少。

译文

　　齐国有一个人，家里有一妻一妾。丈夫每次出门，必定是吃得饱饱的、喝得醉醺醺地回到家里。妻子问和他一起吃喝的是些什么人，他每次都说是些有钱有势的人。他的妻子告诉他的妾说："丈夫每次出门，总是酒足肉饱地回来，问他和一些什么人吃喝，他总是说全都是些有钱有势的人，但我们却从来没见到什么有钱有势的人到家里来过，我打算悄悄地看看他到底去些什么地方。"

　　第二天早上起来，她便悄悄地跟随在丈夫的后面，走遍全城，没有看见一个人和她丈夫说过话。最后一直走到了东郊的墓地，只见丈夫走到祭扫坟墓的人面前，向他们要些剩余的祭品吃；没有吃饱，丈夫又东张西望地到别处去乞讨：这就是他酒足肉饱的办法。

　　他的妻子回到家里，便把这些情况告诉他的妾，并且说："丈夫，是我们所指望而终身依靠的人，现在他竟然是这样的！"二人在庭院中讥骂、哭泣着，而丈夫还不知道，得意洋洋地从外面回来，在他的两个女人面前摆威风。

　　在君子看来，人们追求荣华富贵、求取成功的方法和手段，能使他们的妻妾不感到羞耻、不相对哭泣的，实在是太少了！

解读

　　在这一章中，孟子给大家讲了一个小故事，故事中的主人公"打肿脸充胖子"，没钱装有钱。为了能在妻妾面前有面子，他宁可放弃尊严去墓地乞讨祭品，正可谓"人前风光，人后凄凉"。这个在墓地乞讨却假装富贵，而且还在妻妾面前摆威风的"良人"，着实令人发笑。通过对这个不择手段伪装富贵的小丑形象惟妙惟肖的刻画，孟子讽刺了那些为了追求富贵、权势而不择手段、不顾廉耻的人。这些人往往在光天化日之下冠冕堂皇，自我炫耀，实质上暗地里行径卑劣，干着一些见不得人的勾当，这些背地里的营生让人感到羞耻。

现实生活中，我们仍然可以见到故事中齐国"良人"的影子。比如，有一些人为了自己的虚荣心，为了出名，为了能在人前有面子，不惜弄虚作假，盗用他人成果，甚至不惜一切代价为自己制造假学历。还有一些人为了攀比，不惜卖血卖肾为自己购买奢侈品。甚至有些人为了自己的私欲，不惜做出走私、贩毒等违法犯罪的事情。人都爱面子、讲排场，喜欢得到别人的夸奖，渴望荣华富贵，但是当自己的能力、财力、魅力达不到时，人应该通过正当手段获取功名利禄，而不应该以小充大，以弱充强，以穷汉充大佬，不应该为了虚荣心不择手段，人前假装光明磊落，人后却偷偷摸摸、鬼鬼祟祟。所以，人爱名爱利不可怕，可怕的是为了名利不顾一切，没有原则地去做任何事情。那些为名利不择手段、出卖灵魂的人，让我们为之感到羞耻和悲哀。

孟子对齐国"良人"的批评，让我们明白在现实生活中，一方面我们应该坦诚地面对身边的人，不应该过度地追求所谓的"风光"，如文中的"良人"，只会让自己和身边的人感到羞耻；另一方面，我们要通过正当、磊落的方式去获取财富和地位，这样的收获才是真正属于自己的，也只有这样才能获得别人的尊重。

卷九　万章章句上

本卷原文共九章。本书全选三章，节选一章。

第一章

万章问曰："舜往于田，号泣于旻天①，何为其号泣也？"

孟子曰："怨慕②也。"

万章曰："'父母爱之，喜而不忘③；父母恶之，劳④而不怨。'然则舜怨乎？"

曰："长息⑤问于公明高⑥曰：'舜往于田，则吾既得闻命矣；号泣于旻天，于父母，则吾不知也。'公明高曰：'是非尔所知也。'夫公明高以孝子之心，为不若是恝⑦：我竭力耕田，共⑧为子职而已矣，父母之不我爱，于我何哉？帝使其子九男二女，百官牛羊仓廪⑨备，以事舜于畎亩⑩之中，天下之士多就之者，帝将胥⑪天下而迁⑫之焉。为⑬不顺⑭于父母，如穷人无所归。天下之士悦之，人之所欲也，而不足以解忧；好色，人之所欲，妻帝之二女，而不足以解忧；富，人之所欲，富有天下，而不足以解忧；贵，人之所欲，贵为天子，而不足以解忧。人悦之、好色、富贵，无足以解忧者，惟顺于父母可以解忧。人少，则慕父母；知好色，则慕少艾⑮；有妻子，则慕妻子；仕⑯则慕君，不得于君则热中⑰。大孝终身慕父母。五十而慕者，予于大舜见之矣。"

注释

①旻（mín）天：泛指天，天空。②慕：依恋，思慕。③忘：懈怠。④劳：忧愁。⑤长息：公明高的学生。⑥公明高：曾子的学生。⑦怼（jiá）：无动于衷的样子。⑧共：同"恭"，指恭敬。⑨廪（lǐn）：指储藏的米，泛指粮食。⑩畎（quǎn）亩：指田间，田地。⑪胥（xū）：全，都。⑫迁：移交，传。这里指把天子之位传给舜。⑬为：由于，因为。⑭不顺：这里指没有让父母欢心。⑮少艾：指年轻美貌的人。⑯仕：做官。⑰热中：

急躁，烦躁。

译文

万章问孟子："舜到田地里去，抬头望着天空，一边诉苦，一边哭泣，请问先生，他为什么要这样呢？"

孟子回答道："因为他对父母既抱怨又眷恋。"

万章说："曾子曾经说过，'父母喜欢自己，虽然高兴，却也不因此而懈怠；父母厌恶自己，虽然忧愁，却也不因此而怨恨。'这样说来，舜是在怨恨父母吗？"

孟子说："以前，长息问公明高说：'关于舜到田地里去的事，我已经听您解释过了，也明白了；但是他向天诉苦和哭泣，还抱怨父母，他这样对待父母我就不能理解了。'公明高回答道：'这不是你所能明白的。'公明高认为，孝子的心是不能像这样无动于衷的：我努力地在田地里耕作，恭敬地尽到我做儿子的职责，如果这样做，父母还不喜欢我，那我还有什么办法呢？然而，舜却并不这么想。尧让他的九个儿子、两个女儿以及大小官员，带着牛羊和粮食等东西到田野中去为舜服务，天下很多士人投奔到舜那里去，尧也把整个天下都传给了舜。但是舜却因为没有得到父母的欢心，便像个贫困的人永远找不到归宿一般。天下的士人都喜欢他，这是每个人都希望得到的，但却不足以消除舜的忧愁；美丽的姑娘侍奉他，这是每个人都希望得到的，舜娶了尧的两个漂亮的女儿，但却也不足以消除他的忧愁；财富，是每个人都追求的，舜拥有整个天下，但却也不足以消除他的忧愁；尊贵，是每个人都追求的，舜贵为天子，但还是不足以消除他的忧愁。士人的喜欢、美丽的女子、财富和尊贵，没有一样能够消除舜的忧愁，只有得到了父母的欢心才可以消除舜的忧愁。人在小的时候，就依恋父母；长大懂得喜欢女子的时候，就倾慕年轻美貌的姑娘；结婚有了妻子，便眷恋自己的妻子；做了官就开始讨好君主，如果得不到君主的喜欢，内心就焦急万分。但是，最孝顺的人终身都眷念自己的父母。到了五十岁仍然依恋、眷念自己父母的，我在伟大的舜身上看到了。"

　　孟子又一次提到"孝"，可见儒家十分重视为孝之道。孟子在本章中赞扬了舜帝的孝道，并提出"大孝终身慕父母"之说。孟子认为舜虽然贵为天子，拥有了人人都想要得到的东西，比如天下士人的归附、美丽的女子、财富、地位等，但却因为没有得到父母的欢心而不高兴，到了五十岁仍然眷念着自己的父母。可见，舜孝敬父母的心，始终如一。所以，儒家往往把舜视为大孝的典范。

　　父母把一辈子的爱都给了我们，他们的爱一如既往，从未改变。然而，我们对父母的爱是否也能够做到"一辈子"，这值得我们去反思。孝敬父母一次并不难，难的是始终如一，能够终身侍奉父母、孝敬父母可谓大孝。春秋时期楚国有一位隐士叫老莱子，他很孝敬父母，每次有好吃的东西全都留给父母。他七十多岁时还始终不渝地孝敬着父母，不仅把好吃的给父母，而且还经常穿着五色彩衣，手持拨浪鼓，像小孩子一样戏耍，以逗父母开心。有一次，他出去挑水回来的时候不小心摔了一跤，水全都洒了，他不想让父母为他伤心，索性就躺在地上学小孩子啼哭，二老看见后大笑。这就是"戏彩娱亲"的故事。老莱子能够在七十多岁的时候还始终如一地孝敬着父母，可谓大孝。这种传统的道德在今天依然散发着耀眼的光芒。比如，2014 年感动中国人物中被誉为"大孝之女"的朱晓晖就是典型的例子。朱晓晖的父亲在十几年前身患重病，从此瘫痪在床，失去了生活能力。为了更好地照顾父亲，年过四十的朱晓晖辞掉了工作，变卖了房产，把家安在了社区的车库里，一住就是十三年。父亲患病后落下了瘫痪的毛病，腿脚不便，大小便也不能控制，朱晓晖每晚十二点钟给父亲换完尿布才去休息，几乎每天都要给他擦洗身体、换洗脏被褥。在她的细心照料下，老人卧床十三年都没有得过褥疮。感动中国组委会给予朱晓晖的颁奖词是："十三年相守，有多少日子就有多少道沟坎。命运百般挤兑，你总咬紧牙关，寒风带着雪花围攻着最北方的一角，这小小的车库是冬天里最温暖的宫殿，你病重的老父亲是那幸福的王。"朱晓晖十三年如一日，细心地照料父亲，不愧为中国的"大孝之女"，是我们学习的楷模。

总之，孝敬父母一时不可敬，可敬的是孝敬一世，所以我们应该把孝敬父母作为自己一生的责任和义务。

第四章（节选）

原文

故说①诗者，不以文②害辞③，不以辞害志④。以意逆⑤志，是为得之。如以辞而已矣，《云汉》⑥之诗曰："周余⑦黎民，靡有⑧孑遗⑨。"信斯言也，是周无遗民也。

注释

①说：解读，解释。②文：文字。③辞：词句，语句。④志：这里指诗的原意、本意、意旨。⑤逆：揣测。⑥《云汉》：《诗经·大雅》中的一篇。⑦余：剩余。⑧靡（mí）有：没有。⑨孑（jié）遗：剩余，余下。孑与遗都指剩余的意思。

译文

所以解读诗歌的人，不能因为字面的解释而误解了词句的意思，也不能因为词句的解释而误解了诗歌的本意。而要通过自己读作品的感受去推测、领会诗歌的本意，这样才能真正读懂诗。如果只看词句的意思，那么《云汉》这首诗说："周朝剩余的百姓，没有一个留存。"相信了这句话，那就会认为周朝真的是一个遗民也没有剩下。

解读

本章中孟子认为解读诗句时，不能拘泥于文字，不能死抠字眼，否则就会误解词句，误解了词句就会误解诗的原意。所以，孟子主张"以意逆志"，就是说在阅读的过程中，要凭借自己的感悟和思索去领会作者的本意，这样才能真正地读懂诗。字、词、句只是表达思想的语言工具，所以单纯地理解字面意思，并不能完全领会作品的精神实质，也不能全面地体悟作者真实的思想情感。只有透过字面意思，经过一番仔细思考，认真去体味作品中的深刻内涵，才能真正把握作者想要表达的观点、思想和感情。

　　孟子的这一观点在今天仍然具有非常重要的意义，因为我们随时都有可能去阅读别人的作品。要想更好地把握作品的内涵，就不能拘泥于文字表面的意思，而要在正确地理解字词句的基础上，结合自己的切身体会去揣测作者的本来意思。从整体出发，由表及里、由浅入深地理解作品的主旨。但是，现实生活中我们大家常常望文生义，只从字面意思去牵强附会。最典型的一个例子就是我们经常会错误地理解有些成语的本来意思。比如"炙手可热"这个成语，现在很多人常用"炙手可热"来形容某人或某事物非常热门、抢手、走红、受欢迎、为大众所关注等，把这个成语看成是一个褒义词。然而，追根溯源，"炙手可热"原本是一个贬义色彩十分鲜明的词，"炙"是"烤"的意思，"热"是"烫"的意思，该成语的字面意思是"手一挨近就感到灼烫"，比喻权贵气焰很盛、权势逼人，使人不敢接近。再比如说"始作俑者"这个成语，现在我们常用来形容第一个做某件事的人，并有褒奖、鼓励的意思。其实这个成语来自孔子"始作俑者，其无后乎"，即意为最初采用木偶陪葬的人会断子绝孙。可见，"始作俑者"是用来比喻第一个做坏事的人，是某种恶劣风气的开创者，完全是个贬义词。所以，仅仅从表面文字去阐释和使用一个成语是不完全可靠的，我们应该了解成语背后的意思，还原文字的本意，这样才能做到准确无误。

不仅如此，甚至有的时候，我们在欣赏、吟咏古人的作品时，还应该深入地探究作者的生平和为人，全面了解他所生活的环境和时代，这样才能真正理解作品的内容和作者想要表达的情感。因为不同时代的人，写作风格不同，呈现出来的感情深度也不同。

第五章

万章曰:"尧以天下与^①舜,有诸?"

孟子曰:"否,天子不能以天下与人。"

"然则舜有天下也,孰^②与之?"

曰:"天与之。"

"天与之者,谆谆^③然命之乎?"

曰:"否,天不言,以行与事示之而已矣。"

曰:"以行与事示之者,如之何?"

曰:"天子能荐人于天,不能使天与之天下;诸侯能荐人于天子,不能使天子与之诸侯;大夫能荐人于诸侯,不能使诸侯与之大夫。昔者,尧荐舜于天,而天受之;暴^④之于民,而民受之。故曰,天不言,以行与事示之而已矣。"

曰:"敢问荐之于天,而天受之;暴之于民,而民受之,如何?"

曰:"使之主祭,而百神享之,是天受之;使之主事,而事治,百姓安之,是民受之也。天与之,人与之,故曰,天子不能以天下与人。舜相尧二十有八载,非人之所能为也,天也。尧崩^⑤,三年之丧毕,舜避尧之子于南河⑥之南。天下诸侯朝觐⑦者，不之⑧尧之子而之舜；讼狱⑨者，不之尧之子而之舜；讴歌⑩者，不讴歌尧之子而讴歌舜。故曰，天也。夫然后之中国⑪，践⑫天子位焉。而⑬居尧之宫，逼尧之子，是篡⑭也，非天与也。《太誓》⑮曰：'天视自我民视，天听自我民听。'此之谓也。"

注释

①与：赐予。②孰：谁，哪个。③谆谆（zhūn）：反复叮咛，教诲恳切耐心的样子。④暴（pù）：显露，公开。⑤崩：古时称君王死为崩。⑥南河：在今天的河南濮（Pú）城镇以东。⑦朝觐（jìn）：朝见。指古代诸侯拜见君王。⑧之：往，到。⑨讼狱：这里指诉讼打官司。⑩讴歌：歌颂。⑪中国：这里指帝王所住的都城。⑫践：指登上天子之位。⑬而：如果，假如。⑭篡（cuàn）：篡位，指臣子夺取君王之位。⑮《太誓》：即《泰誓》，《尚书·周书》中的一篇。

译文

万章问："尧把天下交给了舜，有这回事吗？"

孟子说："不，天子不能把天下交给他人。"

万章问："那么舜拥有天下，到底是谁给他的呢？"

孟子回答说："是上天给他的。"

万章问："那上天把天下交给他时，是反复叮咛告诫他的吗？"

孟子说："不，天不说话，只是用行动和事情来示意罢了。"

万章问："用行动和事情来示意，是怎么回事呢？"

孟子回答说："天子能够

向天推荐人，但不能强迫天把天下给予这人；诸侯能够向天子推荐人，但不能强迫天子把诸侯之位给予这人；大夫能够向诸侯推荐人，但不能强迫诸侯把大夫之位给予这人。从前，尧向天推荐了舜，天接受了；又把舜公开介绍给老百姓，老百姓也接受了。所以说，天并不说话，只是用行动和事情来表示罢了。"

万章又问："请问，尧把舜推荐给天，天接受了；又把舜公开介绍给老百姓，老百姓也接受了，何以见得呢？"

孟子说："尧派舜去主持祭祀，所有神灵都来享用，这表示天接受了；派舜去主持政事，政事治理得很好，老百姓很满意，这就表示老百姓也接受了。是上天把天下交给了舜，是老百姓把天下交给了舜，所以说，天子不能够把天下交给他人。舜辅佐尧治理天下二十八年，这不是凭一个人的意志所能够做得到的，而是天意。尧去世后，舜为他服丧三年，然后便避居到南河的南边去，为的就是要让尧的儿子继承天下。可是，天下前来朝见天子的诸侯，都不到尧的儿子那里去，却到舜那里去；要打官司的人，都不到尧的儿子那里去，却到舜那里去；歌颂的人，也不歌颂尧的儿子，却歌颂舜。所以说这是天意。这样，舜才回到国都，登上了天子之位。如果之前舜就居住在尧的宫廷里，逼迫尧的儿子让位，那就是篡夺帝位，而不是上天给予他的了。《泰誓》说过：'老百姓的眼睛就是天的眼睛，老百姓的耳朵就是天的耳朵。'说的正是这个意思。"

　　古代的天子掌握着国家的生杀大权和前途命运，但是究竟是谁赋予了天子最高的权力和地位呢？究竟是谁把天下交给了天子呢？孟子认为只有上天和老百姓才有这样的权力，即使是伟大的尧也没有这样的权力。所以，孟子认为舜得到天下是上天和老百姓的意愿，并不是尧授予他的。在科学技术极为落后、生产力不发达的古代，"天"在人们心中具有至高无上的权威，人们把天看成是人类意志的主宰者，所以往往"敬天"、"畏天命"。

　　但是，"天"毕竟是虚无缥缈、不可捉摸的，而且今天我们也明白"天"其实是自然界的一部分，它并不能主宰人类的命运。面对这个问题，智慧的孟子通过巧妙的解释，最终把天的至高权力给了人民。孟子认为"天不言"，但天的"视"和"听"都来自人民的"视"和"听"，即"天视自我民视，天听自我民听"，上天的意志来源于人民的意志。所以归根结底，天子的权力和地位是人民给予的。可见，在孟子的思想中，"民"就是"天"，"天"就是"民"。

　　今天，我们都知道古代的"君权神（天）授"思想带有神秘主义色彩，并不可信，因为天并没有意志，不能有所作为。能作为的只有人、人民，人民就像水一样"能载舟亦能覆舟"，所以古代圣人往往最终把决定天子的权力交给了人民。可见，孟子很注重人民群众的利益，把人民放在了至高无上的地位。

第七章

万章问曰："人有言：'伊尹①以割烹②要③汤。'有诸？"

孟子曰："否，不然。伊尹耕于有莘④之野，而乐⑤尧舜之道焉。非其义也，非其道也，禄之以天下，弗顾⑥也，系马千驷，弗视也。非其义也，非其道也，一介⑦不以与⑧人，一介不以取诸人。汤使人以币⑨聘之，嚣嚣⑩然曰：'我何以汤之聘币为哉？我岂若处畎亩之中，由是以乐尧舜之道哉？'汤三使往聘之，既而幡⑪然改曰：'与⑫我处畎亩之中，由是以乐尧舜之道，吾岂若使是君为尧舜之君哉？吾岂若使是民为尧舜之民哉？吾岂若于吾身亲见之哉？天之生此民也，使先知觉后知，使先觉觉后觉也。予，天民之先觉者也，予将以斯道觉斯民也。非予觉之，而谁也？'思天下之民匹夫匹妇有不被尧舜之泽⑬者，若己推而内⑭之沟中。其自任以天下之重如此，故就汤而说⑮之以伐夏救民。吾未闻枉己而正人者也，况辱己以正天下者乎？圣人之行不同也，或远，或近，或去，或不去，归洁其身而已矣。吾闻其以尧舜之道要汤，未闻以割烹也。《伊训》⑯曰：'天诛造⑰攻自牧宫⑱，朕⑲载⑳自亳㉑。'"

注释

①伊尹（yī yǐn）：名为阿衡，曾辅佐商汤王建立商朝。②割烹：切割烹调，泛指烹饪。③要：求，请求。④有莘（shēn）：有，词头；莘，国名。莘国，据说在今河南陈留东北，一说在今山东曹县以北。⑤乐：动词，以……为快乐。⑥顾：看。⑦一介：指一点点小东西。⑧与：给予，赐予。⑨币：古代见面时所带的礼物。⑩嚣嚣（xiāo）：悠闲自得、不在乎的样子。⑪幡：同"翻"。⑫与：与其。⑬泽：恩惠。⑭内：同"纳"。⑮说（shuì）：游说。⑯《伊训》：《尚书》逸篇名。⑰造：开始。⑱牧宫：桀所住的宫室。⑲朕（zhèn）：我，伊尹自称。⑳载：开始。㉑亳（bó）：中国的古都名，指商朝的都城，位于今天的河南商丘。

译文

万章问道："有人说：'伊尹以当厨师来求得汤的任用。'有这回事吗？"

孟子答道："不，不是这样的。伊尹在莘国的郊野种田，以尧舜之道为乐。如果不合道义，即使以天下的财富作为他的俸禄，他也毫不理睬，即使有千辆马车系在那里，他也不会看一眼。要是不合道义，一丝一毫他也不会拿给别人，一丝一毫他也不会向别人索取。商汤曾经派人拿礼物去聘请他，他却不动声色地说：'我为什么要接受汤的聘礼呢？我何不住在田野之中，以学习尧舜之道为乐呢？'商汤又多次派人去聘请他，不久，他便完全改变了态度，说：'我与其住在田野里，以学习尧舜之道为快乐，为什么不使现在的君主成为尧舜那样的君主呢？为什么不使现在的百姓能够过上尧舜那时的好日子呢？为什么不在我有生之年亲眼看到这些呢？上天生育民众，就是要那些先明事理的人启发后明事理的人，要那些先觉悟的人启发后觉悟的人。我，就是上天所生的民众中那个先觉悟的人，我要用尧舜之道来启发民众。不是我去启发他们觉醒，又有谁呢？'伊尹认为，天下的人民，如果有一个男子或一个妇女没有享受到尧舜之道的恩惠，就好像是他自己把他们推进水沟里一样。他是这样自愿把天下的重担挑在自己的肩头，所以他到了商汤那里，就劝说商汤讨伐夏桀，拯救百姓。我从没有听说过自己不正却能匡正别人的，更何况屈辱自己而去匡正天下呢？圣人的行为各有不同，有的疏远当时的君主，有的接近当时的君主，有的离开朝廷，有的留在朝廷。但归根结底，都是使自身洁净罢了。我只听说过伊尹用尧舜之道来让商汤任用自己，没有听说过他是靠当厨师去求商汤任用的。《伊训》里说：'上天诛灭夏桀，最初的祸根开始于夏桀的宫室，我呢，不过是从殷朝的都城亳邑开始谋划罢了。'"

解读

本章中，孟子认为伊尹是因为尧舜之道而被商汤赏识的，否认他曾经以烹饪之道来求得商汤的任用。因为在孟子看来，像伊尹这样的圣人，一定会通过正道获得爵禄，如果不行正道，是不可能匡正别人，更不可能使天下平定的。此外，孟子还认为，伊尹有着高度的社会责任心，有着关心人民大众的仁爱之心，正是因为如此，伊尹最终才愿意帮助商汤救民于水火，使得商汤成为一代圣君。

总之，孟子在本章中表达了两点。第一，人要走正道，要以正确的、合理的方法来获取功名利禄。只有行正道，才能真正受到别人的尊重；也只有行正道，才能在人前树立威信，影响他人、匡正他人。这一点孟子在前面的章节中多有提到，所以这里不再赘述。第二，一个人要有高度的社会责任感，要心系天下，要担负起属于自己的责任，履行属于自己的义务。就像本章中的伊尹一样，他有着宽广的胸襟，心怀天下，心怀百姓，愿意把天下的重担挑在自己的肩头，愿意用尧舜之道来启发民众，使得人民受惠于尧舜的恩泽。中国历史上像伊尹这样具有社会责任感的人数不胜数。北宋时期的范仲淹"先天下之忧而忧，后天下之乐而乐"，具有"居庙堂之高，则忧其民；处江湖之远，则忧其君"的广大胸襟，关心人民疾苦，一切都以天下百姓为重。除此之外，还有历史上的杨家将、岳飞等爱国将士，为国家抛头颅洒热血，不顾个人安危，愿意为国家和人民牺牲自己宝贵的生命，具有高度的社会责任感和历史使命感。这些视天下百姓安危为己任的人是我们现代人学习的榜样。现实生活中，有些人缺乏责任心，不是自己的事情不肯做，看见别人出错也不愿意去批评指正，总是抱着"事不关己，高高挂起"的心态。这些人往往只顾自己，不管别人，对工作、对集体漠不关心，只求明哲保身。大家试想，如果人人都这样，那么这个社会还会进步吗？这个国家还会富强吗？只有集体、社会、国家的利益不被侵犯，我们个人的利益才能得到保障。这就要求我们在工作中，尽职尽责，爱岗敬业，以集体利益为中心；在学习中，不吝啬自己的知识，愿意和他人分享自己的见识，帮助他人解决学习中所遇到的难题。所以，我们主张人人都应该具有高度的社会责任心，应该心系天下，把集体、社会、国家的利益放在第一位。

卷十　万章章句下

本卷原文共九章，本书全选六章。

第一章

孟子曰："伯夷①，目不视恶②色，耳不听恶声。非其君，不事③；非其民，不使④。治则进，乱则退。横⑤政之所出，横民之所止，不忍居也。思与乡人处，如以朝衣朝冠坐于涂炭也。当纣⑥之时，居北海之滨，以待天下之清也。故闻伯夷之风者，顽⑦夫廉，懦夫有立志。

"伊尹⑧曰：'何事非君？何使非民？'治亦进，乱亦进，曰：'天之生斯民也，使先知觉⑨后知，使先觉觉后觉。予，天民之先觉者也。予将以此道觉此民也。'思天下之民匹夫匹妇有不与被⑩尧舜之泽者，若己推而内之沟中——其自任以天下之重也。

"柳下惠⑪不羞污⑫君，不辞小官。进不隐贤，必以其道。遗佚⑬而不怨，厄⑭穷而不悯。与乡人处，由由然不忍去⑮也。'尔为尔，我为我，虽袒裼裸裎⑯于我侧，尔焉能浼我哉？'故闻柳下惠之风者，鄙夫宽，薄夫敦。

"孔子之去齐，接淅⑰而行；去鲁，曰：'迟迟吾行也，去父母国之道也。'可以速而速，可以久而久，可以处而处，可以仕而仕，孔子也。"

孟子曰："伯夷，圣之清者也；伊尹，圣之任者也；柳下惠，圣之和者也；孔子，圣之时者也。孔子之谓集大成。集大成也者，金声而玉振之也。金声也者，始条理也；玉振之也者，终条理也。始条理者，智之事也；终条理者，圣之事也。智，譬则巧也；圣，譬则力也。由⑱射于百步之外也，其至，尔力也；其中⑲，非尔力也。"

注释

①伯夷：人名，商末孤竹国国君的长子。②恶（è）：不好的。③事：侍奉。④使：动词，使唤，命令。⑤横（hèng）：蛮横，放纵。⑥纣：商朝最后一个君主即商纣，也是历史上荒淫无道的君主之一。⑦顽：贪婪，愚蠢。⑧伊尹：相传夏末商初助汤伐桀的商代大臣。⑨觉（jué）：动词，开导，引导。⑩被：泽被，受……的恩泽。⑪柳下惠：人名，春秋时期鲁国人。⑫污（wū）：浑浊，脏，不廉洁。⑬佚：这里是"遗弃"的意思。⑭厄：困境，灾难。⑮去：离开，离去。⑯袒裼裸裎（tǎn xī luǒ chéng）：意思是赤身裸体。

⑰渐：淘米。⑱由：通
"犹"。⑲中（zhòng）：这里指
"射中"的意思。

译文

孟子说："伯夷，眼睛不
看不好的事物，耳朵不听不
好的声音。不是他理想的君
主，不去侍奉；不是他理想
的百姓，不去使唤。天下太
平就出来做事，天下混乱就
退居山野。施行暴政的国家，
住有暴民的地方，他都不愿
意去居住。他认为和没有教
养的乡下人相处，就像穿戴
着礼服礼帽坐在泥土或炭灰
上一样。当商纣王统治的时
候，他隐居在渤海边，等待
着天下太平。所以听到伯夷
这种风范后，贪得无厌的人
会变得廉洁，懦弱的人也会
树立坚定的意志。

"伊尹说：'哪个君主不
可以侍奉？哪个百姓不可以
使唤？'因此，天下太平他出

来做官，天下混乱也出来做
官，并且说：'上天生育这些
百姓，就是要让先知的人来
开导后知的人，让先觉的人
来开导后觉的人。我是这些
人中的先觉者，我将以尧舜
之道来开导这些人。'他认为
天下的百姓中，只要有一个
男子或一个妇女没有享受到
尧舜的恩惠，就好像是自己
把他们推进水沟一样——这
就是他以挑起天下重担为己
任的态度。

"柳下惠不以侍奉不圣明
的君主为耻，也不因官小而
辞掉。进朝堂做官，不隐藏
自己的才能，但一定按他的
原则办事。被遗弃不怨恨，
穷困也不忧愁。与乡下百姓
相处，高高兴兴地不忍离开。
他说：'你是你，我是我，你
纵然在我旁边赤身裸体，又
怎么能沾染我呢？'所以听到
柳下惠的风节后，胸襟狭小
的人会宽大起来，刻薄的人
也会厚道起来。

"孔子离开齐国，把已浸在水中的米捞起来就走；离开鲁国，却说：'我们慢慢地走吧，这是离开祖国的态度。'应该马上走就马上走，应该继续干就继续干，应该闲居就闲居，应该做官就做官，这就是孔子。"

孟子说："伯夷，是圣人之中清高的人；伊尹，是圣人之中有责任感的人；柳下惠，是圣人之中随和的人；孔子，是圣人之中识时务的人。孔子可以说是集大成的人。'集大成'的意思是，好比先敲金钟，最后用玉磬收尾。先敲金钟，是节奏条理的开始；用玉磬收尾，是节奏条理的终结。节奏条理的开始在于智，节奏条理的终结在于圣。智好比技巧，圣好比气力。犹如在百步以外射箭，射得到是靠你的力量，射得中则不只是靠你的力量。"

解读

孟子在这里罗列了圣人的四种典型：伯夷清高，伊尹具有强烈的责任感和使命感，柳下惠随遇而安，孔子识时务。比较而言，孟子认为前三者是具有某一方面的突出特点，而孔子则是集大成者，金声而玉振，既"智"又"圣"。显然，孟子给予了孔子最高赞誉。

伯夷清高，所以他最后要与叔齐一道"不食周粟"，饿死于首阳山。正是因为这种"饿死事小，失节事大"的风骨，伯夷被推崇为圣人之一。

伊尹以天下为己任，具有强烈的社会责任感和使命感，是历来为儒家所津津乐道的古代圣贤人物。伊尹是辅佐商汤的功臣，商汤死后，又辅佐他的儿子和孙子。可是到了孙子太甲那儿，由于暴虐乱德，伊尹把太甲放逐到桐宫，亲自摄政。三年后，太甲悔过自责，于是伊尹把太甲接回来，还政给他，自己告老还乡。这就是"有伊尹之志则可，无伊尹之志则篡也"。身为国家的辅助大臣，像伊尹这样能够还政于君主的是国家的幸运。如果没有伊尹的胸怀，那辅助之臣就会谋权篡位。

柳下惠一方面是随遇而安，另一方面却是坚持原则。首先，随遇而安体现在他不耻于侍奉坏的君主，不羞于做低贱的小官，不被重用不抱怨，穷困潦倒也不忧愁。其次，柳下惠坚持原则，自始至终。有一次柳下惠出远门，夜里住在都城门外，其时天气非常寒冷。忽然有一个女子前来投宿，穿得很单薄，柳下惠怕她冻死，就让她躺在自己怀中，用衣服遮盖住她，一直到天亮也没有什么越礼的行为，这就是"坐怀不乱"的故事。柳下惠这种高尚的道德情操是值得后人学习的。

伯夷、伊尹、柳下惠虽然都具有高尚的道德修养，是我们学习的对象，但是在孟子看来，他们都容易走向极端，所以孟子曾经批评伯夷偏颇狭隘、柳下惠玩世不恭。而对于孔子，孟子却是大加赞赏。孟子认为孔子是"集大成"者，因为他通达权变，与时俱进，不固执一偏，具有各种美好的品德，做事情都是合乎时宜的，该怎么样就怎么样，从来不会偏激，他可谓"智"、"圣"合一的典范。可见，孟子最推崇孔子这样的圣人。

第二章

北宫锜①问曰："周室班②爵禄也，如之何？"

孟子曰："其详不可得闻也，诸侯恶其害己也，而皆去其籍。然而轲也，尝闻其略也。天子一位，公一位，侯一位，伯一位，子、男同一位，凡五等也。君一位，卿一位，大夫一位，上士一位，中士一位，下士一位，凡六等。天子之制，地方千里，公、侯皆方百里，伯七十里，子、男五十里，凡四等。不能五十里，不达于天子，附于诸侯，曰附庸。天子之卿受地视侯，大夫受地视伯，元士③受地视子、男。大国地方百里，君十卿禄，卿禄四大夫，大夫倍上士，上士倍中士，中士倍下士，下士与庶人在官者同禄，禄足以代其耕也。次国地方七十里，君十卿禄，卿禄三大夫，大夫倍上士，上士倍中士，中士倍下士，下士与庶人在官者同禄，禄足以代其耕也。小国地方五十里，君十卿禄，卿禄二大夫，大夫倍上士，上士倍中士，中士倍下士，下士与庶人在官者同禄，禄足以代其耕也。耕者之所获，一夫百亩；百亩之粪④，上农夫食九人，上次食八人，中食七人，中次食六人，下食五人。庶人在官者，其禄以是为差。"

···· 注释 ····

①北宫锜（qí）：人名，卫国人。②班：通"颁"，颁布、制定的意思。③元士：天子直辖区域内的上士。④粪：动词，这里是"施肥治田"的意思。

···· 译文 ····

北宫锜问："周王室制定的官爵和俸禄的等级制度是怎样的呢？"

孟子说："详细情况已经不可知了，因为诸侯们都厌恶它妨害了自己的利益而把这方面的典籍销毁了。但是，我也曾经听说过大概的情况。天子是一级，公是一级，侯是一级，伯是一级，子和男共为一级，一共五个等级。君是一级，卿是一级，大夫是一级，上士是一级，中士是一级，下士是一级，一共六个等级。天子直接管理的土地纵横各一千里，公和侯的封地各一百里，伯的封地方圆七十里，子和男的封地方圆五十里，总共四个等级。土地不能达到方圆五十里的，不能直接与天子联系，只能附属于诸侯，叫作附庸。天子朝中的卿所受的土地与侯相等，大夫所受的土地与伯相等，元士所受的土地与子、男相等。大的诸侯国的土地方圆百里，国君的俸禄是卿的十倍，卿的俸禄是大夫的四倍，大夫的俸禄是上士的一倍，上士的俸禄是中士的一倍，中士的俸禄是下士的一倍，下士的俸禄与在官府服役当差的百姓俸禄相同，所得俸禄足以抵上他们耕种所得的收入。中等诸侯国的土地方圆七十里，国君的俸禄是卿的十倍，卿的俸禄是大夫的三倍，大夫的俸禄是上士的一倍，上士的俸禄是中士的一倍，中士的俸禄是下士的一倍，下士的俸禄与在官府服役当差的百姓俸禄一样，所得俸禄也足以抵上他们耕种的收入。小的诸侯国的土地方圆五十里，国君的俸禄是卿的十倍，卿的俸禄是大夫的两倍，大夫的俸禄是上士的一倍，上士的俸禄是中士的一倍，中士的俸禄是下士的一倍，下士的俸禄与在官府服役当差的百姓俸禄一样，所得俸禄也足以抵上他们耕种的收入。耕种者的收入大概是这样：一个农夫有百亩地，百亩地都施肥耕作，上等的农夫可以养活九个人，上等稍次一点的可以养活八个人，中等的可以养活七个人，中等稍次一点的可以养活六个人，下等的可以养活五个人。平民在官府服役的，他们的俸禄也按照这个来定等级。"

解读

北宫锜问孟子周王室制定的官爵和俸禄的等级制度是怎样的。孟子在回答时把周王室制定的官爵和俸禄分成五个等级，等级不同，封地和俸禄就不同。由此可以看到，周朝有严格的等级制，所制定的关于官爵、俸禄等制度，是为了保护统治者的利益，也是为了更好地管理国家。

周初所制定的这个官爵、俸禄制度至春秋战国时期已被废弃，因为随着时代的进步，这些制度已经严重阻碍了社会生产力的发展。但是我们并不能因为它不适合社会发展的需要而认为这个等级规范是错误的。因为无规矩不成方圆，不论什么样的国家，不论任何时代，都必须有一定的规章制度作保障，只有具备科学、合理的规章制度才能保证一个国家健康有序地发展。国家如此，企业也是如此。现代社会中，任何一个企业都制定了适合自己企业发展的独特的员工工资制度、晋升制度、考核制度等。如果没有这些规章制度作为规范，一个企业是难以发展的。在现代企业管理中，企业管理者会根据每个人能力的大小来安排职位，来确定职务级别，并依此给他们确定薪酬待遇。不同的岗位、不同的级别，都有不同的工资待遇。比如，在一般的企业当中，掌握公司发展方向的总经理，其工资和待遇往往要比部门经理稍高，而部门经理的工资和待遇往往要比普通的职员稍高。这种与岗位、职务、级别相结合的工资制度，有助于激励员工奋发向上，不断努力，从而更好地为企业服务，为社会服务。所以，科学的规章制度是非常必要的。一个优秀的企业必须有严格的管理制度。如果没有规范，没有制度，那么企业就会像一盘散沙，乱七八糟。总之，大到国家，小到企业，都不能没有一套严格而科学的规章制度。

第三章

万章问曰:"敢问友。"

孟子曰:"不挟①长,不挟贵,不挟兄弟而友。友也者,友其德也,不可以有挟也。孟献子②,百乘之家也,有友五人焉:乐正裘、牧仲,其三人则予忘之矣。献子之与此五人者友也,无献子之家者也。此五人者,亦有献子之家,则不与之友矣。非惟百乘之家为然也,虽小国之君亦有之。费③惠公曰:'吾于子思,则师之矣;吾于颜般,则友之矣;王顺、长息则事我者也。'非惟小国之君为然也,虽大国之君亦有之。晋平公之于亥唐④也,入云则入,坐云则坐,食云⑤则食;虽蔬食⑥菜羹,未尝不饱,盖不敢不饱也。然终于此而已矣。弗与共天位也,弗与治天职也,弗与食天禄也,士之尊贤者也,非王公之尊贤也。舜尚⑦见帝,帝馆甥⑧于贰室⑨,亦飨舜,迭为宾主,是天子而友匹夫也。用下敬上,谓之贵贵;用上敬下,谓之尊贤。贵贵尊贤,其义一也。"

①挟:倚仗。②孟献子:鲁国大夫仲孙蔑。③费:春秋时小国。④亥唐:人名,

晋国人。⑤入云、坐云、食云：是云入、云坐、云食的倒装。云，说。⑥蔬食：粗糙的饮食。蔬，同"疏"。⑦尚：同"上"。⑧甥：古时妻子的父亲叫外舅，所以，女婿也称"甥"，舜是尧的女婿。⑨贰室：副宫，即招待的宫邸。

译文

万章问道："交朋友的原则是什么？"

孟子答道："不倚仗自己年纪大，不倚仗自己地位高，不倚仗兄弟的势力去交朋友。所谓交朋友，交的是品德，不能够有所倚仗。孟献子是一位拥有百辆车马的大夫，他有五位朋友：乐正裘、牧仲，其余三位，我忘记了。献子与这五人相交，心目中并不存在自己是大夫的观念。这五人如果心目中存有献子是大夫的观念，也就不会与

他交朋友了。不仅具有百辆车马的大夫是这样的，就连小国的君主也有这样的。费惠公说：'我对于子思，则把他当作老师；对于颜般，则把他当作朋友；至于王顺和长息，不过是侍奉我的人罢了。'不仅小国的君主是这样的，就连大国的君主也有这样的。晋平公对待亥唐，亥唐叫他进去就进去，叫他坐就坐，叫他吃饭就吃饭。即使是糙米饭和菜汤，也没有不吃饱的，因为不敢不吃饱。不过，晋平公也只是做到这一步而已。不同他一起列于官位，不同他一起治理政事，不同他一起享受俸禄，这只是一般士人尊敬贤者的态度，而不是王公尊敬贤者的态度。从前舜去拜见尧帝，尧请他的这位女婿住在副宫中。他请舜吃饭，舜也请他吃饭，二人互为客人和主人。这是天子与普通百姓交朋友的范例。职位卑下的人尊敬地位

高贵的人，这叫尊重贵人；地位高贵的人尊敬职位卑下的人，这叫尊敬贤人。尊重 贵人和尊敬贤人，道理都是一样的。"

·········· 解读 ··········

这一章孟子提出了交友的两项原则。一是交友要看重对方的品德，即"友也者，友其德也"。与品德高尚的人交友，见贤思齐，有利于互相学习、互相促进、共同提高。但社会上有些人交友不是看重德，而是看重对方的权和利，把朋友关系变成利用关系，为自己的私利服务。还有一些人在一起只注重吃喝玩乐，还说是"有福同享，有难同当"，实际上是酒肉朋友。像这样的"朋友"，一旦无权无钱，或发生利益冲突，就会变成路人或仇人。

二是交友不要倚仗自己的年龄、地位，而要保持平等的关系，真诚相待。孟子以孟献子与其五个朋友交往为例，说明孟献子所交的朋友并不是看中他是大夫才和他交往的。孟子又进一步以小国君主和大国君主为例，说明君主交友也是尊重贤者、尊重对方人格的，把朋友放在平等的地位上。居高临下式的、恩赐式的交友，交的不是真正的朋友，而是对方认为你有利可图，一旦达到目的，就会远离而去。就是说，真正交友，首先要尊重对方，真诚相待。

第六章

万章曰："士之不托①诸侯，何也？"

孟子曰："不敢也。诸侯失国，而后托于诸侯，礼也；士之托于诸侯，非礼也。"

万章曰："君馈之粟，则受之乎？"

曰："受之。"

"受之何义也？"

曰："君之于氓也，固周之。"

曰："周之则受，赐之则不受，何也？"

曰："不敢也。"

曰："敢问其不敢何也？"

曰："抱关击柝者皆有常职以食于上。无常职而赐于上者，以为不恭也。"

曰："君馈之，则受之，不识可常继乎？"

曰："缪公之于子思也，亟问，亟馈鼎肉②。子思不悦。于卒也，摽③使者出诸大门之外，北面稽首再拜而不受，曰：'今而后知君之犬马畜伋。'盖自是台④无馈也。悦贤不能举，又不能养也，可谓悦贤乎？"

曰："敢问国君欲养君子，如何斯可谓养矣？"

曰："以君命将⑤之，再拜稽首而受。其后廪人⑥继粟，庖人⑦继肉，不以君命将之。子思以为鼎肉使己仆仆尔亟拜也，非养君子之道也。尧之于舜也，使其子九男事之，二女女焉，百官牛羊仓廪备，以养舜于畎亩之中，后举而加诸上位，故曰，王公之尊贤者也。"

注释

①托：依附。②鼎肉：熟肉。③摽（biào）：驱赶。④台：通"始"。⑤将：送。⑥廪人：管仓库的官员。⑦庖人：厨师。

译文

万章问："士人不能寄居在诸侯那里生活，这是为什么？"

孟子说："因为不敢这么做。诸侯失去了自己的国家，然后寄居在别的诸侯那里生活，这是合于礼的；而士人寄居在诸侯那里生活，却是不合于礼的。"

万章说："如果君主赠送粮食给他，那可以接受吗？"

孟子说："可以接受。"

万章说："可以接受又是什么道理呢？"

孟子说："君主对于流动的外来百姓，本来就应该去接济。"

万章问道："接济就接受，赏赐就不接受，这又是为什么呢？"

孟子说："因为不敢这么做。"

万章说："请问为什么不敢呢？"

孟子说："守门打更的人是因为有固定职务，所以才能接受君主的供养；没有固定职务而接受君主的赏赐，人们认为这是不恭敬的。"

万章说："君主赠送就接受，不知是否可以经常这样做？"

孟子说："鲁缪公对于子思，就是屡次问候，屡次送给他肉食，子思对此很不高兴。最后一次，子思便把缪公派来的使者赶出大门，然后朝着北面先磕头后作揖表示拒绝接受馈赠，并说：'今天才知道君主是把我孔伋当成狗马一样来豢养的。'从此缪公就不再给子思送东西了。很喜欢贤才却不能重用，又不能恰当地奉养，这能说是喜欢贤才吗？"

万章说："请问，君主如果想要奉养君子，怎样做才算是恰当地奉养呢？"

孟子说："最初以君主的名义送来礼物，他便先作揖后磕头表示接受了。此后就让管仓库的人不断送去粮食，让管厨房的人不断送去肉食，这都不是用君主的名义。子思认为，为了几块肉食使自己屡次跪拜行礼，这实在不是供养君子的做法。尧对于舜，让自己的九个儿子去侍奉他，又把两个女儿嫁给他，百官、牛羊、粮食都齐备了，使舜在田野中得到了周到的生活照料，然后提拔他到很高的职位上。所以说，这才是王公尊敬贤者的范例。"

解读

这一章是孟子谈论国君如何按照"礼"对待士人的问题。

万章问孟子读书人为什么不能依靠别人的馈赠而生活，孟子认为，读书人依靠别人的馈赠而生活，是不合于礼的。孟子以诸侯和流民为例，诸侯因为失去国土而寄居在别的诸侯国，国君周济流动的外来百姓，都是合乎礼法的。"抱关击柝"的人因为付出了自己的劳动而获得收入，也是合乎礼法的。没有付出劳动却接受国君的赏赐，是一种不恭敬的行为。孟子以子思为例，鲁缪公经常派人给子思送东西，刚开始子思还拱手接受，可是次数多了，他就不高兴了，认为国君是把他当成狗马一样来豢养的，最后把鲁缪公派来的使者赶出了大门。

这是读书人对待赏赐的态度，刚开始接受别人的赐予是出于礼节，但是次数多了就不能接受了。既然赏赐就说明我有值得对方欣赏的地方，如果真的欣赏我，就应该委以重任，而不是像犬马一样豢养。鲁缪公是欣赏子思的，但是他欣赏的方式和对待贤者的态度是不正确的，他没有对子思委以重任，而只是一味地送他东西，这让子思感觉不被重用。所以，后来子思就不再接受馈赠了。

孟子又列举了尧对待舜的例子，尧不但让自己的儿子去服侍舜，把女儿嫁给他，而且还给他提供牛羊、粮食等充足的生活物资。更重要的是对其委以重任，让他在相应的职位上充分发挥自己的才能，孟子认为这才是对待贤者的态度。

第八章

孟子谓万章曰："一乡之善士斯友一乡之善士，一国之善士斯友一国之善士，天下之善士斯友天下之善士。以友天下之善士为未足，又尚①论古之人。颂②其诗，读其书，不知其人，可乎？是以论其世也。是尚友也。"

注释

①尚：同"上"。②颂：同"诵"。

译文

孟子对万章说："一个乡村的优秀人物就和这一个乡村的优秀人物交朋友，一个国家的优秀人物就和这一个国家的优秀人物交朋友，天下的优秀人物就和天下的优秀人物交朋友。如果认为和天下的优秀人物交朋友还不够，那就再上溯到历史，去评论古代的人物。朗诵他们的诗，阅读他们的书，但不了解他们的为人，可以吗？当然不可以。所以还要研究古人所处的时代以及在那个时代里所起的作用。这就是与古人交朋友。"

解读

孟子这段话是说要广交天下志同道合的朋友，以取长补短，共同进步。孟子认为，同乡的优秀士人相互交往，国中的优秀士人相互交往，扩而广之，则天下的优秀士人相互交往。如果朋友遍天下还嫌不够，还可以与古人交朋友。与古人交朋友，可以通过诵读他们的诗书汲取优秀传统文化的营养。仅读其诗书还不够，还要研究他们所处的社会时代以及在那个时代里所起的作用，这样才能对古人有全面而客观的了解，这也就是所谓的"知人论世"。可见，孟子的交友思想正是对孔子"以文会友，以友辅仁"的很好诠释。

第九章

---- 原文 ----

齐宣王问卿。

孟子曰："王何卿之问也?"

王曰："卿不同乎?"

曰："不同。有贵戚之卿①，有异姓之卿。"

王曰："请问贵戚之卿。"

曰："君有大过则谏；反覆之而不听，则易位。"

王勃然变乎色。

曰："王勿异也。王问臣，臣不敢不以正对②。"

王色定，然后请问异姓之卿。

曰："君有过则谏，反复之而不听，则去。"

---- 注释 ----

①贵戚之卿：指与君王同宗族的公卿。②正对：直言相告。正，诚。

---- 译文 ----

齐宣王询问公卿的职责。

孟子说："大王问的是哪一类公卿呢?"

齐宣王说："公卿难道还不同吗?"

孟子说："不同。有和王室同宗族的公卿，有非王族的异姓的公卿。"

齐宣王说："那我就请问和王室同宗族的公卿。"

孟子说:"君王若有重大过错,他们便加以劝阻;反复劝阻了还不听从,就把他废弃,另立别人。"

齐宣王突然变了脸色。

孟子说:"大王不要奇怪。您问我,我不敢不用实话来回答。"

齐宣王脸色正常了,又问异姓公卿。

孟子说:"君王若有过错,便加以劝阻;反复劝阻了还不听从,便辞职而去。"

解读

弘扬大臣的职责而限制君主权力的无限膨胀,这也是孟子仁政思想的内容之一,体现出一定程度的民主政治色彩。

王室宗族的公卿因为与国君有亲缘关系,当他们看到国君犯错时,既不能离去又不能坐视政权覆亡,所以只能劝谏。当国君有重大错误又不听劝谏时,就可以另立新君。对异姓公卿来说,问题就要简单得多了,他们既没有王室宗族卿大夫那么大的权力,也没有那么大的职责,所以能劝谏就劝谏,不能劝谏就可以辞去官职,远离朝政。其实,这也是孔子"所谓大臣者,以道事君,不可则止"的意思。

总的来说,孔孟都提倡臣有臣道,认为臣有臣的气节和人格,反对愚忠,反对一味顺从,这是有积极意义的。

卷十一 告子章句上

本卷原文共二十章，本书全选十章。

第二章

原文

告子曰："性犹湍水①也，决诸东方则东流，决诸西方则西流。人性之无分于善不善也，犹水之无分于东西也。"

孟子曰："水信②无分于东西，无分于上下乎？人性之善也，犹水之就③下也。人无有不善，水无有不下。今夫水，搏而跃之，可使过颡④；激而行之，可使在山。是岂水之性哉？其势则然也。人之可使为不善，其性亦犹是也。"

注释

①湍（tuān）水：急流的水。②信：诚，真。③就：趋向。④颡（sǎng）：额头。

译文

告子说："人性就像那湍急的水，在东边开个缺口就向东流，在西边开个缺口就向西流。人性没有善与不善的分别，就像水没有东流、西流的定向一样。"

孟子说："水的确没有东流、西流的定向，难道也没有向上或向下的定向吗？人性的善良，就像水往下流一样。人性没有不善良的，水没有不向下流的。当然，水受拍打而飞溅起来，能使它高过额头；阻挡使它倒流，也可以将它引上高山。这难道是水的本性吗？这是形势造成的。人可以变为不善，但这就像水向上一样，是受到逼迫的缘故。"

解读

告子是我国战国时期与孟子同时代的哲学家，他主张人性无善恶之分。告子以流水为喻，认为人性犹如湍急的水，决之东方则东流，决之西方则西流。人性没有善与不善之分，就好比水流没有东西方向之分一样。

孟子则认为，人性之善犹如水之就下。人的本性没有不善的，水没有不向低处流的。人性向善的方向发展，就像水向下流一样。人们拍打水面使其溅起，能高过额头；挖沟引渠，能使水倒流，甚至能引水上山。但这并不是水的本性，而是受到外力的作用，而改变了本来的方向。人之所以做出不善的事，也不是因为他本性不善，而是因为他受到了外部环境的影响而改变了。我们应该对他进行善的教育和引导，使其向善的方向发展。

第六章

公都子①曰："告子曰：'性无善无不善也。'或曰：'性可以为善，可以为不善；是故文武兴，则民好善；幽厉兴，则民好暴。'或曰：'有性善，有性不善；是故以尧为君而有象②；以瞽瞍③为父而有舜；以纣为兄之子，且以为君，而有微子启、王子比干。'今曰'性善'，然则彼皆非与？"

孟子曰："乃若其情，则可以为善矣，乃所谓善也。若夫为不善，非才之罪也。恻隐之心，人皆有之；羞恶之心，人皆有之；恭敬之心，人皆有之；是非之心，人皆有之。恻隐之心，仁也；羞恶之心，义也；恭敬之心，礼也；是非之心，智也。仁义礼智，非由外铄④我也，我固有之也，弗思耳矣。故曰：'求则得之，舍则失之。'或相倍蓰⑤而无算者，不能尽其才者也。《诗》曰⑥：'天生蒸⑦民，有物有则⑧。民之秉⑨彝⑩，好是懿⑪德。'孔子曰：'为此诗者，其知道乎！故有物必有则；民之秉彝也，故好是懿德。'"

①公都子：孟子的学生。

②象：舜的同父异母弟，品行不善。③瞽瞍（gǔ sǒu）：

舜的父亲，品行不善。④铄（shuò）：原意是熔化金属，这里引申为授予、赋予。⑤蓰（xǐ）：五倍。⑥《诗》曰：引自《诗经·大雅·蒸民》。⑦蒸：众。⑧则：法则。⑨秉：执。⑩彝：常。⑪懿：美。

译文

公都子说："告子说：'人的本性没有善良与不善良之分。'也有人说：'本性可以使它善良，也可以使它不善良。所以周文王、周武王统治天下，老百姓就趋向善良；周幽王、周厉王统治天下，老百姓就趋向暴行。'还有人说：'有的人本性善良，有的人本性不善良。所以，虽然有尧这样善良的君主，却有象这样不善良的百姓；虽然有瞽瞍这样坏的父亲，却有舜这样好的儿子；虽然有殷纣这样恶的侄儿，并且

做了君王，却也有微子启、王子比干这样善良的长辈和贤臣。'如今老师说'人性本善'，那么他们都错了吗？"

孟子说："从天生的资质来看，都可以使它善良，这就是我所说的人性本善的意思。至于有些人不善良，那不能归罪于天生的资质。怜悯心，人人都有；羞耻心，人人都有；恭敬心，人人都有；是非心，人人都有。怜悯心属于仁；羞耻心属于义；恭敬心属于礼；是非心属于智。仁义礼智都不是由外在的因素强加给我的，而是我本来天生就具备的，只不过平时没有去想它们因而不觉得罢了。所以说：'探求就可以得到它们，放弃便会失去它们。'人与人之间相比较，有相差一倍、五倍甚至无数倍的，这正是由于没有充分发挥他们的天生资质的缘故。《诗经》上说：'上天生育了众民，万事万物都有规律。

老百姓掌握了这些规律，就会崇尚美好的品德。'孔子说：'写这首诗的人真懂得道啊！有事物就一定有规律；老百姓掌握了这些规律，所以崇尚美好的品德。'"

解读

本章是孟子的学生公都子和孟子讨论关于人性的问题。公都子引用了告子的人性无善恶观点，还另外举出了两种观点：即本性可以使它善良，也可以使它不善良；有的人本性善良，有的人本性不善良，并列举事例，且有理有据。这一次孟子没有以诘难的方式进行辩论，而是正面阐述了自己关于人性本善的看法。

首先，"乃若其情，则可以为善矣，乃所谓善也"。这种"可以为善"不是由外而来的，而是顺着人的本性而展现出来的。人生来就具有怜悯心、羞耻心、恭敬心、是非心，它们分别属于仁、义、礼、智。这四种品质是"善端"，是人生来就具有的，而不是由外力强加的，只不过平时没有去想它们因而不觉得罢了。

其次，孟子进一步提出了"求则得之，舍则失之"。所以，现在我们应该做的就是在自己的内心中去发现仁、义、礼、智，充分发挥自己天生善的资质。

第七章

　　孟子曰："富岁，子弟多赖①；凶岁，子弟多暴。非天之降才尔殊也，其所以陷溺其心者然也。今夫麰麦②，播种而耰③之，其地同，树④之时又同，浡然⑤而生，至于日至⑥之时，皆熟矣。虽有不同，则地有肥硗⑦，雨露之养、人事之不齐也。故凡同类者，举相似也，何独至于人而疑之？

　　"圣人，与我同类者。故龙子⑧曰：'不知足而为屦，我知其不为蒉⑨也。'屦之相似，天下之足同也。口之于味，有同耆也，易牙⑩先得我口之所耆者也。如使口之于味也，其性与人殊，若犬马之与我不同类也，则天下何耆皆从易牙之于味也？至于味，天下期于易牙，是天下之口相似也。惟耳亦然。至于声，天下期于师旷，是天下之耳相似也。惟目亦然。至于子都⑪，天下莫不知其姣也。不知子都之姣者，无目者也。

　　"故曰，口之于味也，有同耆焉；耳之于声也，有同听焉；目之于色也，有同美焉。至于心，独无所同然乎？心之所同然者何也？谓理也，义也，圣人先得我心之所同然耳。故理义之悦我心，犹刍豢⑫之悦我口。"

········ 注释 ········

①赖：同"懒"，懒惰。②麰（móu）麦：大麦。③耰（yōu）：本为农具名，此处作动词，指翻土、盖土。④树：动词，种植。⑤浡然：旺盛的样子。⑥日至：即夏至。⑦硗（qiāo）：土地贫瘠，不肥沃。⑧龙子：古代的贤人。⑨蒉（kuì）：筐、篮。⑩易牙：春秋时齐国最擅烹调的人，齐桓公的宠臣。⑪子都：春秋时代美男子。⑫刍豢（huàn）：泛指家畜。食草家畜如牛羊称刍，食谷家畜如猪狗称豢。

········ 译文 ········

孟子说："丰收年，年轻人多半懒惰；灾荒年，年轻人多半横暴。这并不是天生资质的不同，而是由于外部环境使他们的心有所陷溺。以大麦为喻，播种后用土把

种子覆盖好，同样的土地，同样的播种时间，它们蓬勃地生长，到了夏至时，全都成熟了。虽然有收获多少的不同，但那是由于土地有肥瘠、雨水有多少、人工有勤惰而造成的。所以凡是同类的事物，其主要的方面都是相似的，为什么一说到人就产生疑问了呢？

"圣人也是我们的同类。所以龙子说：'不清楚脚的样子而去编草鞋，我知道他一定不会编成草筐的。'草鞋相近，是因为天下人的脚都大致相同。口对于味道，有相同的嗜好，易牙就是先掌握了我们的共同嗜好的人。假如口对于味道，每个人都不相同，就像狗、马与我们完全不同类一样，那么天下的人怎么会都喜欢易牙烹调出来的味道呢？说到口味，天下的人都期望尝到易牙的手

二七三

艺，这说明天下人的口味是很相近的。对于耳朵而言也是如此。提到音乐，天下的人都期望听到师旷的演奏，这说明天下人的听觉都是很相近的。对于眼睛而言也是如此。提到子都，天下人都认为他是美男子。认为子都不是美男子的，是没有眼睛的人。

"所以说，口对于味道，有相同的嗜好；耳朵对于声音，有相同的听觉；眼睛对于容貌，有相同的美感。说到心，难道就偏偏没有相同之处吗？心的相同之处是什么？是理与义。圣人最先觉悟到了人内心相同的理义。所以，理义使我的心高兴，就像吃味美的鲜肉一样。"

解读

　　孟子的这段话，还是强调人性都是善的，都具有"四端"。不善，是由于环境的影响。孟子认为，年成的好与不好将会影响年轻人的行为，但这并不是天生资质的不同，而是由于外部环境使他们的善心有所陷溺。孟子非常重视环境对人的影响。孟子以大麦为例，同样的大麦，具有共同的性能，播种在同样的一块土地上，如果在收获的时候有所不同，那就是因为土地有肥沃和贫瘠的差异、雨露滋养不同以及人工管理不一样的缘故，而不是大麦本身有所不同。

　　人也如同大麦一样具有共同的本性。孟子说，人在编草鞋时，即使不知道脚的模样，也不会把草鞋编成草筐，这是因为人的脚的形状是大致相同的。进而又以人的味觉、听觉、视觉具有共同的性能，而延伸到人的心也有共同肯定的东西，那就是对理义的觉悟。因此，孟子的"我心所悦"就是理与义，"人心向善"是人本能的体现。

第八章

原文

孟子曰："牛山①之木尝美矣，以其郊②于大国③也，斧斤伐之，可以为美乎？是其日夜之所息④，雨露之所润，非无萌蘖⑤之生焉，牛羊又从而牧之，是以若彼濯濯⑥也。人见其濯濯也，以为未尝有材焉，此岂山之性也哉？虽存乎人者，岂无仁义之心哉？其所以放其良心者，亦犹斧斤之于木也，旦旦而伐之，可以为美乎？其日夜之所息，平旦⑦之气，其好恶与人相近也者几希，则其旦昼⑧之所为，有⑨梏亡⑩之矣。梏⑪之反覆，则其夜气不足以存；夜气不足以存，则其违禽兽不远矣。人见其禽兽也，而以为未尝有才焉者，是岂人之情也哉？故苟得其养，无物不长；苟失其养，无物不消。孔子曰：'操则存，舍则亡；出入无时，莫知其乡⑫。'惟心之谓与？"

注释

①牛山：齐国都城临淄郊外的山。②郊：此处作动词用，在……之郊。③大国：即大都市，指临淄。④息：生长。⑤萌蘖（niè）：新枝嫩芽。⑥濯濯（zhuó）：没有草木，光秃秃的样子。⑦平旦：黎明，天刚亮时。⑧旦昼：第二天。⑨有：同"又"。

⑩梏（gù）亡：指因受束缚而消亡。⑪梏：拘禁，束缚。⑫乡：通"向"。

······ 译文 ······

孟子说："牛山的树木曾经是很茂盛的，但是由于它长在大都市的郊外，经常被人们用斧子砍伐，这样它还能够茂盛吗？虽然它日日夜夜都在生长着，雨水露珠也在滋润着它，而且并不是没有新枝嫩芽长出来，但紧跟着就有人赶着牛羊来放牧，所以就变成现在这样光秃秃的了。人们看见它光秃秃的样子，便以为牛山从来也不曾有过高大的树木，这难道是牛山的本性吗？在一些人身上难道就没有仁义之心吗？

他们丧失善良之心，就像斧头砍伐树木一样，天天砍伐，还能茂盛吗？他们日夜息养，在清晨积聚清明之气，其好恶跟一般人是相近的。可是一到白天，他们的所作所为又把他们所聚的清明之气泯灭了。反复地扰乱，那么他们的清明之气就无法保存，也就距离禽兽不远了。人们见他们像禽兽，就以为他们不曾具有人善良的资质，这难道是这些人的本性吗？所以，假如得到滋养，没有什么东西不生长；假如失去滋养，没有什么东西不消亡。孔子说过：'抓住它，就存在；放弃它，就消亡。出入不定，不知去向何方。'说的就是人心吧？"

······ 解读 ······

孟子的这段话，主要讲三层意思：一是人本性善，具有仁义；二是不好的环境使人善性泯灭；三是只有注重培育清明之气，滋养善性，才能使善端扎根于心。

孟子以牛山之木比喻人的本性。"牛山之木尝美矣"，牛山的树木曾经很茂盛，后来遭到砍伐、放牧而变得光秃秃的。人们看见它光秃秃的样子，便以为牛山从来也不曾有过高大的树木，这难道是牛山的本性吗？牛山的本性就是有茂盛的树木，即是说人的本性都是善的。

　　有些人为什么不善呢？这就如同牛山之木一样，是因为受到了砍伐、放牧等人为的破坏。人如果被物欲蒙蔽，耳迷声色，目眩美色，神摇心醉，结果使善良的本性沉沦，也就距离禽兽不远了。这不是他们天赋的资质不同，而是环境使他们善良的本性沉溺了。

　　所以必须培育、滋养善性，如同树木不断地吸收水分、养料、新鲜的空气，才能够葱郁茂盛。孟子强调要重视修养，积极地爱护、扩充、发扬本性中的"四端"，杜绝对它的损害。这样，人心才能安定，善的本性才能彰显。

第九章

原文

孟子曰："无或①乎王之不智也。虽有天下易生之物也，一日暴②之，十日寒之，未有能生者也。吾见亦罕矣，吾退而寒之者至矣，吾如有萌焉何哉？今夫弈③之为数④，小数也；不专心致志，则不得也。弈秋，通国之善弈者也。使弈秋诲二人弈，其一人专心致志，惟弈秋之为听。一人虽听之，一心以为有鸿鹄⑤将至，思援弓缴⑥而射之，虽与之俱学，弗若之矣。为是其智弗若与？曰：非然也。"

注释

①或：同"惑"，迷惑，不理解。②暴（pù）：同"曝"，晒。③弈：围棋。④数：技术，技巧。⑤鸿鹄（hú）：天鹅。⑥缴（zhuó）：系在箭上的绳，代指箭。

译文

孟子说："对大王的不明智，不必觉得奇怪。即使有一种最容易生长的植物，如果晒它一天，再冻它十天，那么也不能够成活。我和大王相见的次数也太少了，我一离开大王，那些寒冻他的奸邪之人就来了，即使我的进言对他有所触动并且有所萌芽，也被他们冻杀了，我有什么办法呢？比如下棋，只是一种小技艺，但如果不专心致志地学习，也是学不会的。弈秋是全国闻名的下棋高手。假使让他同时教两个人下棋，其中一个专心致志，只听弈秋的讲解。另一个虽然也在听，但心里面却老是觉得有天鹅要飞来，一心想着如何张弓搭箭去射它。这样，即使他与别人一起学习，成绩也不如别人。这难道是因为他的智力不如别人吗？自然不是的。"

解读

从孟子的整个思想体系来看，孟子这段话是批评大王不能一心一意地培养善端和实行仁政。但这段话却揭示了一个普遍的真理，即不管干什么事，只有专心致志、一心一意才能成功。

孟子以物言事。他说即使最容易生长的东西，如果把它放到太阳底下暴晒一天，再拿到寒冷的地方冻个十天，那么，它的生命力再顽强也是不能生长的。孟子以此讽谏齐王，意思就是：大王的善心就如同这种易生的东西，我在的时候它就能萌芽、生长，可我一旦离开，它就遭受"暴寒"而不能生长。孟子又以学习棋技为例，说明如果不专心致志就学不好。弈秋同时教两个学生，一个专心致志地学习，另一个却三心二意。虽然他俩一起学习，也是同样的老师在教，可是，最后的成绩却大相径庭。这并不是因为他们的智力有差别，而是用心程度不一样罢了。

孟子的这段话告诉我们一个道理：在学习的时候，如果"一曝十寒"、"三心二意"，那是什么也学不会的。因此，学习不仅要持之以恒，还要专心致志。

陈毅小时候非常喜欢读书，读起书来可谓专心致志、一心一意。有一次，他正在看书时，妈妈端来一盘饼和一碗芝麻酱，叫他蘸着吃。陈毅的书桌上有一个大墨盒，因为每天都要用，所以墨盒经常是开着的。陈毅一边看书，一边吃饼，不知不觉竟把饼蘸到墨盒里，一口一口吃得还挺香的。妈妈走进屋里，看到他满嘴都是墨，吃惊地叫起来："你在吃什么？"这时，陈毅才发现自己蘸的不是芝麻酱，而是墨水。妈妈一边责怪他，一边心疼地拉他去漱口。陈毅笑着说："没关系！吃点墨水好啊！我肚子里的'墨水'还太少了呢！"

專心致志

簡山

孟子曰仁人心也義人
路也舍其路而弗由放
其心而不知求哀哉人有
雞犬放則知求之有放心
而不知求學問之道無他
求其放心而已矣

寶平

人皆可以為堯舜

歲次丙申年荷月於京 天霖書屋

楊寶平

萬物皆備於我矣
反身而誠樂莫大
焉強恕而行求仁莫
近焉

楊寶平書

古之人得志澤加
於民不得志脩身
見於世窮乃獨善其
身達乃兼善天下

歲次丙申年荷月於京華楊寶平

西伯善養老者
丙甲年简山寫
舍亮

天下有道以道
殉身天下無道
以身殉道未有以
道殉乎人者也

歲次丙申年暑月 楊寶平

民為貴
社稷次之
君為輕

歲次丙申年暑月　寶平書

第十章

原文

孟子曰："鱼，我所欲也，熊掌亦我所欲也；二者不可得兼，舍鱼而取熊掌者也。生亦我所欲也，义亦我所欲也；二者不可得兼，舍生而取义者也。生亦我所欲，所欲有甚于生者，故不为苟得也；死亦我所恶，所恶有甚于死者，故患有所不辟①也。如使人之所欲莫甚于生，则凡可以得生者，何不用也？使人之所恶莫甚于死者，则凡可以辟患者，何不为也？由是则生而有不用也，由是则可以辟患而有不为也。是故所欲有甚于生者，所恶有甚于死者。非独贤者有是心也，人皆有之，贤者能勿丧耳。一箪②食，一豆③羹，得之则生，弗得则死。呼尔而与之，行道之人弗受；蹴④尔而与之，乞人不屑也。万钟则不辩礼义而受之。万钟于我何加焉？为宫室之美、妻妾之奉、所识穷乏者得⑤我与？乡⑥为身死而不受，今为宫室之美为之；乡为身死而不受，今为妻妾之奉为之；乡为身死而不受，今为所识穷乏者得我而为之。是亦不可以已乎？此之谓失其本心。"

注释

①辟：同"避"。②箪（dān）：古代盛饭的圆竹器。③豆：古代盛羹汤的器具。④蹴（cù）：踢、踏。⑤得：通"德"，此处作动词用，感激。⑥乡：通"向"，以往。

译文

孟子说："鱼是我想要的，熊掌也是我想要的；如果两者不能同时得到，那我就舍弃鱼而选择熊掌。生命是我想拥有的，道义也是我想拥有的；如果两者不能同时得到，那我就舍弃生命而选择道义。生命是我想拥有的，但是还有比生命更让我想拥有的，所以我不愿意做苟且偷生的事；死亡是我所厌恶的，但是还有比死亡更让我厌恶的，所以我不愿意因为厌恶死亡而躲避某些祸患。如果人们所想要的没有超过生命的，那么只要可以活命，什么方法不能使用呢？如果让人厌恶的没有超过死亡的，那么只要可以逃避死亡的祸患，什么手段不能利用呢？照这么做就可以保全生命，然而有人却并不这么做；照这么做就能避开祸患，然而有人却并不这么做。由此可见，人们所想要的东西还有超过生命的，所厌恶的东西还有超过死亡的。不单单是贤者有这样的心思，而是每个人都有，只是贤者能保持它罢了。一箪饭，一碗汤，吃了便可以活下去，不吃就要饿死。如果吆喝着施舍给人吃，过路的人即使饿着肚子也不会接受；如果用脚踩踏后再给人吃，就是乞丐也不屑于接受。可是现在，有人不问是否合乎礼仪就接受万钟的俸禄了。万钟的俸禄对我有什么好处呢？为了住宅的华丽、妻妾的侍奉以及我所认识的穷苦人感激我吗？过去宁肯死亡都不接受，现在却为了住宅的华丽而接受了；过去宁肯死亡都不接受，现在却为了妻妾的侍奉而接受了；过去宁肯死亡都不接受，现在却为了我所认识的穷苦人感激我而接受了。这些难道是没有办法停下来的吗？这就叫丧失了本心。"

解读

　　这一章主要是讲鱼和熊掌不可兼得的舍生取义思想以及"不食嗟来之食"的大丈夫人格思想，批评苟且偷生、贪生怕死思想以及"万钟则不辩礼义而受之"的"失其本心"的做法。

　　像鱼和熊掌不可兼得一样，当生和义不可兼得的时候，孟子主张舍生取义；当所喜爱的东西需要以生命作为代价时，就毫不犹豫地献出生命，如广为流传的诗："生命诚可贵，爱情价更高。若为自由故，二者皆可抛。"铲除厌恶的东西需要以生命作为代价时，就要不怕牺牲，勇往直前。为了保命避祸，不顾礼义廉耻、苟且偷生的人是有的。但是，为了自己的信仰、理想而抛头颅、洒热血的人同样是有的。屈原坚持自己的原则，不愿与奸佞小人同流合污，在绝望中投入汨罗江；谭嗣同为了拯救中国而献出生命，彰显了"我以我血荐轩辕"的大丈夫气概，用他的鲜血来唤醒沉睡的国人。这些都是舍生取义的生动写照。

　　"不食嗟来之食"更是将大丈夫的品格表现得淋漓尽致。《礼记·檀弓下》有一个故事：齐国遭到饥荒，黔敖准备了食物在路边赈济饥民。一个人饥饿不堪的人走过来了，黔敖连忙左手端饭、右手端汤冲那人喊道："嗟！来食！"那人瞪着眼睛对黔敖说："我正因为不吃嗟来之食才饿成这个样子！"尽管黔敖再三向他道歉，那人仍然坚决不吃，直到饿死。

　　一筐饭，一碗汤，得到它就可以活命，得不到就会死去。如果大声叫喊着施舍，路上的行人都不会接受；踢给别人，连乞丐都不屑一顾。这就是"不食嗟来之食"，这就是大丈夫的气节和风骨。

第十一章

原文

孟子曰:"仁,人心也;义,人路也。舍其路而弗由,放①其心而不知求,哀哉!人有鸡犬放,则知求之;有放心而不知求。学问之道无他,求其放心而已矣。"

注释

①放:放任,失去。

译文

孟子说:"仁,是人的本心;义,是人的正路。放弃正路不走,失去了善良的本心而不知道去寻求,真是悲哀啊!有的人,鸡狗走失了都知道去寻找,善良的本心丢失了却不知道去寻求。学问之道没有别的,就是把那丧失的善良之心找回来罢了。"

解读

孟子认为,仁义是人的本心所具有的,人的一切行为都要符合仁义,这就是走正路。但是有的人不知内省自己的仁义之心,不走正路而走邪路,真是令人悲哀。人们在社会中的所作所为,有时会偏离"仁义"的道路而迷失本心。如在面对财富、名誉、地位时,很多人就丧失了良知,道德沦丧,"因嫌纱帽小,致使枷锁扛",锒铛入狱,最后自取灭亡。自己家的鸡狗走失了都知道去寻找,自己的本心丢失了为什么不去寻找呢?学问的根本就在于把那丢失的仁义之心找回来,这就是"求其放心"。

第十五章

原文

公都子问曰:"钧①是人也,或为大人,或为小人,何也?"

孟子曰:"从其大体为大人,从其小体为小人。"

曰:"钧是人也,或从其大体,或从其小体,何也?"

曰:"耳目之官不思,而蔽于物。物交物,则引之而已矣。心之官则思,思则得之,不思则不得也。此天之所与我者。先立乎其大者,则其小者不能夺也。此为大人而已矣。"

注释

①钧:同"均"。

译文

公都子问道:"同样是人,有的是君子,有的是小人,这是为什么呢?"

孟子说:"有思想的是君子,无思想、只注重眼前利益的是小人。"

公都子说:"同样是人,有的人有思想,有的人无思想、只注重眼前利益,这又是为什么呢?"

孟子说:"耳朵、眼睛这类器官不会思考,容易为外物所蒙蔽。一与外物相接触,便被眼前利益迷住了。心这个器官则有思考的能力，通过思考就能在心中掌握善和仁义，不思考就无法得到。这是上天赋予我们的。所以，首先要把善和仁义在心中树立起来，这样我们就不会被恶的、眼前的利益引入迷途。这就是成为君子的道理。"

孟子在这一章中主要谈君子和小人的区别。孟子认为，小人非常感性，不会思考，只是用耳朵、眼睛这类器官感知外物，容易为外物所蒙蔽，一与外物相接触，便被眼前利益迷住了。故小人胸无大志，目光短浅。而君子有思想，善于思考，通过思考，能体悟原本就在心中的善和仁义。久而久之，善和仁义在心中树立起来，不善的念头在心中难以存在。即只要树立心的统率作用，耳朵、眼睛这类器官就不会为外物所蒙蔽，不会被恶的、眼前的利益吸引而误入歧途。

孟子的这段论述，在于启发我们树立正确的人生观、价值观，不要鼠目寸光，只想着自身利益，而要胸怀大志，为人民、为人类多做贡献。只要胸怀大志，就不会为眼前利益所动。

另外，孟子对耳朵、眼睛这类器官感知外物、容易为外物所蒙蔽的论述，以及"心之官则思"的论述，实际上涉及了感性认识和理性认识的辩证关系。

第十六章

孟子曰："有天爵①者，有人爵②者。仁义忠信，乐善不倦，此天爵也；公卿大夫，此人爵也。古之人修其天爵，而人爵从之。今之人修其天爵，以要人爵；既得人爵，而弃其天爵，则惑之甚者也，终亦必亡而已矣。"

二八八

注释

①天爵：指善与仁义忠信等本然的、尊贵的等级。
②人爵：指君主所封的等级。

译文

孟子说："有天赐的爵位，有人世的爵位。仁义忠信，不厌倦地乐于行善，这是天赐的尊贵的爵位；公卿大夫，这是人世的显赫的爵位。古代的人修养天赐的爵位，于是，人世的爵位也随之而来。现在的人修养天赐的爵位，其目的就在于得到人世的爵位；一旦得到人世的爵位，便抛弃了天赐的爵位，那就太糊涂了，最终一定会失去人世的爵位。"

解读

孟子认为，人性本善，仁义忠信等善的因素本来就存在于心，并且善与仁义忠信是最尊贵的，这就是天爵。人爵即人世间的等级，如公、侯、伯、子、男五等爵位。人爵虽然显赫，但必须以天爵为基础。古代君子修养天爵，人世的爵位也随之而来。今人修养天爵，目的是获得名利和地位，而如果达到了目的就抛弃天爵，那么最终一定会失去人世的官职和头衔。

孟子这段话告诉我们，人的道德品质最为重要。人在世上，首先要学会做人，做一个善良、有道德、有理想、有抱负、为社会乐于奉献的人，而不要做一个贪图名利地位的小人。否则，你就是混上一官半职，最终也会丧失的。

第十八章

孟子曰："仁之胜不仁也，犹水胜火。今之为仁者，犹以一杯水救一车薪之火也。不熄，则谓之水不胜火。此又与于①不仁之甚者也，亦终必亡而已矣。"

①与于：给予。

孟子说："仁胜过不仁，就像水可以扑灭火一样。如今行仁道的人，就像用一杯水去灭一车木柴所燃起的大火一样。火没有熄灭，就说水不能扑灭火。这又助长了不仁的风气，最终仁会彻底消失。"

从孟子的这段话可以看出，在孟子的时代，仁者少而不仁者多。仁者只有一杯水，不仁者却有一车木柴。推行仁义、仁政有阻力，但不能就说仁胜不了不仁，因为水就是克火的。如果没有信心，那么最终仁会彻底消亡。推行仁义要有毅力，要有信心，要持之以恒，道路是曲折的，前途是光明的，只要坚持不懈，水最终克火，仁最终胜过不仁。

卷十二 告子章句下

本卷原文共十六章，本书全选九章。

第二章

曹交①问曰："人皆可以为尧舜，有诸？"

孟子曰："然。"

"交闻文王十尺，汤九尺，今交九尺四寸以长，食粟而已，如何则可？"

曰："奚有于是？亦为之而已矣。有人于此，力不能胜一匹雏②，则为无力人矣；今日举百钧，则为有力人矣。然则举乌获③之任，是亦为乌获而已矣。夫人岂以不胜为患哉？弗为耳。徐行后长者谓之弟，疾行先长者谓之不弟。夫徐行者，岂人所不能哉？所不为也。尧舜之道，孝弟而已矣。子服尧之服，诵尧之言，行尧之行，是尧而已矣。子服桀之服，诵桀之言，行桀之行，是桀而已矣。"

曰："交得见于邹君，可以假馆④，愿留而受业于门。"

曰："夫道若大路然，岂难知哉？人病不求耳。子归而求之，有余师。"

注释

① 曹交：人名。② 雏：小鸡。③ 乌获：古代传说中的大力士。④ 假馆：借客舍，意思是找一个住处。

译文

曹交问道："人人都可以做尧舜，有这说法吗？"

孟子说："有。"

曹交说："我听说周文王身高一丈，商汤身高九尺，如今我身高九尺四寸多，却只会吃饭而已，要怎样做才行呢？"

孟子说："这有什么关系呢？只要去做就行了。要是有人自以为连一只小鸡都提不起来，那他便是毫无力气的人。如果说能够举起三千斤，就是很有力气的人了。同样的道理，只要能举得起乌获所举的重量，也就可以成为乌获这样的人了。一个人难道为不能胜任而担心吗？只是不去做罢了。比如说，慢一点走，走在长者之后叫作悌；走得很快，抢在长者之前叫作不悌。慢一点走难道是人做不到的吗？只是不那样做罢了。尧舜之道，也不过就是孝和悌而已。你穿尧的衣服，说尧的话，做尧的事，便是尧了。你穿桀的衣服，说桀的话，做桀的事，便是桀了。"

曹交说："我准备去拜见邹君，向他借个住处，希望留在您的门下学习。"

孟子说："道就像大路一样，难道难以了解吗？只怕人不去寻求罢了。你回去自己寻求吧，老师多得很呢。"

　　在这段话中，孟子告诉曹交如何修养成圣。曹交请教孟子，据说人人都可以做尧舜，我身高和尧舜差不多，却只会吃饭而已，要怎样做才行呢？孟子告诉他，要想成为尧舜，关键在于对自己要有信心并身体力行。如同举重，首先你要有信心，然后要持之以恒地锻炼，你就会成为著名的举重运动员。若想做到"悌"，你在长者后面慢慢地走，这就是"悌"。反之，就是不悌。同样的道理，你穿尧的衣服，说尧的话，做尧的事，便是尧了。反之，你穿桀的衣服，说桀的话，做桀的事，便是桀了。即是说，学好还是学坏由自己选择。当然，在这里孟子要曹交身体力行学尧，并告诉曹交学尧不需要在名师门下学习，这是因为"道不远人"，就看一个人主观上是否努力，是否一心向善。

第三章

~~~ 原文 ~~~

公孙丑问曰:"高子①曰:《小弁》②,小人之诗也。"

孟子曰:"何以言之?"

曰:"怨。"

曰:"固哉,高叟之为诗也!有人于此,越人关弓而射之,则己谈笑而道之;无他,疏之也。其兄关弓而射之,则己垂涕泣而道之;无他,戚③之也。《小弁》之怨,亲亲也。亲亲,仁也。固矣夫,高叟之为诗也!"

曰:"《凯风》④何以不怨?"

曰:"《凯风》,亲之过小者也;《小弁》,亲之过大者也。亲之过大而不怨,是愈疏也;亲之过小而怨,是不可矶⑤也。愈疏,不孝也;不可矶,亦不孝也。孔子曰:'舜其至孝矣,五十而慕。'"

~~~ 注释 ~~~

①高子:与孟子同时代但年长于孟子的一位学者。②《小弁》:《诗经·小雅》中的一首诗。③戚:亲。④《凯风》:《诗经·邶风》中的一首诗。⑤矶:本义为大石激水,水冲击岩石。引

申为激怒、触犯。

公孙丑问道:"高子说:《小弁》这首诗是小人所作的,是吗?"

孟子说:"为什么这样说呢?"

公孙丑说:"因为诗中有怨恨之情。"

孟子说:"高老先生对诗的理解真是太呆板了。假如有个人在此,越国人弯弓搭箭射他,他自己可以谈笑风生地讲述这件事,没有别的原因,是因为他跟越国人关系疏远。如果是他自己的兄长弯弓搭箭去射他,那么他就会落下眼泪来讲述这件事,没有别的原因,是因为他兄长和他的关系亲近。《小弁》一诗中的忧怨,出于爱护亲人;爱护亲人,就合乎仁。高老先生对诗的理解,真是太呆板了!"

公孙丑说:"《凯风》这首诗为什么没有怨恨之情呢?"

孟子说:"《凯风》这首诗,是因为父母过错较小,《小弁》这首诗,是因为父母过错较大。父母的过错较大而不怨恨,这是更加疏远父母的表现;父母的过错较小而怨恨,这是不能受一点委屈。与父母更加疏远,是不孝顺;不能受一点委屈,也是不孝顺。孔子说:'舜是最孝顺的人,五十岁了还眷念着自己的父母。'"

在本章中,孟子以遭人射箭为例谈亲疏关系。因为对越国人(或者敌人)在情感上没有什么期许,所以遭越人射箭并不觉得难过;但是如果射箭的人换成自己的哥哥,则因为期许过

二九五

多而难过：这是由于关系亲疏有别的缘故。接着，孟子又列举《诗经》中的例子：《小弁》的内容是"父亲听了谗言将伤害自己"，这是有悖人伦的，是大过错，所以诗中表现出怨恨的感情。《凯风》则描写"儿子尽孝道以安慰、鼓励母亲，希望她不要犯错"，这是小的过错，所以诗中没有太大的怨恨之情。从这两个例子中可以看出，人非圣贤，孰能无过。父母是凡人，也有犯错的时候，作为子女并不是不能怨恨，但更重要的是向父母讲明事理，耐心规劝。大的过错若不指出，会和父母的关系渐渐疏远；而小的过错不能容忍，也是不孝的表现。也就是说，当父母或者长辈犯错的时候，我们应该大胆指出来，同时还要包容，这才是对父母真正孝顺。

第四章

宋牼①将之楚，孟子遇于石丘②，曰："先生将何之？"

曰："吾闻秦楚构兵③，我将见楚王说④而罢之。楚王不悦，我将见秦王说而罢之。二王我将有所遇焉。"

曰："轲也请无问其详，愿闻其指⑤。说之将何如？"

曰："我将言其不利也。"

曰："先生之志则大矣，先生之号⑥则不可。先生以利说秦楚之王，秦楚之王悦于利，以罢三军之师，是三军之士乐罢而悦于利也。为人臣者怀利以事其君，为人子者怀利以事其父，为人弟者怀利以事其兄，是君臣、父子、兄弟终去仁义，怀利以相接，然而不亡者，未之有也。先生以仁义说秦楚之王，秦楚之王悦于仁义而罢三军之师，是三军之士乐罢而悦于仁义也。为人臣者怀仁义以事其君，为人子者怀仁义以事其父，为人弟者怀仁义以事其兄，是君臣、父子、兄弟去利，怀仁义以相接也，然而不王者，未之有也。何必曰利？"

------ 注释 ------

①宋牼（kēng）：战国时宋国著名学者。②石丘：地名。③构兵：交战。④说（shuì）：劝说。⑤指：同"旨"，大概，大意。⑥号：提法，说法。

------ 译文 ------

宋牼准备到楚国去，孟子在石丘遇上了他。孟子问："先生准备到哪里去？"

宋牼说："我听说秦楚两国交战，我准备去拜见楚王，劝说他罢兵。如果楚王不听，我准备去拜见秦王，劝说他罢兵。在两位国君中，我总会劝通一个。"

孟子说："我不想问得太详细，只想知道你的大意，你准备怎样去劝说他们呢？"

宋牼说："我将告诉他们，交战是很不利的。"

孟子说："先生的志向是很好的，可是先生的提法却不行。先生用利去劝说秦王、楚王，秦王、楚王因为有利而高兴，于是停止军事行动；军队的官兵也因为有利而高兴，于是也乐于罢兵。如果做臣子的心怀利害关系来侍奉君主，做儿子的心怀利害关系来侍奉父亲，做弟弟的心怀利害关系来侍奉哥哥，那么君臣之间、父子之间、兄弟之间都会完全抛弃仁义，心怀利害关系来互相对待，这样国家必然会灭亡。若是先生以仁义的道理去劝说秦王、楚王，秦王、楚王因仁义而高兴，于是停止军事行动；军队的官兵也因仁义而高兴，于是也乐于罢兵。做臣子的心怀仁义来侍奉君主，做儿子的心怀仁义来侍奉父亲，做弟弟的心怀仁义来侍奉哥哥，这就会使君臣之间、父子之间、兄弟之间都完全抛弃利害关系，心怀仁义来互相对待，如此还不能使天下归服，是从来没有的。所以您何必要去谈'利'呢？"

解读

本章与"孟子见梁惠王"时所讲的道理是一致的，这也是孟子一贯的立场，"孟子见梁惠王"一章主要针对从政治国的问题，而本章谈的是战争与和平的问题。

在孟子看来，和平是很重要的，所以，他也非常支持宋牼维护和平的行为。但是，宋牼打算从利益的角度去游说楚王和秦王，孟子是不赞同的。孟子认为，和平的前提不是利害关系，而是仁义。用利害关系换得的和平是不能长久的，因为利害关系中隐藏着许多不和平的因素，一旦利害关系发生冲突，势必导致和平关系的倾斜。相反，如果以仁义为前提，使交战双方意识到仁义的重要性而罢兵，化干戈为玉帛，这样赢得的和平才会保持长久，而且在仁义的旗帜下还会使天下人心归服，安定统一。

第八章

鲁欲使慎子①为将军。孟子曰："不教民而用之，谓之殃民。殃民者，不容于尧舜之世。一战胜齐，遂有南阳，然且不可。"

慎子勃然不悦曰："此则滑釐所不识也。"

曰："吾明告子。天子之地方千里；不千里，不足以待诸侯。诸侯之地方百里；不百里，不足以守宗庙之典籍②。周公之封于鲁，为方百里也；地非不足，而俭③于百里。太公之封于齐也，亦为方百里也；地非不足也，而俭于百里。今鲁方百里者五，子以为有王者作，则鲁在所损乎，在所益乎？徒取诸彼以与此，然且仁者不为，况于杀人以求之乎？君子之事君也，务引其君以当道，志于仁而已。"

①慎子：名滑釐（xī），鲁国的一名大臣，善于用兵。②典籍：重要档案文献。③俭：少，仅。

鲁国国君想让慎子做将军。孟子说："不教导百姓，就要他们去打仗，这叫加害于百姓。加害于百姓的人，在尧舜时代是不被容纳的。即使一

三〇〇

仗就打败齐国，占领齐国的南阳，这样也是不可以的。"

慎子不高兴地说："这话我慎滑釐听不懂。"

孟子说："我明白地告诉你吧，天子的土地纵横千里，不足千里，就不够条件接待诸侯。诸侯的土地纵横百里，不足百里，就不够条件奉守宗庙的典章制度。当年周公被封在鲁地，方圆百里，土地不是不够，却仅限于百里。姜太公被封在齐地，也是方圆百里，土地不是不够，却仅限于百里。如今鲁国已经有五个方圆百里了，你以为假如有圣主明王兴起，鲁国的土地是在被减少之列呢，还是在被增加之列？不用战争而把彼国的土地拿给此国，仁者尚且不干，何况是用战争屠杀去取得呢？君子侍奉君主，就是要努力把君主引向正道，有志于行仁罢了。"

解读

　　孟子所说的土地方圆百里是西周时期的一种社会行为规范。意思是说，当时不是没有土地，也不是土地不够分封，之所以一个诸侯只分封百里之地，其目的就是使诸侯们不能拥有太多的土地和人民。换句话说，就是要使诸侯们不要有太多的权力。然而随着经济的发展和人们私欲的膨胀，至战国时期，诸侯们已不满足于方圆百里的国土了。所以他们趁着周王室的日益衰微，拼命扩张自己的国土。孟子认为，扩张国力，使国家强大并不是坏事，但不是靠战争屠杀去夺取，而是要靠仁义，靠教化民众。因此，孟子反对以侵略扩张为目的的不义之战，强调"教民"远比用兵更能征服民心。故孟子要求慎子"君子之事君也，务引其君以当道，志于仁而已"。

第九章

原文

孟子曰："今之事君者皆曰：'我能为君辟土地，充府库。'今之所谓良臣，古之所谓民贼也。君不乡道①，不志于仁，而求富之，是富桀也。'我能为君约与国②，战必克。'今之所谓良臣，古之所谓民贼也。君不乡道，不志于仁，而求为之强战，是辅桀也。由今之道，无变今之俗，虽与之天下，不能一朝居也。"

注释

①乡道：向往道德。乡，同"向"，向往。②与国：盟国。

译文

孟子说："如今侍奉国君的人都说：'我能为国君开拓土地，充实府库。'如今所说的良臣，正是古代所说的民贼。国君不向往道德，不立志行仁，你却想方设法让他富有，这等于是让夏桀富有。又说：'我能够替国君邀约盟国，每战必胜。'如今所说的良臣，正是古代所说的民贼。国君不向往道德，不立志行仁，你却想方设法替他拼命打仗，这等于是在帮助夏桀。沿着目前这样的道路走下去，不改变如今的风俗习气，即便把整个天下都给他，他也是一天都坐不稳的。"

　　本章主要讲的是富国强兵与仁义道德之间的冲突。

　　孟子反对不行仁政而依靠武力去征服别的国家的行为。他认为，能够帮助国君开拓土地、充实府库的人并不能称得上好的臣子。因为，如果国君不施行仁政，那么，即使臣子辅助使国力强盛，也只不过像帮助夏桀这样的暴君。也就是说，国君若不能施行仁政，那么，人们同样是在暴君的统治下而不能安定。孟子又说，能够为国君训练军队、百战百胜的臣子，正是古代所说的民贼。因为，他不是引导国君施行仁政，而是让他用武力去征讨别的国家，这也和帮助夏桀是没有区别的。在这里，孟子强调国君要向往道德，立志行仁，才能获得民心。

第十一章

原文

白圭①曰："丹之治水也，愈于禹。"

孟子曰："子过矣。禹之治水，水之道也，是故禹以四海为壑②。今吾子以邻国为壑。水逆行谓之洚③水，洚水者，洪水也，仁人之所恶也。吾子过矣。"

注释

①白圭：名丹，曾任魏国的国相，筑堤治水很有名。②壑（hè）：沟壑。③洚（jiàng）：大水泛滥。

译文

白圭说："我治理洪水比大禹还强。"

孟子说："你错了。大禹治理水患，是顺着水的本性而疏导，所以使水流注于四海。如今你却使水流到邻近的国家去。水逆流而行叫作洚水，洚水就是洪水，这是有仁爱之心的人所厌恶的。你错了。"

解读

白圭治水主要在于筑堤塞穴，重在堵塞。他自认为治水的能力很强，超过大禹。孟子一针见血地说："你错了。"大禹治水顺应水性，重在疏导。把水引往低洼处，最终将水导入四海，造福人民。而白圭却把水堵塞后使之流向邻国，使邻国遭受洪水之灾，这是损人利己的行为，也是仁者所厌恶的行为。所以孟子指责他"以邻国为壑"，不仅不是治水高明的表现，还是一种错误的行为。

大禹治水的故事流传千年，被传为佳话。

传说在帝尧时期，黄河流域经常发生洪水。为了制止洪水泛滥，保护农业生产，尧帝曾召集部落首领会议，征求治水能手来平息水害。鲧被推荐来负责这项工作。鲧接受任务后，采用堤工障水，作三仞之城，就是用简单的堤埂把居住区围护起来以障洪水，九年而不得成功，最后被放逐羽山而死。舜帝继位以后，任用鲧的儿子禹治水。禹总结父亲的治水经验，改鲧"围堵障"的方法为"疏顺导滞"的方法，就是利用水自高向低流的自然趋势，顺地形把壅塞的川流疏通。把洪水引入疏通的河道、洼地或湖泊，然后合通四海，从而平息了水患，使百姓得以从高地迁回平川居住和从事农业生产。后来禹因此而成为夏朝的第一代君王，并被人们称为"神禹"而传颂于后世。大禹是中国历史上第一位成功治理黄河水患的治水英雄。

第十二章

》 原文 《

孟子曰："君子不亮^①，恶乎执？"

注释

①亮：同"谅"，诚信。

译文

孟子说："君子不讲信用，怎么能够有操守呢？"

解读

孟子认为，人要讲究诚信，否则就无法在社会上立足。诚信就是信守诺言，言行合一，内外一致。讲诚信的故事非常多，"曾子杀猪"就是一例。

曾子名曾参，是孔子早期的弟子，七十二贤之一。他博学多才，且十分注重修身养性，德行高尚。一次，他的妻子要到集市上办事，年幼的孩子吵着要去。曾参的妻子不愿带孩子去，便对他说："你在家好好玩，等妈妈回来，将家里的猪杀了煮肉给你吃。"孩子听了，非常高兴，不再吵着要去集市了。这话本是哄孩子说着玩的。曾参的妻子从集市回来，看到曾参却真的把家里的一头猪杀了。妻子说："我是为了让孩子安心地在家里，才说等赶集回来把猪杀了烧肉给他吃的，你怎么当真呢？"曾参说："孩子是不能欺骗的。孩子年纪小，不懂世事，只得学习别人的样子，尤其是以父母作为生活的榜样。今天你欺骗了孩子，玷污了他的心灵，明天孩子就会欺骗你、欺骗别人；今天你在孩子面前言而无信，明天孩子就会不再信任你，对别人也会言而无信，你看这危害有多大呀。"曾子深深懂得，诚实守信、说话算话是做人的基本准则。

第十三章

原文

鲁欲使乐正子①为政。孟子曰："吾闻之，喜而不寐。"

公孙丑曰："乐正子强乎？"

曰："否。"

"有知虑乎？"

曰："否。"

"多闻识乎？"

曰："否。"

"然则奚为喜而不寐？"

曰："其为人也好善②。"

"好善足乎？"

曰："好善优于天下③，而况鲁国乎？夫苟好善，则四海之内皆将轻千里而来告之以善；夫苟不好善，则人将曰：'訑訑④，予既已知之矣。'訑訑之声音颜色距⑤人于千里之外。士止于千里之外，则谗谄面谀之人至矣。与谗谄面谀之人居，国欲治，可得乎？"

注释

①乐正子：人名。②好　善：这里特指喜欢听取善言。

③优于天下：优于治天下的

意思。④詑詑（yí）：听别人意见时不耐烦的声音。⑤距：同"拒"。

译文

鲁国打算让乐正子治理国政。孟子说："我听到这一消息，高兴得睡不着觉。"

公孙丑问："乐正子能力很强吗？"

孟子说："不。"

公孙丑问："有智慧有远见吗？"

孟子说："不。"

公孙丑问："见多识广吗？"

孟子说："不。"

公孙丑问："那您为什么高兴得睡不着觉呢？"

孟子回答说："他为人喜欢听取善言。"

公孙丑问："喜欢听取善言就够了吗？"

孟子说："喜欢听取善言足以治理天下，何况治理鲁国呢？假如喜欢听取善言，四面八方的人都会从千里之外赶来把善言告诉他；假如不喜欢听取善言，那么别人就会模仿他说：'呵呵，我都已经知道了！'那种腔调脸色就会把士人拒于千里之外了。士人不来，那些进谗言及当面奉承的人就会来。与那些进谗言及当面奉承的人在一起，要想把国家治理好，做得到吗？"

解读

在孟子看来，治理好一个国家并不单靠执政者个人的能力、智慧和学识，而应当广泛听取和采纳别人的意见，集思广益。这样，就会吸引天下的有识之士。相反，如果自以为是，听不进别人的意见，那么，有识之士就会被拒于千里之外，而奸邪的谄媚之徒就会乘虚而入。这样一来，想治理好国家是不可能的。

这里所说的"好善"主要指喜欢听取善言，"善言"就是对于治理国家有益的忠言。在我国历史上，敢于冒死进谏的当属魏徵了。由于魏徵能够犯颜直谏，从不退让，所以，唐太宗有时对他也会产生敬畏之心。有一次，唐太宗想要去秦岭山中打猎取乐，行装都已准备停当，但却未能成行。后来，魏徵问及此事，太宗笑着答道："当初确有这个想法，但害怕你又要直言进谏，所以很快就打消了这个念头。"

第十五章

原文

孟子曰："舜发于畎亩①之中，傅说②举于版筑③之间，胶鬲④举于鱼盐之中，管夷吾⑤举于士⑥，孙叔敖⑦举于海，百里奚⑧举于市。故天将降大任于是人也，必先苦其心志，劳其筋骨，饿其体肤，空乏其身，行拂⑨乱其所为，所以动心忍性，曾⑩益其所不能。人恒过，然后能改；困于心，衡⑪于虑，而后作；征于色，发于声，而后喻。入则无法家拂⑫士，出则无敌国外患者，国恒亡。然后知生于忧患而死于安乐也。"

注释

①畎（quǎn）亩：田间，田地。②傅说（yuè）：商王武丁的大臣。③版筑：一种筑墙工作。④胶鬲（gé）：传说是商纣王的大臣。⑤管夷吾：管仲。⑥士：此处指狱囚管理者。⑦孙叔敖：楚国隐士，后被楚庄王提拔为令尹。⑧百里奚：虞国大夫，后在秦国任相，辅助秦穆公建立霸业。⑨拂：违背，不顺。⑩曾：同"增"。⑪衡：通"横"，指横塞。⑫拂（bì）：通"弼"，辅佐。

译文

孟子说："舜从田间劳动中成长起来，傅说从筑墙的工匠中被选拔出来，胶鬲从贩卖鱼盐的小贩中被选拔出来，管仲从狱官的岗位上被选拔出来，孙叔敖从海边被选拔出来，百里奚从市场中被选拔出来。所以，上天准备把重大的使命降落到某人身上，一定要先磨炼他的意志，劳累他的筋骨，使他忍饥挨饿，备受穷困之苦，做事总是不能顺利，以此来磨炼他的心志，坚韧他的性情，增长他的才能。一个人常有过失，然后才知道改正错误。一个人内心困苦，思虑受到阻碍，然后才能奋发有为；表现在脸色上，抒发在言语中，然后才会被人了解。一个国家，内没有守法的大臣和辅佐的贤士，外没有抗衡的国家和外在的忧患，往往容易亡国。由此可知，忧患使人生存，安逸享乐却导致败亡。"

解读

　　在这一章中，孟子阐述了两则道理：一是英雄人物必须在逆境中千锤百炼，才能成就大任；二是儒家著名的"忧患意识"，即"生于忧患，死于安乐"。

　　傅说是商王武丁梦见的圣人，当时他正在受刑筑墙，后来成为宰相，辅佐商王，使商朝大治。胶鬲曾是贩卖鱼盐的小贩，后成为商纣的臣子，据说是周文王发掘的人才。管仲跟随公子纠失败，被鲁国囚禁，后来由鲍叔牙推荐，成为齐桓公的宰相。孙叔敖是在海边被发现的，后经提拔担任楚国令尹，以贤能闻名于世。吃得苦中苦，方为人上人，所以，"天将降大任于是人也，必先苦其心志，劳其筋骨，饿其体肤，空乏其身，行拂乱其所为"，使其在逆境中千锤百炼，才会"动心忍性，曾益其所不能"。

孟子由"苦其心志，劳其筋骨，饿其体肤，空乏其身"，又推导出"生于忧患，死于安乐"。我国历史上关于"生于忧患，死于安乐"的事例还有很多。《史记》中记载："昔西伯拘羑里，演《周易》；孔子厄陈、蔡，作《春秋》；屈原放逐，著《离骚》；左丘失明，厥有《国语》；孙子膑脚，而论兵法；不韦迁蜀，世传《吕览》；韩非囚秦，《说难》、《孤愤》；《诗》三百篇，大抵贤圣发愤之所为作也。"之所以如此，正是因为他们身处逆境的忧患之中，因而奋发而起，置之死地而后生。

　　越王勾践卧薪尝胆就是最好的例证。

　　公元前496年，吴王阖闾派兵攻打越国，但被越国击败，阖闾也伤重身亡。两年后阖闾的儿子夫差率兵击败越国，越王勾践被押送到吴国做奴隶，勾践忍辱负重伺候吴王三年后，夫差才对他消除戒心并把他送回越国。其实勾践并没有放弃复仇之心，他表面上对吴王服从，但暗中训练精兵，强政励治并等待时机反击吴国。艰苦能锻炼意志，安逸反而会消磨意志。勾践害怕自己会贪图眼前的安逸，消磨报仇雪耻的意志，所以他为自己安排艰苦的生活环境。他晚上睡觉不用褥，只铺些柴草（古时叫薪），又在屋里挂了一只苦胆，不时会尝尝苦胆的味道，为的就是不忘过去的耻辱，这就是"卧薪尝胆"的典故。勾践为鼓励民众，就带着王后与人民一起参与劳动。在越人同心协力之下，越国强大起来，最后找到时机，把正在享受安乐的吴国消灭了。

　　总之，孟子在这一章中告诉我们，人要成就大事业，身心必须经受艰苦磨炼。逆境、忧患能增强意志、增长才干；而优裕安乐的环境，却能使意志颓废，导致死亡。人是这样，国家也是这样。故"生于忧患，死于安乐"应该是我们的座右铭。

卷十三　尽心章句上

本卷原文共四十六章，本书全选十九章。

第一章

原文

孟子曰："尽①其心者，知其性也。知其性，则知天矣。存其心，养其性，所以事天也。夭②寿不贰，修身以俟③之，所以立命也。"

注释

①尽：扩充。②夭（yāo）：短命。③俟：等待。

译文

孟子说："充分扩充善良的本心，就懂得了人的本性。懂得了人的本性，就懂得了天命。保存人的本心，培养人的本性，这就是遵从天命。短命也好，长寿也好，都不要改变，修身以等待天命，这就是安身立命的方法。"

解读

　　孟子认为只要充分扩张自己的本心就能懂得人的本性，进而也就懂得天命了。而"知天命"的方法就是保存本心和修养本性。坚定自己的善心，培养自己的善性，不论寿命长短都不改变，修身养性以顺应天命，这就是"求其放心"，就是安身立命。

三一五

第二章

原文

孟子曰："莫非命也，顺受其正，是故知命者不立乎岩墙①之下。尽其道而死者，正命也；桎梏②死者，非正命也。"

注释

①岩墙：将要倒塌的危墙。②桎梏：刑具。

译文

孟子说："一切都是命运，顺应命运而行的是正命。所以懂得命运的人不站在危墙之下。尽力行道而死的人所受的是正命，犯罪而死的人所受的不是正命。"

解读

许多人一谈到"命运"，就认为这是消极的宿命论，其实不然，万事万物都有命运，这个命运不是别的，就是规律。人有生老病死，这是生命的规律，谁也无法回避。孟子所讲的"命运"，其立足点是在"顺受其正"上，顺应规律，也就顺应正常的命运。他举例说，知道快要倾倒的墙下是不能站立的，因为它会危害到生命，这就叫知道命运。孟子认为，"尽其道而死"的人或是舍生取义，或是一辈子修善积德，是"正命"；犯罪受"桎梏"而死的人就不是"正命"了。

第三章

孟子曰："求则得之，舍则失之，是求有益于得也，求在我者也。求之有道，得之有命，是求无益于得也，求在外者也。"

孟子说："追求就能得到，放弃便会失去，这种追求有益于得到，因为所追求的对象是我本身所固有的。追求有一定的方法，能否得到却取决于命运，这种追求无益于得到，因为所追求的对象是我自身以外的。"

人生在世，所追求的东西很多，如果付出艰辛的努力就能得到，就是"求有益于得"，正是这种"求"的行为，才使"得"变成现实。而"求"的对象分为"在我者"和"在外者"两种，"在我者"指的是自我本身可以做到的仁义礼智，"在外者"指的是世间的荣华富贵。前者全在于自我，只要坚持追求，不断修养，便可获得，所以叫"求则得之，舍则失之"。后者并不是一厢情愿地追求就可以得到的，因为世间的荣华富贵乃是身外之物，得之有命，甚至可求而不可得。孟子认为，人应该追求自我本身的仁义礼智，完善自我本性，使"善"得到更大程度的发挥。

第四章

原文

孟子曰："万物皆备于我矣。反身而诚，乐莫大焉。强恕而行，求仁莫近焉。"

译文

孟子说："万物之理都具备于人的本性中。通过自身的修身养性和实践来体认万物之理，便是最大的快乐。努力实践推己及人的恕道，这是求仁最近的道路。"

解读

孟子这段话有这样几层意思：第一，万物之理都具备于人的本性中，就像仁义礼智这四端，先天地存在人的心中，人伦物理皆存在人的心中。第二，人应该向自身内心求索，涵养心性，体认内心业已存在的人伦物理，并付诸实践，这是人生最大的乐趣。第三，努力践行忠恕之道，将心比心，推己及人，以实现仁为最终目标。

第九章

孟子谓宋勾践①曰:"子好游乎? 吾语子游。人知之,亦嚣嚣②;人不知,亦嚣嚣。"

曰:"何如斯可以嚣嚣矣?"

曰:"尊德乐义,则可以嚣嚣矣。故士穷不失义,达不离道。穷不失义,故士得己③焉;达不离道,故民不失望焉。古之人,得志,泽加于民;不得志,修身见于世。穷则独善其身,达则兼善天下。"

①宋勾践:人名。②嚣(xiāo)嚣:悠然自得的样子。③得己:即自得。

孟子对宋勾践说:"你喜欢游说吗? 我告诉你如何游说。别人理解,我悠然自得;别人不理解,我也悠然自得。"

宋勾践问:"怎样才能做到悠然自得呢?"

孟子说:"尊崇德,乐于义,就能悠然自得。所以,士人穷困时不失去仁义,显达时不背离正道。穷困时不失去仁义,所以能悠然自得;显达时不背离正道,所以百姓不会失望。古人得志时,恩惠施于百姓;不得志时,修养自身的德行。穷困时独善其身,显达时兼善天下。"

　　本章通过孟子和宋勾践的对话论述了如何才能达到悠然自得的境界。孟子认为，只有尊崇仁德、喜爱义行才能悠然自得，也就是做到下文所说的"独善其身"和"兼善天下"的统一。这里所说的"独善其身"并不是与世隔绝、无所作为，而是指在不得志的时候同样要加强自身德行修养，做一个综合素质较高的人、对社会有用的人。"兼善天下"是针对得志而言的，它重在得志而不忘本，要遵循"善"的本性为社会做贡献，使自己的显达能够给更多的人带来福祉。所以穷不失义、达不离道，穷、达都是身外事，只有道义是根本。

　　在我国历史上，有许多志士仁人不仅"穷则独善其身"，而且还关心天下，如唐代伟大诗人杜甫在穷困潦倒的时候发出这样的感慨："安得广厦千万间，大庇天下寒士俱欢颜。"他在政治上始终不得志，中年后过着坎坷流离的生活。然而，他并不只是独善其身，而是自始至终都在忧国忧民，心系天下安危。杜甫生活在唐朝由盛转衰的时期，他的诗大多表现社会动荡、政治黑暗、人民疾苦，被誉为"诗史"。杜甫一方面对饱受苦难的人民寄予深深的同情，对官吏对人民的奴役和迫害深恶痛绝；另一方面，他又拥护王朝的平乱战争，希望人民忍受苦难，与王朝共同平定叛乱。这种复杂、矛盾的思想反映的正是他的忧国忧民之情。满腹经纶，一腔爱国热血，在仕途上却始终郁郁不得志，在生活上甚至连温饱问题都难以解决，诗人却还始终心忧天下，关心百姓疾苦，这正是"独善其身"并忧国忧民的典范。

第十章

孟子曰："待文王而后兴者，凡民也。若夫豪杰之士，虽无文王犹兴。"

孟子说："一定要等待有周文王那样的人出现后才奋发的，是一般百姓。至于出色的人才，即使没有周文王那样的人出现，自己也能奋发有为。"

所谓时势造英雄，在一定的时代和环境影响下，的确可以涌现出一大批奋发有为的豪杰人物。不过，按照孟子的观点，要等到一定的时势、一定的领袖人物出现后才奋发的，还算不上是真正的豪杰之士。真正的豪杰之士，是可以造时势的人。即使没有领袖人物出现，也能够奋发有为。

第十二章

孟子曰："以佚道①使民，虽劳不怨。以生道杀民，虽死不怨杀者。"

①佚：通"逸"，安逸。

孟子说："为老百姓的福利而役使他们，百姓即使劳累也不会埋怨。为老百姓的生存而杀人，老百姓不会怨恨杀人者。"

孟子一直都是站在百姓利益的立场上的，本章的"使民"和"杀民"也都是站在百姓利益的立场上考虑的。百姓都想过上安逸舒适的日子，这种日子的前提是国强民富、社会安定。因此，以这样的理由来役使百姓，百姓即使劳累也不会有怨言。那么，为了保全百姓的生存而杀人，老百姓也是会理解的，不会怨恨杀人者。

第十五章

孟子曰："人之所不学而能者，其良能也；所不虑而知者，其良知也。孩提之童①无不知爱其亲者，及其长也，无不知敬其兄也。亲亲，仁也；敬长，义也。无他，达之天下也。"

注释

①孩提之童：指幼童。

译文

孟子说："人不用学习就懂得的，是良能；不用思考就知道的，是良知。幼童没有不知道喜爱他父母的。等到他长大，没有不知道尊敬他兄长的。喜爱父母是仁，尊敬兄长是义。没有其他原因，因为仁和义是通行天下的。"

解读

良能良知是儒学的重要范畴。孟子认为，良能良知是与生俱来、人人皆有的，正如"恻隐之心，人皆有之；羞恶之心，人皆有之；恭敬之心，人皆有之；是非之心，人皆有之"一样。如喜爱父母，尊敬兄长，不用教导就知道，这就是人的良知良能。为什么人具有良知良能呢？因为仁义是先天的，是每一个人固有的。喜爱父母是仁，尊敬兄长是义，即见父母自然孝，见兄长自然悌。

应该说，孝敬父母，尊敬兄长，是通行天下的伦理道德。孟子主张人性本善，主张仁义礼让是具有普世价值的。

第十八章

原文

孟子曰："人之有德、慧、术、知者，恒存乎疢疾①。独孤臣孽子②，其操心也危，其虑患也深，故达。"

注释

①疢（chèn）疾：灾患。
②孽子：庶子。

译文

孟子说："人的品德、智慧、本领、才智，往往产生于逆境之中。如那些被疏远的大臣、妾所生的儿子，他们常担心自身的安危，经常考虑是否有祸患，所以能洞察事理。"

解读

人的品德、智慧、本领和才智，往往是在困境中形成的。弗兰西斯·培根说："顺境最易见败行，逆境最可见美德。"人在逆境中往往会思虑周全而奋发向上。那些被疏远的大臣往往是贤能之人，他们在困境中会居安思危，洞察世事。妾所生的儿子，由于没有名分而地位卑微，不被重视，所以会加倍地努力而成为栋梁之才。因此，身处逆境也不应抱怨，它能磨砺人的意志，使人奋发向上。正如最粗壮的树，并不是生长在丛林中，而是生长在空旷的地方；最成功的人，并不是生长在顺境中，而是生长在逆境里。

第二十二章

孟子曰："伯夷辟纣，居北海之滨，闻文王作，兴曰：'盍①归乎来！吾闻西伯善养老者。'太公辟纣，居东海之滨，闻文王作，兴曰：'盍归乎来！吾闻西伯善养老者。'天下有善养老，则仁人以为己归矣。

"五亩之宅，树墙下以桑，匹妇蚕之，则老者足以衣②帛矣。五母鸡，二母彘，无失其时，老者足以无失肉矣。百亩之田，匹夫耕之，八口之家足以无饥矣。所谓西伯善养老者，制其田里，教之树畜，导其妻子使养其老。五十非帛不暖，七十非肉不饱。不暖不饱，谓之冻馁。文王之民，无冻馁之老者，此之谓也。"

①盍：何不。②衣（yì）：动词，穿。

孟子说："伯夷躲避纣王，住在北海边上，听说周文王奋发有为，就振作起来说：'何不去投奔西伯侯？我听说他善于奉养老人。'姜太公躲避纣王，住在东海边上，听说周文王奋发有为，就振作起来说：'何不去投奔西伯侯？我听说他善于奉养老人。'天下有善于奉养老人的人，就能使有识之士前来归依。

"有五亩地的人家，在墙边种植桑树，妇女养蚕缫丝，那么老人就可以穿上丝帛了。养五只母鸡，两头母猪，不要耽误它们的繁殖期，那么老人就不会缺肉吃了。有百亩田地的人家，男子耕种，八口之家就不会挨饿了。所谓周文王善于奉养老人，就在于他制定了田亩制度，教导人们种植和养殖，教诲妻子儿女奉养他们的老人。五十岁的老人不穿丝帛就不暖和，七十岁的老人不吃肉就不饱。穿不暖，吃不饱，叫作受冻挨饿。文王的百姓没有受冻挨饿的老人，说的就是这个意思。"

解读

这是孟子对周文王实行的富民政策以及建构的小康社会的生动描述，体现了周文王的爱民仁政。

周文王善待百姓，"制其田里，教之树畜，导其妻子使养其老"，制定了田亩制度，教导人们栽种畜牧，教诲百姓的妻子儿女使他们奉养老人。正是周文王爱民仁政，有识之士和老百姓纷纷前来归依，国力日益强盛。

周文王是我国历史上有名的明君，他在位期间，广纳天下贤士，甚至不惜屈尊亲自去请。周文王访姜子牙就是一段佳话。

相传周文王到渭水河边请姜子牙出山辅助朝政，姜子牙问周文王："大王请我，怎样进京？"周文王说："骑马、坐轿，随你挑。"姜子牙说："我一不骑马，二不坐轿，大王的辇得让给

三三六

我坐。"周文王没有犹豫就答应了。姜子牙又说："我坐辇，还得大王亲自拉着。"文官武将都吓了一跳，认为这样不妥，但是，求贤若渴的周文王又答应了。姜子牙坐上辇，周文王拉着，一步一步地走，拉了一会儿，停下来歇脚。而姜子牙，在辇里还睡着了！周文王歇了一阵，再拉一气，拉不动了，再歇一阵，再拉，累得满头大汗，连气儿都喘不上来了，只好对姜子牙说："实在拉不动了！"姜子牙睁开眼睛，下了辇问："大王拉我走了多少步？"周文王说："我没数。"姜子牙说："大王拉我走了八百七十三步，我保大王的子孙坐八百七十三年的天下。"周文王回到京里，拜姜子牙为军师，领兵攻打殷纣王。周文王死后，姜子牙又辅佐周武王打败殷纣王，建立周朝，得了天下。

第二十四章

原文

孟子曰："孔子登东山①而小鲁，登泰山而小天下，故观于海者难为水，游于圣人之门者难为言。观水有术，必观其澜。日月有明，容光②必照焉。流水之为物也，不盈科不行；君子之志于道也，不成章不达。"

注释

①东山：即蒙山，在今山东蒙阴县南。②容光：指能够容纳光线的小缝隙。

译文

孟子说："孔子登上东山，就觉得鲁国变小了；登上泰山，就觉得整个天下都变小了。所以看过大海的人，就很难被其他河、湖之水吸引了；在圣人门下学习过的人，就很难被其他言论吸引了。观水有一定的方法，即一定要观看它的波澜。太阳月亮都有光辉，一点缝隙都能照到。流水这东西，不把坑洼填满就不再向前；君子立志于道，没有相当的积累就不能通达。"

解读

这段话包含两方面的意思：一是立志要高远，眼界才能开阔。眼界开阔之后，理想也就随之高远。人不能做井底之蛙，只看到自身的利益，而是要胸有大志，忧国忧民，为国家和民族的兴盛做贡献。

二是"君子之志于道"要有恒心，不能半途而废。因为实现仁道有一个过程，要循序渐进，持之以恒。即没有量的积累，就没有质的飞跃。就像我们学习一样，"十年寒窗苦"、"面壁十年图破壁"，最后才能成功。

第二十九章

原文

孟子曰："有为者辟①若掘井，掘井九轫②而不及泉，犹为弃井也。"

注释

①辟：同"譬"，譬如。②九轫（rèn）：轫，同"仞"。古代度量单位。九轫犹言很深。

译文

孟子说："做一件事情好比掘井一样，掘到很深即将出现泉水时放弃，那么这口井仍然是一口废井。"

解读

我们做事情就像挖井一样，要持之以恒、坚持到底，才能挖出泉水。如果挖了一半不见泉水就放弃了，那就和不挖一样，永远也见不到泉水。

有这样一个故事，山上有座寺庙，每天吃水都要到很远的地方去挑。一天，老和尚就让小和尚去挖口井，这样就不用天天去挑水了。于是，小和尚找了块地就挖了起来。他挖了几个月也没挖出水来。他对老和尚说："师父，这里没有水，我到其他地方挖。"老和尚说："让我看看。"老和尚到他挖的地方看了一下，只见满地都是井，老和尚指着一口井说："就在这挖，我说好再停。"于是，小和尚就一直挖，挖了很长时间，终于有水了。小和尚很奇怪，问道："师父，为什么你知道那里有水呢?"老和尚说："不是我知道，而是你没有在一处挖，力气没在一处使，所以挖不出水呀。"所以我们做任何事情都不能浅尝辄止，而要认定目标，持之以恒。

第三十三章

王子垫^①问曰:"士何事?"

孟子曰:"尚志。"

曰:"何谓尚志?"

曰:"仁义而已矣。杀一无罪非仁也,非其有而取之非义也。居恶在?仁是也。路恶在?义是也。居仁由义,大人之事备矣。"

注释

①王子垫:齐王之子,名垫。

释文

王子垫问道:"士该做什么事?"

孟子说:"使自己志向高尚。"

王子垫问:"使志向高尚指的是什么?"

孟子说:"追求仁义罢了。杀死一个无罪的人是不仁,不是自己的东西却去占有是不义。心在哪里着落?仁便是。走什么路?义便是。居于仁而行于义,这就是君子所做的事了。"

解读

在这段对话中,孟子要求"士尚志",即要求知识分子要有远大的志向，这就是追求仁义，做一个居于仁而行于义的人。

　　"士尚志"言简意赅地概括了对知识分子的要求，由此影响到后世的莘莘学子。许多年轻人年少立志，长大后要做国家的栋梁之才，并把仁、义作为最基本的道德规范来要求自己。中国历史上英才辈出，与"士尚志"不无关系。

第三十六章

孟子自范①之齐，望见齐王之子，喟然叹曰："居移气，养移体，大哉居乎！夫非尽人之子与？"

孟子曰："王子宫室、车马、衣服多与人同，而王子若彼者，其居使之然也。况居天下之广居②者乎？鲁君之宋，呼于垤泽之门③。守者曰：'此非吾君也，何其声之似我君也？'此无他，居相似也。"

三三四

注释

①范：地名，在今山东范县东南。②广居：孟子的"广居"一般指仁。③垤（dié）泽之门：宋国城门名。

译文

孟子从范邑到齐国，远远地望见了齐王的儿子，长叹道："居住环境改变人的气度，奉养改变体貌，环境真是重要啊！他不也是人的儿子吗？（为什么就显得与众不同呢？）"

孟子又说："王子的住所、车马和衣服多半与别人相同，然而王子之所以与众不同，是他的居住环境使他那样的。那么，居住在天下最好的'仁'的环境里会怎么样呢？鲁国国君到宋国去，在宋国的东城南门下呼喊，守门的人说：'这不是我们的君主，为什么他的声音这么像我们的君主呢？'这没有别的原因，只是因为环境相似罢了。"

本章孟子通过对齐王儿子的描述，说明环境对人的重要影响。正所谓"近朱者赤，近墨者黑"，在什么样的环境下就容易变成什么样的人，我们应该选择有利于个人成长和进步的环境，而远离不好的环境。在我国历史上，孟母三迁的故事就很好地诠释了环境对人的重要影响。

孟子小时候很贪玩，模仿性很强。他家原来住在坟地附近，他常常玩筑坟墓或学别人哭拜的游戏。孟母认为这样不好，就把家搬到集市附近，孟子又玩模仿别人做生意和杀猪的游戏。孟母认为这个环境也不好，就把家搬到学堂旁边。孟子就跟着学生们学习礼节和知识。孟母认为这才是孩子应该学习的，心里很高兴，就不再搬家了。从此以后，孟子专心读书，发愤用功，终于成为一代大儒，被后人称为"亚圣"。

第四十章

原文

孟子曰："君子之所以教者五：有如时雨化之者，有成德者，有达财①者，有答问者，有私淑②艾③者。此五者，君子之所以教也。"

注释

①财：通"材"。②淑：通"叔"，拾取。③艾（yì）：通"刈"，割，取。

译文

孟子说："君子教育的方式有五种：有像及时雨一样滋润化育的；有成全品德的；有培养才能的；有解答疑问的；还有靠学识风范使后人私下受到教益的。这五种就是君子的教育方法。"

解读

孟子在《告子下》中说过："教亦多术矣。"但是，他并没有说"多术"体现在哪些方面，在这里，他列出了五种不同的教育方式，这五种教育方式已包括了德育、智育等各方面，是根据学生本身的不同情况因材施教而总结出来的经验。

朱熹曾经逐一列举孔子、孟子对于这五种方式在不同学生身上的运用。比如说孔子对颜渊、曾子就是"如时雨化之者"；对冉伯牛、闵子骞就是"成德者"；对子路、子贡就是

"达财者"；而孔子对樊迟、孟子对万章就是"答问者"；至于"私淑艾者"，则是陈亢、夷之。孟子自己认为，他就是孔子的私淑弟子，在《离娄下》里，他曾经说过："予未得为孔子徒也，予私淑诸人也。"这其实就是对"私淑艾者"的最好解释。

第四十一章

原文

公孙丑曰:"道则高矣,美矣,宜若登天然,似不可及也;何不使彼为可几及而日孳孳①也?"

孟子曰:"大匠不为拙工改废绳墨,羿不为拙射变其彀率②。君子引而不发,跃如也。中道而立,能者从之。"

注释

①孳(zī)孳:勤勉,努力不懈的样子。②彀(gòu)率:拉开弓的标准。

译文

公孙丑说:"道是很崇高,很完美的,几乎像登天一样,似乎高不可攀。为什么不使它成为可以攀求的,好让人们每天去努力追求呢?"

孟子说:"高明的工匠不会因为拙劣的工人而改变或者废弃规矩,后羿也不会因为拙劣的射手而改变拉弓的标准。君子教人好比射箭,拉满了弓而不发箭,只是做出跃跃欲试的样子。君子体认到道并做表率,有能力的人就会跟着他做。"

　　公孙丑认为，道高深莫测，如果能够降低标准，让每个人都能轻而易举地学到就好了。孟子通过绳墨和射箭两个例子说明学道的准则。一方面，他认为道不能降格以求，不能因为追求道困难或目标高远而降低标准。从教育的角度来说也是一样，高明的老师不能因为学生懒惰愚笨而改变或放弃准则。这就是"大匠不为拙工改废绳墨，羿不为拙射变其彀率"。另一方面，孟子认为君子应该以身作则去践行中庸之道，给他人做榜样。这个道理如果用在教学上，即老师应该重在传授方法，善于引导学生去学习，激发学生的学习主动性和积极性，这就是"引而不发，跃如也。"

三三九

第四十二章

孟子曰："天下有道，以道殉身；天下无道，以身殉道；未闻以道殉乎人者也。"

孟子说："天下政治清明，以道义指导终生；天下政治黑暗，用生命捍卫道义。没有听说过牺牲道义而屈从于他人的。"

三四〇

这里的道是指道义。孟子提出"以身殉道"，"杀身成仁"便是以身殉道，即人可以为道义献出生命，这就是"舍生取义"。只有小人才以道殉人，即小人为了一己私利而损害原则和道义，这种行为是不可取的。道的重要性可以这样表述：生命诚可贵，爱情价更高。若为道义故，二者皆可抛。

第四十三章

公都子曰："滕更①之在门也，若在所礼，而不答，何也？"

孟子曰："挟②贵而问，挟贤而问，挟长而问，挟有勋劳而问，挟故而问，皆所不答也。滕更有二焉。"

注释

①滕更：滕国国君的弟弟，曾在孟子的门下学习。
②挟（xié）：倚仗。

译文

公都子说："滕更曾在您门下学习，似乎应该在以礼相待之列，可是您却不回答他的问题，为什么呢？"

孟子说："倚仗着自己的权势来发问，倚仗着自己的贤能来发问，倚仗着自己年长来发问，倚仗着自己有功劳来发问，倚仗着自己是老交情来发问，都是我所不回答的。（在这五条里面）滕更占了两条。"

解读

滕更是滕国国君的弟弟，曾在孟子的门下学习。公都子认为，他作为国君的弟弟，位高权重，应该对他以礼相待，特别关注。可孟子却对他很冷淡，不回答他的问题，这是为什么呢？

在《万章下》中，孟子在论交朋友的原则时已经说过："友也者，友其德也，不可以有挟也。"要"不挟长，不挟贵，不挟兄弟而友"。也就是说，交朋友所交的是他的德行，不能够掺杂年龄、财力、交情、权势等外在的因素。掺杂了这些因素，所谓的友谊也就不纯洁了。同样的道理，求教于老师门下，目的是为了学习知识，因此，也不能掺杂地位、权势等外在的因素。一旦掺杂了这些因素，也就偏离了求学的真正目的。孟子在本章中列出了五种倚仗，他认为滕更有这五种中的两种，所以，孟子对他的发问不予回答。

本章的意思就是要求我们虚心求教，不要自以为是，更不能有所依仗。正如孔子所说："敏而好学，不耻下问。"在老师的门下要这样，在向他人请教时更应该如此。

第四十五章

原文

孟子曰："君子之于物也，爱之而弗仁；于民也，仁之而弗亲。亲亲而仁民，仁民而爱物。"

译文

孟子说："君子对于万物，爱惜它却不用施予仁德；对于百姓，用仁德对待他却不必视作亲人。亲近亲人进而仁爱百姓，然后爱惜万物。"

解读

孟子在这段话中主要表述让世界充满爱的思想。这种爱是推己及人的爱。亲其亲人是人的本能，幼儿都知道亲其亲。将亲其亲扩展到民众，就是要仁爱民众；扩展到万物，就是要爱护万物。

对于亲，也就是自己的亲人，是一种以血缘关系为纽带的亲爱，是爱之中最自然、最亲密、最淳朴的一个层次。

对于民，也就是老百姓，需要仁爱。仁爱的具体表现，也就是孟子在《梁惠王上》里面所说的："老吾老，以及人之老；幼吾幼，以及人之幼。"这是推己及人的仁爱，是对人们普遍的关爱。

对于物，也就是禽兽草木等世间万物，主要是爱惜。爱惜的具体表现，就是要"取之有时，用之有节"，对自然资源要加以爱护、珍惜，以保证人类可持续发展。

　　这三个层次是一种递进的关系，只有能爱亲人，才有可能推己及人地去仁爱百姓；只有仁爱百姓，才有可能爱惜万物。所以，爱虽然有亲疏，有差等，但这些亲疏差等之间却又有着内在的必然的联系。

卷十四　尽心章句下

本卷原文共三十八章，本书全选八章。

第一章

原文

孟子曰："不仁哉梁惠王也！仁者以其所爱及其所不爱，不仁者以其所不爱及其所爱。"

公孙丑问曰："何谓也？"

"梁惠王以土地之故，糜烂其民而战之，大败，将复之，恐不能胜，故驱其所爱子弟以殉之，是之谓以其所不爱及其所爱也。"

译文

孟子说："梁惠王真是不仁啊！仁爱的人把所喜爱者的恩德推及所不喜爱的人身上，而不仁爱的人把所不喜爱者的祸害推及所喜爱的人身上。"

公孙丑问道："这是什么意思呢？"

孟子说："梁惠王为了扩张土地，糟蹋百姓的生命，驱使他们去作战。打了败仗，又准备再战，怕不能得胜，又驱使他所喜爱的子弟去死战，这个便叫作把他所不喜爱者的祸 ｜ 害推及所喜爱的人身上。"

在这一章中，孟子严厉地批评梁惠王为了侵略扩张而不顾百姓的生命。孟子认为，真正仁爱的人是将爱心推及他人，而不是将"不爱"推及自己所爱的人。梁惠王恰恰就是将"不爱"推及自己所爱的人，因为他为了掠夺土地，将自己的百姓和所爱的子弟推向死亡，这不是仁君所为。所以，孟子首句就是"不仁哉梁惠王也"。

第三章

原文

孟子曰："尽信《书》则不如无《书》。吾于《武成》①，取二三策②而已矣。仁人无敌于天下，以至仁伐至不仁，而何其血之流杵③也?"

注释

①《武成》：《尚书》的篇名。②策：竹简。③杵(chǔ)：舂米或捣衣的木棒。

译文

孟子说："完全相信《尚书》那还不如没有《尚书》。我对于《尚书·武成》，就只相信其中的二三页罢了。仁人在天下没有敌手，以周武王这样极为仁道的人去讨伐商纣王这样极不仁道的人，怎么会使鲜血流得那么多，以至于使木棒都漂起来呢?"

解读

本章是讲读书方法。孟子的观点就是"尽信《书》则不如无《书》"，他认为书上的知识不一定都是正确的，我们在读书的时候不要拘泥于书本，也不要盲目迷信书本，不然就会像"郑人买履"中的书生一样，只相信量好的尺寸却不相信自己的脚，结果不但没有买到鞋子，还遭受世人的讥笑。我们要善于独立思考，"不唯书，不唯上"，对书本知识进行推敲，取其精华，弃其糟粕，要有自己的主见，不能完全迷信书本。赵括纸上谈兵，使赵军在长平之战中被坑杀四十万，而且使赵国失去了争夺霸主的机会，最终酿成大祸，损失惨重，这就是照本宣科的本本主义带来的结果。

以前小学语文课本里有一篇课文《长城砖》，说在太空里看地球，能看到中国的长城，其实从物理和光学的角度考虑，这根本无法实现。后来杨利伟在神舟五号上向下看，发现根本无法看到长城，于是教材中便删去了这篇课文。所以，书本上的知识要经过实践和验证才能成为真理。

第五章

孟子曰："梓匠轮舆能与人规矩，不能使人巧。"

孟子说："能工巧匠能够 教会别人规矩法则，但不能够教会别人技巧。"

师傅领进门，修行在个人。工匠就相当于师傅，在传授技艺的时候，他们只能教给别人方式方法。依据这样的方式方法并加上自己刻苦的练习，才能掌握一门技艺。而这里的"巧"就是指技巧，是在练习的过程中积累的经验、掌握的技能，即"熟能生巧"。就像我们的学习，老师的教导只是起到引领和指导作用，最主要的还是要靠我们自己钻研和努力。

第十四章

原文

孟子曰："民为贵，社稷①次之，君为轻。是故得乎丘②民而为天子，得乎天子为诸侯，得乎诸侯为大夫。诸侯危社稷，则变置。牺牲③既成，粢盛④既洁，祭祀以时，然而旱干水溢，则变置社稷。"

注释

①社稷：社，土神；稷，谷神。古代帝王或诸侯建国时，都要立坛祭祀土神和谷神，所以"社稷"又是国家的代称。②丘：众。③牺牲：古代祭祀用的牲畜。④粢（zī）盛：粢，古代祭祀用的谷物。盛，放在容器内用来祭祀的谷物。

译文

孟子说："百姓是最重要的，代表国家的土神、谷神的地位居其次，国君的分量最轻。所以，得到百姓的拥护就能做天子，得到天子的信任就能做诸侯，得到诸侯的赏识就能做大夫。诸侯危害到土神、谷神（国家），就要改立他人。如果祭祀的牲畜都已准备好了，祭品也已经洗净了，祭祀又是按时举行的，但仍然遭受旱灾、水灾，那就要改立土神、谷神。"

　　这段话表述的思想有二,一是民贵君轻,二是变置诸侯和社稷。

　　孟子认为,从国家的立场来看,百姓是最重要的,国家的地位居其次,国君的分量最轻。正所谓得民心者得天下,国家的治理最主要的是对人民的治理,只有把人民的利益放在第一位,国家才能长治久安。《尚书》也说:"民惟邦本,本固邦宁。"老百姓才是国家的根本,根本稳固了,国家也就安宁了。另一方面,当统治者腐败无能,危及国家和民族时,可变置诸侯和社稷,孟子所赞赏的"汤武革命",就是对这种变置的很好诠释。

　　"民贵君轻"是孟子民本思想的体现,成为后世广泛流传的名言。战国时期思想家荀况在《荀子·王制》中说:"君者,舟也;庶人者,水也;水则载舟,水则覆舟。"意思是说统治者像是一条船,而广大的民众犹如水,水既可以把船载负起来,也可以将船淹没掉。唐贞观后期,魏徵在《谏太宗十思疏》中说:"怨不在大,可畏惟人。载舟覆舟,所宜深慎。"意思是说怨恨不在于大小,可怕的只在于人心背离。水能载船也能翻船,所以应该高度谨慎。唐太宗对荀子和魏徵的观点十分欣赏,在与君臣讨论国家的治理问题时,多次引用和发挥这一观点。荀子、魏徵和唐太宗,都深深懂得人民的力量是极其伟大的,强调依靠人民力量的重要性。这种"民贵君轻"的思想对统治者尊重民情民意,执政为民,起到了积极的作用。

第二十一章

原文

孟子谓高子①曰："山径之蹊②，间介然③用之而成路；为间④不用，则茅塞之矣。今茅塞子之心矣。"

注释

①高子：人名。②蹊：小路。③介然：本意指意志专一，这里是指经常不断。④为间：即"有间"，短时间内。

译文

孟子对高子说："山坡的小路，人们经常去走，它便成为路；只要有一段时间没有人去走，它就会被茅草堵塞。现在茅草也把你的心堵塞住了。"

解读

孟子把人的心性修养比作山间的小路。山间的小路即使只有一点点宽，只要经常去走也能变成大道；如果很长一段时间不去清理，那么，疯长的茅草就会把它堵塞住。人的心也是一样，如果不经常进行洗涤，清心寡欲，那么心也会被堵塞而不能"顿开"。

相传刘备三次到隆中诸葛亮的住所请他出山辅佐自己，诸葛亮解说天下大势，规划三国鼎立蓝图。刘备听完以后，离开座位向诸葛亮拱手谢道："先生之言，顿开茅塞，使备如拨云雾而睹青天。"这里的"顿开茅塞"作为一个成语，正是出自《孟子》。诸葛亮开启了刘备的"茅塞"，孟子开启了高子的"茅塞"，而在我们的生活中，假如心也被茅草塞住，就应该去努力寻求开启之法。

第二十八章

原文

孟子曰："诸侯之宝三：土地、人民、政事。宝珠玉者，殃必及身。"

译文

孟子说："诸侯有三样宝贝：土地、人民和政事。以珍珠美玉为宝贝的，灾祸一定会降临到他身上。"

解读

能够称得上宝贝的只有土地、人民和政事，把这三样当作宝贝，才能国富民强，社会安定。而把珠玉当宝贝，容易在物欲中迷失自己的本性。当政者以珠玉为宝贝，便会玩物丧政；诸侯以珠玉为宝贝，便会玩物丧国；天子以珠玉为宝贝，便会玩物丧天下。历史上"假途伐虢"的故事就是讲的这个道理。

春秋时，晋国想吞并南边的虢国，但是在晋国和虢国之间还隔着一个虞国，所以，晋国一直未能得手。

晋献公当政的时候，大夫荀息向他献计，请求把晋国最好的马和宝玉送给虞国的国君，以便向他借路去讨伐虢国。献公有些舍不得，荀息说："只要向虞国借到路，这些宝物放在他们那里就像放在我们的库房里一样，今后还不是大王您的。"

献公同意了。于是，荀息便带了宝物到虞国去借路。

贪图宝物的虞公一见苟息送来的东西，满心欢喜，接了贵重的礼物，爱不释手，不仅一口答应了苟息的要求，而且主动提出自己先起兵作为先锋讨伐虢国。大臣宫之奇以唇亡齿寒的道理苦苦劝谏，虞公唯晋国的宝马和美玉是图，根本听不进去。

　　结果，晋国灭了虢国，军队在返回的路上又顺道突然袭击，轻而易举地拿下了虞国，活捉了虞公。原来送给虞公的宝马和美玉，自然也顺理成章地回到了晋国。所以说"宝珠玉者，殃必及身"。

第二十九章

原文

盆成括①仕于齐，孟子曰："死矣盆成括！"

盆成括见杀，门人问曰："夫子何以知其将见杀？"

曰："其为人也小有才，未闻君子之大道也，则足以杀其躯而已矣。"

注释

①盆成括：人名，姓盆成，名括。

译文

盆成括在齐国做官。孟子说："盆成括要丧命了！"

不久盆成括被杀。学生问孟子："先生怎么知道盆成括将被杀呢？"

孟子回答说："他这个人有点小聪明，但不懂得君子做人的大道理，这足以招致杀身之祸。"

解读

盆成括虽然小有才干，但是他不懂君子之道，这种小才干就是小聪明，要小聪明的人不仅不能成就事业，而且还会招来祸患。故孟子强调为人处世要懂君子之道，用君子之道指导自己的言行举止，方能安身立命，事业有成。

耍小聪明的人往往自认为能看透一切，或者锋芒毕露，最终招来祸害。杨修之死就是最好的诠释。

三国时的著名才子杨修为丞相曹操主簿，他思维敏捷且敢于冒犯曹操。

刘备亲自打汉中时，曹操怕汉中有失，就率领四十万大军迎战，两军在汉水一带对峙。曹操屯兵日久，进退两难，适逢厨师端来鸡汤。曹操看见碗底有鸡肋，因而有感于怀。正在沉吟的时候，夏侯惇入帐禀请夜间号令。曹操随口说："鸡肋！鸡肋！"夏侯惇便把这当作号令传了出去。杨修见传"鸡肋"二字，便让随行士兵收拾行装，准备回去。有人报告给夏侯惇。夏侯惇大吃一惊，于是请杨修到帐中问道："您为何收拾行装？"杨修说："从今夜的号令来看，便可以知道魏王不久便要退兵回都。鸡肋，吃起来没有肉，丢了又可惜。如今进兵不能胜利，退兵让人耻笑，在这里没有益处，不如早日回去，来日魏王必然班师还朝。因此先行收拾行装，免得临到走时慌乱。"夏侯惇说："先生真是明白魏王的心思啊！"然后也收拾行装。于是军营中的将领都准备班师回朝。曹操知道后，怒斥杨修造谣惑众，扰乱军心，便把杨修斩了。

后人有诗称杨修是："身死因才误，非关欲退兵。"这是很切中杨修之要害的。杨修恃才放旷，不懂得掩饰自己，屡犯曹操之忌，最终招来杀身之祸。

第三十五章

原文

　　孟子曰："养心莫善于寡欲。其为人也寡欲，虽有不存焉者，寡矣；其为人也多欲，虽有存焉者，寡矣。"

译文

　　孟子说："修养心性的最好办法是减少欲望。一个人如果欲望很少，即便本心有所失去，那也是很少的；一个人如果欲望很多，即便本心还有所保存，那也是很少的了。"

解读

　　本章中失去或保留的本性就是"人之初，性本善"中的"善"。

　　欲望改变人的本性，损害人的善心。欲望太多的人，往往利令智昏，做了欲望的奴隶而迷失本心。一旦迷失本心，轻则变愚，重则变恶。所以，修养心性的最好办法就是减少欲望，寡欲清心，才能不失本心，保存善念。

后　记

在经过认真的阅读、注释、翻译、解读后，《〈孟子〉读本》终于和朋友们见面了。孟子实在是太伟大了，他的善良、仁义、哲理、睿智以及对中华民族的担当意识，清晰地浮现在我们的眼前。发生在数千年前的许多事，如同发生在今天；孟子在数千年前的贬褒，在今天仍然有其重要价值。我想，包括《〈孟子〉读本》在内的"大众儒学十三经"，都具有这样的特质。

弘扬中华民族的优秀传统文化，是文化自信的表现，是我们每一个学人义不容辞的责任。由于时间和水平的限制，本书一定会有不少问题，请朋友们不吝赐教。

本书除以《四库全书》本为底本外，主要参照杨伯峻译注的《孟子译注》（中华书局1960年版）。

本书编写的分工是：《孟子与〈孟子〉》、卷一至卷四为解光宇；卷五至卷九为刘艳；卷十至卷十四为丁晓慧。最后由解光宇、刘艳统稿。

解光宇

2016 年 1 月

图书在版编目（CIP）数据

《孟子》读本/解光宇，刘艳，丁晓慧编著 . —北京：中国人民大学
出版社，2016.5

（大众儒学经典）

ISBN 978-7-300-22738-2

Ⅰ．①孟… Ⅱ．①解… ②刘… ③丁… Ⅲ．①儒家②《孟子》—
通俗读物 Ⅳ．①B222.5-49

中国版本图书馆 CIP 数据核字（2016）第 074080 号

大众儒学经典

《孟子》读本

解光宇　刘　艳　丁晓慧　编著

《Mengzi》Duben

出版发行	中国人民大学出版社	
社　　址	北京中关村大街 31 号	**邮政编码**　100080
电　　话	010 - 62511242（总编室）	010 - 62511770（质管部）
	010 - 82501766（邮购部）	010 - 62514148（门市部）
	010 - 62515195（发行公司）	010 - 62515275（盗版举报）
网　　址	http://www.crup.com.cn	
	http://www.ttrnet.com（人大教研网）	
经　　销	新华书店	
印　　刷	涿州市星河印刷有限公司	
规　　格	148 mm×210 mm　32 开本	**版　　次**　2016 年 9 月第 1 版
印　　张	12.75	**印　　次**　2016 年 9 月第 1 次印刷
字　　数	277 000	**定　　价**　35.00 元